미디어의 사회적 책임과
어카운터빌리티

정수영 성균관대학교 신문방송학과 연구교수 skk21jsy@naver.com

성균관대학교 신문방송학과를 졸업하고, 같은 대학에서 "미디어교육이 수용자주권의식 함양에 미치는 영향에 관한 연구"로 석사학위를 취득했다. 일본 조치(上智)대학에서 받은 석사 및 박사학위의 연구 테마는 "공영방송과 어카운터빌리티"로 집약된다.

성균관대학교 BK21 박사후연구원과 연구교수, 서울대학교 아시아연구소 선임연구원, 한국연구재단 학술연구교수 등을 지냈다. 한국언론정보학회 총무이사와 연구이사, 한국여성커뮤니케이션학회 총무이사와 연구이사, 한국언론학회 언론과사회연구회 총무, 한국언론학회·일본매스커뮤니케이션학회 한일국제심포지엄 조직위원 등으로 활동했다. 현재 (사)민주언론시민연합 정책위원 및 이달의 좋은·나쁜 보도 선정위원, KBS 진실과미래위원회 위원이다.

주요 연구 관심 분야는 저널리즘, 미디어 규범론, 공영방송, 그리고 한일 문화 간 커뮤니케이션 등이다. '좋은 미디어(언론)'가 '좋은 사회(세상)'를 만들 수 있다는 신념을 바탕으로 국내 미디어와 언론의 문제적 현상을 개선하는 데에 조금이나마 기여해야 한다는 마음으로 연구에 임해 왔다.

'해외 공영방송의 재원유형 및 일본 공영방송 NHK의 개혁 사례', '지상파TV 3사 종합뉴스프로그램의 무보도와 단독보도 뉴스에 관한 연구', '공감과 연민, 그리고 정동(affect): 저널리즘 분석과 비평의 외연 확장을 위한 시론', '만화 혐한류(マンガ嫌韓流)의 이야기 분석을 통해 본 일본 내 혐한류에 관한 연구', '사이버 공간에서의 역사의 내전(內戰)화: 일간베스트저장소의 5·18 언설을 중심으로', '신한류 드라마 〈미남이시네요〉의 수용 및 소비 방식은 한류 드라마와 어떻게 다른가?' 외 다수의 논문을 출판했다. 단행본으로 『어카운터빌리티, 새로운 미디어 규범』, 『관점이 있는 한국 방송 사회문화사』(공저), 『한국사회와 미디어 공공성: 쟁점과 전망』(공저), 『探査ジャーナリズム／調査報道〜アジアで台頭する非営利ニュース組織』(공저) 등이 있다.

방송문화진흥총서 185

미디어의 사회적 책임과 어카운터빌리티

초판 인쇄 2018년 11월 15일
초판 발행 2018년 11월 20일

저자 정수영 | **펴낸이** 박찬익 | **편집장** 황인옥 | **책임편집** 강지영
펴낸곳 패러다임북 | **주소** 서울시 동대문구 천호대로 16가길 4
전화 02) 922-1192~3 | **팩스** 02) 928-4683
홈페이지 www.pjbook.com | **이메일** pijbook@naver.com
등록 2015년 2월 2일 제305-2015-000007호

ISBN 979-11-963465-0-8 (93070)

* 패러다임북은 ㈜박이정출판사의 임프린트입니다.
* 책값은 뒤표지에 있습니다.

* 이 책은 방송문화진흥회의 저술 지원을 받아 만들어졌습니다.

방송문화진흥총서
185

미디어의 사회적 책임과

어카운터빌리티

social responsibility &
media accountability

정수영 지음

패러다임북

촛불민심과 언론적폐 청산

2016년 가을과 겨울 그리고 2017년 봄, 촛불민주주의 그 지난한 과정을 거치며 가장 중요한 화두로 떠 오른 것이 적폐 청산이었다. 조기대선 승리로 출범한 문재인 정부가 내세운 '국정 과제 100'의 첫 번째 목록에 오른 것도 적폐 청산이다. 지난했던 촛불민주주의가 '미완의 (촛불) 혁명'으로 역사에 기록되지 않으려면 우리 사회 곳곳에 만연해 있는 적폐를 청산해야 한다는 것이 촛불민심의 요구이자 우리 사회를 관통하는 시대정신일 터이다. 2018년 현재, 촛불민주주의는 여전히 진행 중이며, 적폐 청산이라는 용어는 흡사 유행어처럼 회자되고 있다.

적폐(積弊)의 사전적 의미는 '오랜 기간에 걸쳐 쌓여 온 잘못된 관행과 악습, 부패와 비리 등의 폐단'이다. 적폐를 청산하기 위해서는 '조직, 사회, 국가의 전방위적 개조와 혁신적 노력'이 필요하며, '관련 책임자에 대한 문책과 처벌'을 수반하기도 한다. 중요한 것은 적폐의 본질과 실체는 무엇이고 적폐 청산을 위한 개조와 노력의 주체는 누구이며 그 대상은 무엇인지를 냉철하게 '성찰'해야 한다는 것이다. 촛불민주주의의 지난한 과정을 거치면서 언론의 막강한 힘과 영향력을 목도한 것처럼, 적폐 청산이라는 촛불민심의 요구와 시대정신을 구현해 가는 과정에서 제4의 권력이자 파수견으로서 언론이 담당해야 할 역할과 책임은 막중하다.

하지만, 한국 언론 역시 적폐 청산의 대상이다. 언론적폐 청산은 촛불민심의 강력한 요구이자 문재인 정부의 국정 과제 중 하나다. 언론적폐 청산을 요구하는 촛불민심은 언론에 대한 극도의 사회적 불신과 맞닿아 있다. 2017년 로이터저널리즘연구소가 발표한 언론 신뢰도 조사 결과에 따르면, 한국 국민들의 언론 신뢰도는 조사대상 36개국 중 36위였다. '불신한다'는 응답(27%)이 '신뢰한다'는 응답(23%)보다 많다(김선호 · 김위근, 2017). 2018년 1월 미국의 퓨리서치센터가 발표한 언론보도의 공정성과 정확성에 대한 인식 조사 결과 역시 마찬가지다. 조사대상 38개국에서 자국 언론보도가 '공정하다'는 응답은 52%, '정확하다'는 응답은 62% 등 긍정적 평가가 많았던 것과 달리, 한국에서는 '공정하지 않다'고 응답한 비율이 72%로 '공정하다'는 응답 26%보다 약 2.7배 많고, '정확하지 않다'는 응답 62%는 '정확하다'는 응답 35%보다 약 두 배 많은 수치다. 자국 언론의 공정성과 정확성에 대한 인식 모두 38개국 중 37위다(Mitchell, Simmons, Matsa, & Silver, 2018). 언론보도의 공정성이나 정확성에 대한 평가는 어떤 기준과 관점에 근거하는가에 따라서 달라질 수 있고 국가별 미디어 환경이나 사회적 맥락도 다르기 때문에 보다 정치한 분석과 맥락적 해석을 요한다. 그럼에도 불구하고, 언론보도의 공정성이나 정확성에 대한 국민들의 인식과 평가, 그리고 신뢰도가 세계 최하위를 기록할 만큼 부정적이라는 결과는 매우 심각한 문제적 현상임에 틀림없다.

2011년 미국 인권단체 프리덤하우스(Freedom House)는 한국의 언론자유(Freedom of the Press) 정도를 '자유(free)'에서 '부분적 자유(partly free)'로 강등시켰다. 국경없는기자회(Reporters Without Borders)가 매년 발표하는 언론자유지수(Press Freedom Index)의 경우, 2006년에 세계 31위였던 순위가 2009년 69위, 2016년 70위 그리고 2017년 63위 등으로 크게 추락했다. 정부에 의한 언론 통제 및 온라인 콘텐츠에 대한 검열이 증가했다는 것이 주된 이유였다. 2017년 9월에는 공영방송 KBS와 MBC 노조가 언론적폐 청산을 주장하며 총파업에 돌입했다. 지난 9년 동안 정권에 장악되어 정치적 독립이 심각하게 훼손되었으며 친정부 성향의 경영진에 의한 내부검열과 통제로 말미암아 제작현장의 자율성이 침해되었다는 위기감과 문제의식이 폭발한 것이다.

2018년 현재, 한국의 언론 자유가 크게 상승했음을 확인할 수 있는 징후가 발견된다. 시민사회의 지지와 연대 속에서 양대 공영방송의 경영진이 교체되었고 공영방송 정상화를 위한 개혁 작업이 하나하나 진행 중이다. 180개국 중 43위로 껑충 뛰어 오른 언론자유 지수 순위는 아시아 지역의 일본(67위)이나 중국(176위)은 물론 미국(45위)보다도 높다. 그러나 로이터저널리즘연구소가 발표한 〈디지털뉴스 리포트 2018〉에서 한국의 뉴스 신뢰도는 여전히 37개국 중 37위로 2년 연속 세계 최하위다. '거의 항상 대부분의 뉴스를 신뢰한다'는 응답률이 25%를 넘지 못하고 있다(한겨레신문, 2018.6.14.). 촛불민주주의를 거치면서 언론자유가 급격하게 신장되었고, 언론적폐 청산을 위한 기나긴 여정의 첫 걸음을 내디뎠음에도 불구하고, 국내 언론에 대한 극도의 불신은 개선의 기미를 보이지 않는다. 앞으로 가야할 길은 여전히 멀어 보인다.

무엇이 문제인가? 2014년 4월 16일 아침 발생한 세월호 대참사는 우리 사회에서 청산해야 할 적폐가 무엇인지를 보여준 상징적 사건 중 하나다. 사회 곳곳에 팽배해 있는 물질만능주의와 생명 경시 풍조, 불합리한 관행들, 크고 작은 비리와 부패로 말미암아 사회적 시스템이 정상적으로 작동하지 못하면서 대한민국도 함께 침몰했다는 자성, 분노와 비판의 목소리가 터져 나왔다(민주화를 위한 전국교수협의회, 2016). "이게 나라냐!" "국가란 무엇인가!"라는 근원적 질문이 소환되었다. 세월호 대참사의 실체적 진실과 본질, 나아가 우리 사회의 적폐를 감시하고 비판해야 할 언론보도 역시 총체적 난국이었다. 정확성보다 속보성에 치중하는 상업주의적 경쟁과 권력 편향적 경향성, 수직적이고 폐쇄적이며 관료적인 언론사 내부의 조직문화와 기자실·

기자단 문화, 합리적 의심이나 최소한의 확인 검증조차 결여된 받아쓰기 저널리즘, 인권 침해를 불사하며 선정적 영상과 자극적 표현을 남발하는 옐로우 저널리즘, 아니면 말고 식의 카더라 저널리즘, 낚시성 기사를 남발하는 클릭수 경쟁과 어뷰징 등이 난무했다. "이게 언론이냐!" "언론이란 무엇인가!"라는 분노 속에서 기자들은 '기레기'(기자+쓰레기)가 되었다. 주류 미디어의 뉴스보도를 거부하고 특정 인터넷 언론이나 해외 언론보도를 찾아 헤매는 시민들은 마치 '뉴스 망명자'처럼 보였다. 이른바 '세월호 언론보도 대참사' 다(정수영, 2015b).

세월호 언론보도는 언론적폐의 본질과 실체가 무엇인지를 탐색하고 성찰할 수 있는 상징적 사건이다. 언론보도의 정확성과 공정성에 대한 극도의 불신, 언론적폐 청산을 요구하는 촛불민심은 세월호 언론보도 대참사가 여전히 복구되지 못했다는 냉소와 비판, 그리고 언론이 지닌 막강한 힘과 영향력에 대한 우려에서 기인한다. 동시에 촛불민주주의 및 촛불혁명의 완성을 위해 언론이 수행해야 할 막중한 역할과 책임에 대한 기대를 반영한 것이기도 하다.

미디어 규범론의 재생산

언론적폐 청산이 사회적 화두로 부상한 가운데, 인공지능(AI)과 빅데이터, 4차산업혁명 등 새로운 미디어 환경과 기술에 대한 기대와 우려가 교차하고 있다. 매스 커뮤니케이션의 중요한 전환기에 새로운 기준과 원리가 제기되고 이에 따라 새로운 책임과 그 한계가 결정된다는 윌버 슈람의 말처럼(Schramm, 1957/1968), 미디어 공공성과 경제적 상업적 이윤이라는 두 마리 토끼 모두 어디를 향하고 있는지 한 치 앞을 내다보기 어려운 지금, 미디어의 책임은 무엇이고 (매스) 커뮤니케이션의 새로운 기준과 원리는 무엇인지를 성찰하고 논의해야 할 중요한 전환기임에 틀림없다.

 이 책은 미디어의 새로운 책임과 역할은 무엇이며, 이를 논의하고 결정하기 위한 기준과 원리는 무엇인지에 천착한 정책(policy) 연구이며, 규범론(normative theory)을 재생산하기 위한 시도이다. 정책이란 '근원적인 활동방침이나 지향점을 의미하면서 정치적 합리성과 행정상의 기술적 경제적 합리성, 그리고 그 관계' 속에서 만들어지는 것이다. '미래에 대한 구상과 그 구상을 달성하기 위한 기본자세를 표현하는 이론의 집대성'으로 볼 수 있다. 정책목표를 달성하기 위한 수단이 시책(program)이며, 시책 목표를 달성하기 위한 수단이 사업(project)이다. 정책과 시책, 그리고 사업 등 세 가지 각각이 지향하는 목적과 구체적인 수단들 간의 체계적이고 계층적인 인과관계 속에서 정책적 지향점이 총체적으로 구성되고 완성될 수 있다. 하지만, 이 세 가지 개념과 각각의 범위, 구성요소들은 매우 복잡하고 다양하며 모호하게 얽혀 있는 것이 사실이다. 막연한 이념이나 규범, 추상도 높은 정책만을 이야기하고 시책이나 사업에 대한 구체적 논의와 실천이 동반되지 않는다면, 정책을 정확하게 이해하여 구현하고 있다고 보기 어렵다. 현실과 동떨어진 이상론에 불과하다는 비판에서도 자유로울 수 없다. 정책 그 자체가 추상적인 이념 형태를 띠는 경우가 많기 때문에 시책이나 사업이 중심을 이루는 경우도 많다. 하지만 사업 차원에서 진행되는 각종 사무나 업무는 구체적이고 미시적이라는 속성을 지니기 때문에 그 목표 혹은 결과가 만들어내는 사회적 함의는 무엇인지, 나아가 거시적 차원의 정책이 무엇인지를 파악하기 어렵게 만들 수 있다(山谷淸志, 1997, 9-16). 문제는 정책과 시책을 혼동하거나 혹은 정책이라는 이름을 내세우면서 다양한 주체와 이해관계가 복잡하게 얽혀있는 시책이나 사업에 초점을 맞추고 '규제인가, 규제완화인가'를 논쟁하는 '규제론'에 몰두하는 경우다. 이 경우, 궁극적으로 추구하는 목적이나 활동 방침, 정책적 지향점이 무엇인지 길을 잃게 만들어 사회적 혼란과 소모적 갈등만을 증폭시키는 사태로 귀결될 수밖에 없다.

정책 (policy)	시책 (program)	사업 (project)
• 근원적인 활동 방침 • 지향점 및 기본자세 • 추상도가 높은 이념형	• 정책 목표 달성의 수단 • 실무 중심	• 시책목표 달성을 위한 수단 • 구체적인 사무, 업무

*출처: 山谷淸志(1997), 9-16의 내용을 정리.

적폐 청산과 미디어 개혁을 위한 정책적 지향점은 무엇이며, 관련 시책이나 사업들의 기준과 원리는 무엇이어야 하는가? 언론적폐 청산이 사회적 과제로 부상한 작금의 현실 속에서 미디어의 존재의의나 역할에 관해 우리 사회에서 지향하는 궁극의 목적과 이념, 사회적 기대는 과연 무엇인가? 이 질문에 대한 답을 찾기 위한 핵심 매개 항으로 이 책에서는 '사회적 책임(social responsibility)'과 '미디어 어카운터빌리티(media accountability)'라는 두 가지 개념에 초점을 맞추었다.[1]

사회적 책임이라는 용어와 개념이 진부해 보이거나 새삼스러울 수도 있다. 경제적 상업적 이익이 미디어의 존립과 직결되는 현실에서 미디어의 사

---

1 국내에서는 'accountability'를 책무성이나 책임성, 설명책임 등의 용어로 번역하여 사용하는 경우가 많은데, 'responsibility' 역시 일반적으로 책임 혹은 책무로 번역되어 사용된다. 책무성 혹은 책임성이라는 용어는 responsibility와 accountability의 구분을 모호하게 만들어 오해와 혼란을 불러일으킬 소지가 있다. 두 용어와 개념은 비슷하지만 다르다. 이 책에서는 responsibility는 '책임', accountability는 '어카운터빌리티'라는 용어를 각각 사용했다. 이는 '잠정적'일 뿐이다. 어카운터빌리티의 개념과 본질, 책임과의 관계, 시민사회와 미디어의 관계 등을 포괄하는 용어 개발이 필요하다.

회적 책임이라는 규범적 역할 수행을 주장하는 것은 현실을 도외시하는 이상주의로 여겨질 수도 있다. 그럼에도 불구하고 '굳이' 미디어의 사회적 책임에 관한 이론적 규범적 성찰을 '먼저' 시도하는 이유는 한국의 미디어 지형 속에서 축적되어 온 각종 부정적 관행, 즉 언론적폐의 본질과 실체가 미디어의 '사회적 책임'에 관한 '성찰'과 '실천적 노력'의 부재에서 기인한 것으로 진단했기 때문이다. 국내의 대표적 미디어규범이라고 할 수 있는 〈신문 윤리강령〉(1957년 제정, 1996년 개정) 전문에서는 "자유롭고 책임 있는 언론"을 표방하고 있다. '언론의 자유'는 국민의 알 권리를 실현하기 위한 것이며, '언론의 책임'은 진실을 추구함으로써 국민의 기본 권리를 수호하는 공기(公器)로서의 역할에 있음을 스스로가 천명한 것이다. 그럼에도 불구하고, 언론의 '자유'에 수반되어야 할 '책임'의 방기 속에서 비윤리적이고 비도덕적이며 무책임한 각종 취재 보도 제작 관행들이 주류 언론문화로 자리매김했고, 그 임계점에 도달하여 폭발한 것이 세월호 언론보도 대참사에 다름 아니다. 즉, 이 책은 미디어와 저널리즘 본연의 목적, 즉 '사회적 책임과 공기로서의 역할 추구'라는 '규범'이 미디어 기업의 존립을 위한 '경제적 상업적 이익 추구'라는 '현실'에 종속되고 말았다는 문제의식을 담고 있다.

미디어의 책임이라는 개념 그 자체에 관한 연구와 성찰, 실천이 충분하지 못했다는 맥퀘일의 지적처럼(McQuail, 2003a, 192–193), 이는 비단 한국의 미디어와 언론만의 문제는 아니다. 미디어의 사회적 책임 이행을 요구하는 법적·공적 규제 시스템은 물론이고 시장주의나 자유경쟁 메커니즘 모두가 '한계'를 노출하고 있는 작금의 현실이나,[2] 정부 및 제3자기구에 의한 규제와 심

---

2 일본의 사회학자 하나다 다츠로는 공론장의 왜곡이나 투명성 결여 등 공론장 원리가 제대로 작동하지 않는 것을 '공론장의 실패'가 아닌 '공론장 현실 속의 결함'으로 해석한다(花田達朗, 1999, 40–41). 필자 역시 이러한 관점과 해석에 동의하는 바, 미디어 환경을 진단하고 평가

의는 물론 정부광고나 기타 유무형의 미디어 지원제도가 언론 자유를 억압하는 직간접적 요인으로 작동한다는 우려 역시 지구적 현상에 가까워 보인다. 이러한 현실 인식 속에서 언론에 대한 공적규제와 자율규제 각각의 '한계'를 수정보완할 수 있는 제3의 규제 메커니즘이 필요하다는 인식이 대두되었고, 새로운 규제 메커니즘은 시민사회의 적극적 관여와 역할에 의해서만 성립될 수 있다는 관점이 힘을 얻으면서 등장한 것이 '미디어 어카운터빌리티'라는 개념이다(Bardoel & D'Haeneans, 2004; Bertrand, 1999, 2003/2003; Blumler & Hoffmann–Riem, 1992; McQuail, 1997, 2003a).

미디어 어카운터빌리티가 무엇인지 매우 거칠게 정리하자면, 미디어 종사자 '스스로가' 사회적 책임의 이행 과정과 결과를 투명하게 평가하고 공개하여 '시민사회 및 이해 관계자'의 이해와 납득을 구하면서 언론 자유의 정당성을 획득해야 한다는 개념이다. '전문직업인(professional)으로서의 미디어 종사자'와 '주권자로서의 시민' 사이에 신뢰네트워크를 구축하고 이를 바탕으로 성립하는 사회적 자율규제(social self–regulation)를 지향하는 개념이다. 최근 미디어의 지배 구조 개선, 거버넌스(governance), 투명성과 공개성 제고, 팩트체크, 시민사회와의 소통 등을 지향하는 논의와 실천적 방안이 중요한 화두로 등장했는데, 이를 뒷받침하는 이론적 규범적 토대이기도 하다.

함에 있어서 이른바 시장의 '실패' 혹은 국가의 '실패'라는 관점에서 벗어나 시장의 '한계' 그리고 국가의 '한계'를 수정보완하기 위한 미디어 규범의 '재생산'을 지향한다.

책의 구성

이 책의 목적은 사회적 책임과 미디어 어카운터빌리티 각각의 본질과 속성이 무엇인지에 관한 이해를 제고하고 학술적 실천적 논의를 정교화 하는 것에 있다. 사회적 책임과 어카운터빌리티는 미디어와 시민사회 사이에 신뢰 네트워크를 구축하여 전체 미디어 환경의 질적 제고 나아가 좋은 사회(good society)를 구현해 가기 위해 필요한 규범적 개념이자 실천이다.

제1부는 미디어의 사회적 책임에 관한 검토에 해당한다. 1장에서는 1947년 미국에서 공표된 허친스 보고서(Hutchins Report)와 1949년 영국에서 공표된 로스 보고서(Ross Report)를 검토했다. 〈신문윤리강령〉 전문에서 표방하고 있는 "자유롭고 책임 있는 언론(a free and responsible press)"은 허친스 보고서의 원제이기도 하다. 허친스 보고서에서 미디어의 책임 이행을 처음 권고했다는 사실도 중요하지만, 미디어가 이행해야 할 첫 번째 도덕적 의무(moral duty)로 사회적 어카운터빌리티(social accountability)를 제시했다는 점에 주목할 필요가 있다. 1940년대 당시 미디어에 대한 사회적 우려와 각종 문제제기들, 위기 극복과 사회적 신뢰 회복을 위해 제시된 처방들 속에서 2018년 현재 한국 사회의 언론적폐 청산과 위기 극복을 위한 현대적 시사점도 발견할 수 있다. 2장에서는 매스 미디어 분야의 대표적 규범론으로 정착한 사회적 책임 이론을 검토했다. 허친스 보고서(1947)와 로스 보고서(1949)를 사상적 토대로 삼아 등장한 사회적 책임 이론은 '적극적 자유(freedom for; positive freedom)'를 표방한 것으로 알려져 왔다. 그러나 허친스 보고서에서 권고한 사회적 어카운터빌리티에 대한 관심과 논의는 '철저히' 배제된 채, 고전적 자유주의나 자유방임주의와 마찬가지로 '소극적 자유(freedom from; negative freedom)'의 범주에 여전히 갇혀 있음을 발견할 수 있다. 3장은 미디어의 존재의의와 역할, 사

회적 기대를 기능주의적 관점에서 접근하는 것에 관한 성찰이다. 사회적 책임이론이 등장하여 대표적 규범론으로 자리매김했지만, 미디어의 존재의의 및 사회적 역할에 관해서 의무를 수반하는 '책임'보다는 가치중립적인 것처럼 보이는 '기능'의 차원에서 논의되는 현실과 그 한계를 지적했다. 책임을 중심으로 한 미디어 규범론의 복원을 주장하고, 이를 위해 필요한 기준이자 원리는 무엇인지를 제시하고자 했다. 그 기준과 원리를 충족하는 새로운 규범이 '미디어 어카운터빌리티'다.

제2부에서 미디어 어카운터빌리티에 관해 본격적으로 다루었다. 4장에서는 제1부와 마찬가지로 미디어 어카운터빌리티에 관한 공식보고서를 검토했다. 영국의 제7차 방송조사위원회가 1977년에 발표한 애넌 보고서(Annan Report)는 방송 개혁과 사회적 신뢰 회복을 위해 어카운터빌리티를 이행해야 한다고 권고한 영국 최초의 방송조사위원회 보고서다. 애넌 보고서가 발표된 이후, 영국은 물론 독일이나 일본 등 공영방송 제도를 채택하고 있는 대부분의 국가에서 어카운터빌리티 이행을 위한 각종 시책과 장치를 끊임없이 강구하고 수정 개선해 왔다. 애넌 보고서에서 어카운터빌리티 이행을 권고하기까지의 배경과 맥락을 보다 구체적으로 이해하기 위해 1962년 제6차 방송조사위원회가 발표한 필킹턴 보고서(Pilkington Report)도 함께 살펴보았다. 5장에서는 미디어 어카운터빌리티의 개념과 작동 메커니즘을 정교화하는 데에 초점을 맞추었다. 1990년대를 전후해서 미디어 어카운터빌리티에 대한 관심과 논의가 '다시' 등장했지만, 언론 자유와 충돌하거나 혹은 억압하는 개념으로 해석되는 경향이 강하다. 따라서 어카운터빌리티의 사상적 배경과 원리, 보편적 속성을 바탕으로 미디어 어카운터빌리티가 무엇을 의미하는지 그 개념을 도출하여 제시하고, 이를 구체적인 시책이나 사업 형태로 실천해 가기 위한 내용적 정교화를 시도했다. 어카운터빌리티의 가장 큰 함

의와 매력은 대의 민주주의의 한계를 보완하기 위해 고대 아테네의 참여민주주의 메커니즘을 도입한 것에서 찾을 수 있다. 6장에서는 미디어의 사회적 책임과 어카운터빌리티라는 두 가지 규범의 관계를 고찰한 후, 미디어 어카운터빌리티를 바탕으로 언론 자유의 패러다임 전환을 제안했다. 사회적 책임 이론에 내재해 있는 한계를 수정 보완하여 미디어 어카운터빌리티라는 새로운 규범으로 재생산한다는 것은 언론 자유의 패러다임을 '소극적 자유'에서 '적극적 자유'로 전환하고 '자율규제'의 한계를 뛰어 넘기 위해 '사회적 자율규제'를 지향함을 의미한다.

제3부에서는 사회적 책임과 어카운터빌리티 이행을 통해 지향하는 원리와 가치를 실천적으로 구현해 가기 위해 검토해야 할 몇 가지 쟁점과 사례들을 다루었다. 각각의 쟁점들이 미디어의 사회적 책임과 어카운터빌리티 이행이라는 규범과 어떻게 연계되는지, 보다 구체적인 시책과 사업으로 구현하기 위해 극복해야 할 이론적 혹은 현실적 한계들은 무엇인지에 관해서도 검토했다. 7장에서는 제임스 커런(Curran, 2002)의 '민주적 미디어 시스템 모델(Model of Democratic Media System)'을 차용했다. 공영방송이 핵심 미디어(core media)이자 기간방송(基幹放送)으로서의 사회적 책임을 이행하면서 민주적 미디어 시스템을 견인해 가는 주체로 거듭나기 위해서는 어카운터빌리티 이행을 지향하는 정책적 방향성과 실천적 방안을 모색해야 한다. 8장은 '편집권(編輯權)'과 내적 편집의 자유에 관한 논의다. 1960년대 국내에 도입된 '편집권'이라는 용어와 개념이 '배타적이고 독점적인 특권'으로 해석되고 적용되는 가운데 '귀속 주체'가 누군지를 둘러싼 논쟁이 반복되었다. '편집권' 개념의 오독과 오용은 정치적 독립과 내적 편집의 자유를 침해하고 언론 민주화를 억압하는 결과를 초래했다. 그 역사적 배경과 맥락을 검토하고, 편집의 독립과 어카운터빌리티의 조화로운 작동 속에서 언론의 적극적 자유가 구

현될 수 있음을 주장했다. 9장에서는 미디어와 전문직주의(professionalism)에 관해 다루었다. 언론(인)의 전문성 배양을 위해 실시되는 교육 연수 훈련 과정에서 전문 지식이나 실무적 기능을 습득하는 것도 중요하지만, 이에 앞서 미디어의 사회적 책임과 어카운터빌리티에 대한 인식을 제고하고 그 이행 능력을 배양하는 것에 초점을 맞출 필요가 있음을 제언했다. 10장은 시민참여와 사회적 자율규제를 지향하는 이론적 실천적 논의다. 미디어 어카운터빌리티는 사회적 자율규제를 지향한다. 미디어 및 언론(인)과 시민 사이에 신뢰 네트워크를 구축하여 사회적 자율규제 메커니즘을 작동시키기 위해서 시민 참여는 매우 중요한 선행조건 중 하나다.

미디어는 지금, 그리고 앞으로 어떤 모습이어야 하는가?

미디어 어카운터빌리티는 필자가 석사과정 및 박사과정에서 천착했던 키워드다.[3] 지난 10여 년 동안 미디어 기술은 획기적으로 발전했고 우리 사회와 미디어 환경 역시 크게 변화했다. 시민사회와 참여민주주의에 관한 논의 및 제도적 실천 역시 양적 질적 발전을 거듭해 왔다. 그럼에도 불구하고, 필자가 10여 년 전에 전개했던 핵심 논지들은 '언론적폐 청산'이라는 한국 사회의 시대적 요구 및 과제를 뒷받침하는 이론적 규범적 토대로 유용해 보

---

3 석사학위 논문 제목은 〈공영방송의 어카운터빌리티에 관한 일고찰: 규범적 개념과 일본, 영국, 한국의 관련 장치를 중심으로(公共放送のアカウンタビリティに関する一考察: 規範的概念と日本, イギリス, 韓国における取組みを中心に)〉(2004)다. 박사학위 논문 제목은 〈방송의 사회적 책임과 어카운터빌리티에 관한 연구: 공영방송을 둘러싼 현황과 새로운 규범론의 전개(放送メディアの社会の責任とアカウンタビリティに関する研究: 公共放送を取り巻く現状と新な規範論の展開)〉(2007)다. 학위 논문에서 전개한 논의 중 일부는 학술지 논문 등으로 발표된 바 있다(정수영, 2009, 2012a, 2012b, 2013, 2015a, 2015b, 2016).

인다. 그래엄 머독(Murdock, 2004)이 디지털 혁명으로 일컬어지고 있는 매스 커뮤니케이션의 변화 속에서 '새로움(new)에 대한 과대평가'와 '미디어 중심주의'를 피해야 한다고 지적한 것처럼, 언론적폐로 지적되고 있는 각종 관행과 문제적 현상들이 미디어 기술이나 환경 변화로 말미암아 비로소 등장한 새로운 현상이 아니라는 사실의 반증일 수 있다. 또한, "미디어는 지금 어떤 모습이며, 앞으로 어떤 모습일까?"(is)에 대한 관심과 탐구를 넘어, "미디어는 지금, 그리고 앞으로 어떤 모습이어야 하는가?"(ought)라는 질문을 던지고 그 답을 구하고자 하는 성찰 그리고 실천적 노력이 충분하지 못했기 때문일 수도 있다.

물론, 사회적 책임과 미디어 어카운터빌리티에 관한 논의가 미디어 규범론의 완결점이 될 수는 없다. 미디어와 언론 영역에서 제기되고 있는 현실적 한계와 문제적 현상들을 모두 해결할 수 있는 만병통치의 힘도 갖고 있지 않다. 필자의 해석이나 주장들 역시 치열한 비판과 논쟁, 수정과 보완을 요하는 시론(試論)일 뿐이다. 다만, 미디어 생태계는 다양한 층위의 이해와 가치가 상충하면서 끊임없이 변화하는 복잡한 장(場)이다.

규범과 실재(實在) 사이에는 크고 작은 딜레마와 간극이 존재할 수밖에 없다. 우리가 준거점으로 삼아야 할 것은 실재하는 현실적 한계와 오류가 아니라 탄탄한 규범이어야 한다는 것, 각종 오류와 한계들을 어쩔 수 없는 현실로 받아들이기 보다는 끊임없이 성찰하고 수정보완해가야 한다는 것만큼은 연구자로서 지향하는 신념이다. 규범을 준거점으로 현실적 한계와 오류, 문제적 현상들을 수정 보완하고 개선해 가기 위한 성찰적 실천적 노력이 수반되지 않는다면, 미디어와 언론 현실의 질적 하락을 제어할 수 없다. 세월호 언론보도 대참사를 계기로 그 민낯을 드러낸 잘못된 관행과 악습들이 지난 9년이라는 시간 동안 더욱 악화되었을지언정, 한국의 미디어와 언론 지형 속에 자리 잡고 있는 언론적폐의 본질과 실체의 뿌리는 훨씬 깊고 넓다. 언론적폐와 사회적 불신의 원인을 미디어 혹은 언론 환경이나 기술의 변화, 정치권력에 의한 유무형의 압력, 경제적 상업적 경쟁 환경 등 외부 요인에서만 찾으려 한다면, 언론적폐 청산과 사회적 신뢰 회복의 길은 요원해질 수밖에 없다.

미디어와 언론의 책임과 역할은 여전히 막중하며 그 힘과 영향력은 여전히 막강하다. 좋은 사회를 지향한다면, 결코 포기할 수 없는 것이 미디어 공공성의 추구와 언론의 질적 제고, 이를 바탕으로 한 사회적 신뢰의 회복이다. 이 책이 언론적폐 청산과 사회적 신뢰 회복을 지향하는 미디어 정책(policy)과 규범론을 재생산하는 데에 조금이나마 일조할 수 있기를 바란다. 미디어 현장에서 구현할 수 있는 시책과 사업을 발굴하고 실천하는 데에 작은 실마리가 되길 바란다. 민주적 미디어 시스템과 좋은 사회를 만들어 가는 긴 여정에서 시민사회와 촛불시민들이 핵심 주체로 참여하기 위한 이론적 실천적 토대 구축에 기여할 수 있기를 바란다. 무엇보다 이 책에서 논의한 이론과 규범들이 끊임없이 수정 보완되고 재생산되길 바란다.

7년 반의 일본 유학을 마치고 귀국한 지 어느새 10여년의 시간이 흘렀다. 왜 일본을 유학지로 선택했는지 궁금해 하는 분들이 참 많았다. 대부분은 그저 의례적으로 오고 가는 대화의 별 의미 없는 질문들이었으리라. 하지만 왜 미국이 아니라 일본이었는지를 의아해하는 눈빛을 만날 때면 여전히 난감하고 당혹스럽다. 어떤 '답'도 '답'이 될 수 없음을 알기 때문이다. 명확한 것은 미디어 연구자로서 무엇을 지향해야 하며 무엇을 해야 하는지를 '머리'와 '가슴'으로 체득할 수 있도록 만들어 준 것이 일본 유학 시절의 배움과 크고 작은 경험들이었다는 것이다. 일본 조치(上智)대학 지도교수였던 공영방송 전문가 이시카와 사카에(石川旺) 선생님은 은퇴 후에는 지역 커뮤니티 방송에 힘을 보태고 계신다. 박사과정 진학을 앞두고 학업을 포기해야 하는 절대 절명의 위기 속에서 구원해 주신 저널리즘 역사 연구자 스즈키 유가(鈴木雄雅) 선생님은 한일 양 학회의 학술교류를 위해 그 누구보다도 헌신하고 공헌해 오신 분이다. 도쿄대학 은퇴 이후 와세다 대학 저널리즘연구소장을 역임하신 사회학자 하나다 다츠로(花田達朗) 선생님은 일본 사회와 저널리즘 현실에 회의를 느끼고 낙담하면서도 변화의 가능성과 희망의 끈을 놓지 않고 계시다. 2017년에는 탐사저널리즘 NGO 와세다 크로니클(Waseda Chronicle)을 설립하고 관련 저술 작업과 실천에 여념이 없으시다. 존경과 감사를 전하며 앞으로도 오랫동안 후학들의 귀감이 되어 주시길 바라는 마음이다. 학위과정을 마치고 서둘러 돌아 온 한국 사회와 학계는 녹록치 않았다. 시행착오의 연속이었고 그 끝은 지금도 보이지 않는다. 모든 것을 내려놓고 도망가고 싶을 만큼 지칠 때마다 많은 분들께서 힘과 용기와 위로를 아낌없이 나누어 주셨다. 이 자리를 빌려 감사드린다.

짧은 논문만으로는 모두 담아낼 수 없는 고민과 맥락들을 한 권의 책으로 모아내고 싶다는 보잘 것 없는 '의욕', 좋은 사회와 좋은 언론을 만들기 위해 반드시 필요한 것이 어카운터빌리티라는 작은 '신념'만으로 시작한 일이었다. 하지만 책을 집필한다는 것이 단지 의욕이나 신념만으로 가능한 일이 아니라는 사실을 절감하면서 스스로의 무모함과 게으름과 내공 부족에 초조해하고 괴로워하는 시간이 이어졌다. 방송문화진흥회의 저술지원이 없었다면 이 책의 출판은 "언젠가 여유가 생기면…"이라며 끝없이 되뇌는 불확실한 미래의 기약으로 남았을 것이다. 방송문화진흥회와 장현우 차장님, 저술지원신청서를 채택해 주신 익명의 선정위원님들께 감사드린다. '초짜'에 불과한 필자가 불쑥 보낸 생소한 주제의 출간제안서임에도 불구하고 출판을 허락해 주신 박이정 출판사의 박찬익 대표님, 늦어지는 원고를 조용히 기다리며 격려해 주신 권이준 상무님께도 감사의 말씀을 전하고 싶다.

목차

제2부 **미디어 어카운터빌리티란 무엇인가**

제3부 쟁점과 사례

제1부

미디어의 사회적 책임이란 무엇인가

1956년에 발표된 〈미디어 4이론(Four theories of the press)〉 중 하나로 테오도르 피터슨(Theodore Peterson)이 집필한 사회적 책임 이론(social responsibility theory)은 여러 학자들에 의한 내용적 수정과 첨삭을 거치면서 미디어의 대표적인 규범이론(Normative Theory)으로 정착하게 되었다(Merrill, 1989).[1] 2장에서 구체적으로 소개하겠지만, 사회적 책임 이론이 지닌 태생적 한계와 내용적 한계를 이유로 미디어 규범론으로 부적절하다는 비판의 목소리도 있다. 사회적 책임과 어카운터빌리티를 동일한 개념으로 해석하거나 책임 혹은 어카운터빌리티가 언론 자유를 억압하는 개념이라고 규정하는 경우도 적지 않다. 언론 자유는 물론, 미디어의 사회적 책임이나 어카운터빌리티라는 두 가지 규범 모두에 대한 개념적 이해, 나아가 실천 과정에서의 오해와 혼란을 엿볼 수 있다. 미디어 규범론을 재생산하기 위해서는 언론의 자유와 책임이라는 양대 핵심 개념의 해석과 적용을 둘러싼 오해와 혼란이 어디에서 기인하는 지를 먼저 밝혀낼 필요가 있다.

이러한 문제의식을 바탕으로 이 책의 본격적인 논의는 사회적 책임 이론의 사상적 토대로 알려져 있는 미국의 허친스 보고서(1947)와 영국의 로스 보고서(1949)를 검토하는 것에서 출발한다. 피터슨에 따르면, 허친스 보고서를 사상적 토대로 하면서 로스 보고서를 참조하여 만들어 진 것이 사회적 책임 이론이다(Peterson, 1956/1980). 허친스 보고서와 로스 보고서에서 언론의 자유와 책임을 어떻게 논의하고 있는지 그 특징과 시사점을 먼저 살펴보고, 두 보

---

1   사회적 책임 이론은 F.S. 시버트(Fred S. Siebert), T.B. 피터슨(Theodore B. Peterson), W. 슈람(W. Schramm) 등에 의해 일리노이 대학(Univ. of Illinois)에서 1956년 출판된 〈미디어 4이론〉(Four Theories of the Press: The Authoritarian, Libertarian, Social Responsibility, and Soviet Communist Concepts of What the Press Should Be and Do) 중에 한 장을 할애하여 작성된 것이다. 사회적 책임 이론과 〈미디어 4이론〉에 관해서는 제2장에서 소개하였다.

고서에서 제시한 관점과 권고 사항들이 사회적 책임 이론에서 어떻게 수용되거나 혹은 변화했는지, 그리고 어떤 성과와 한계를 내재하고 있는지 검토할 것이다. 이를 바탕으로 미디어 규범론의 수정 보완 및 재생산을 위한 기준과 원리를 제시할 것이다.

1장
보고서 다시 읽기

현대 민주주의 사회에서 언론·표현의 자유는 헌법상의 우월적 지위 (preferred position)를 인정받고 있지만, 이는 지난한 과정을 거쳐 20세기 들어 비로소 '획득'할 수 있었던 '역사적 산물'이다. 그리고 언론·표현의 자유에 관한 논의에서 주류를 형성해 온 것이 고전적 자유주의 이론이다. 1644년 존 밀턴(Milton)이 의견 발표의 자유를 주장하며 발표한 〈아레오파지티카〉 (Areopagitika)는 중세 권위주의 시대의 검열과 면허제를 폐지하는 계기가 되었고, '사상의 공개 시장'(the open market place of ideas)이나 '자동 조정 작용'(self-righting process)이라는 현대적 개념의 토대가 되었다. 18세기 표현의 자유를 인간의 자연권(natural right)으로 격찬한 존 로크(Locke), 인간은 진리를 알기 위해 자유로워야 한다며 표현의 자유를 주장한 볼테르(Voltaire), 자유방임주의 개념으로 유명한 애덤 스미스(Smith), 공중의 계몽과 개인의 자유를 위해 언론에 대한 정부간섭을 최소화해야 한다고 주장한 토마스 제퍼슨(Jefferson) 등의 사상과 철학을 바탕으로 한다. 이후, 18세기말부터 19세기에 걸쳐서는 모든 법률은 자유를 억제할 소지가 있기 때문에 최소한으로 해야 한다고 생각한 제레미 벤덤(Bentham), 언론 자유를 기반으로 정보가 제공되지 않으면 공직자들은 자기 이익에 몰두하게 될 것이라고 경고한 제임스 밀(J. Mill), 공리주의 원리를 바탕으로 표현의 자유와 성숙한 인간의 권리로서 자유를 정당화한 존 스튜어트 밀(J.S. Mill) 등의 사상이 고전적 자유주의 이론을 발전시켜 왔다 (Siebert, Peterson, & Schramm, 1956/1980; Merrill, 1974).

메릴에 따르면, 고전적 자유주의 이론을 바탕으로 한 사상과 철학에서는 개인 및 언론 자유에 관한 개념 속에 언론의 책임이 자동적으로 포함되어 있다고 여겨졌다(Merrill, 1989, 43-43). 특히 자유로운 언론이라는 것 자체가 사회 시스템으로서의 책임을 이미 이행하고 있다고도 간주되었다(Merrill, 1974, 76-78). 정부와 언론에 의한 이원적 대립관계에서 출발하는 고전적 자유주의 이론의 핵심은 국가 권력이 언론을 검열하거나 간섭하고 통제해서는 안된다는 것이다. 민주주의를 유지하고 발전시키기 위해 언론은 국민의 편에 서서 권력을 감시하고 다양한 정보와 의견을 제공해야 하며, 이를 바탕으로 국민들은 유권자이자 공중으로서의 힘을 가질 수 있다고 보는 관점이다. 미디어의 언론 활동과 자유, 공중의 언론 활동과 자유를 동일시하면서 '국가' vs. '미디어(언론) = 공중'이라는 대립구도를 상정하는 것에서 출발한다(大井眞二, 1999).

하지만 20세기 들어서면서 미디어의 기업화와 집중화, 독과점 현상이 가속화하면서 상업주의 경쟁이 치열해졌다. 뉴스 보도의 다양성은 결여되었고 왜곡조작 보도마저 양산되기 시작했으며, 편집자나 기자들은 외부 압력에서 자유롭지 못했다. 시민들은 '수용자'의 지위로 고착되면서 '공중'으로서의 권리를 침해받게 되었다. 미디어가 행사하는 언론 자유가 과도하다는 사회적 비판이 거세지는 가운데 어떤 방식으로든 언론 자유에 대한 조정 혹은 규제가 필요하다는 요구가 등장했다(박홍원, 2004; 田島泰彦・右崎正博・服部孝章,

1998; Merrill, 1974). 지금으로부터 70여년을 거슬러 올라간 1940년대 후반, 미디어 기업의 집중화와 독과점 경향, 미디어의 소유 및 경영 형태 등이 사회 여론에 어떤 영향을 미치는지, 언론의 자유와 책임이란 과연 무엇인지, 그리고 언론에 대한 불신을 해소하고 위기를 극복하기 위해서 어떤 개혁 방안이 필요한지 등을 모색하기 위해 범사회적인 논의가 시작되었다. 그 출발점이 미국의 언론자유위원회(The commission on Freedom of the press, 이하 허친스 위원회)와 영국의 제1차 왕립언론위원회(Royal Commission on the Press, 이하 로스 위원회)다. 허친스 위원회와 로스 위원회는 장기간에 걸친 조사 연구 끝에 공식 보고서를 각각 발표했는데, 두 보고서의 핵심은 고전적 자유주의 이론을 근거로 한 언론 자유의 한계를 지적하고, 언론 자유가 사회적으로 용인받기 위해서 책임 이행이 수반되어야 한다는 관점을 제시한 것에서 찾을 수 있다.

1. 허친스 보고서 (미, 1947)

허친스 위원회가 발족한 1940년대 당시 미국의 시대적 배경과 사회적 상황은 크게 네 가지로 정리할 수 있다.

첫째, 경제적 불황을 극복하고 파시즘의 위협에 대응하기 위해 미 연방정부에 의한 권력의 중앙집중화가 이루어지던 시기였다. 1920년대 대공황의 여파가 아직 가시지 않은 상태였기 때문에 뉴딜 정책을 실시한 연방정부에 부와 권력이 집중되어 있었다. 1930년대 후반 들어서는 독일, 소련, 이탈리아 등 전체주의 체제의 위협이 확장되기 시작했다. 여기에 교통 통신의 발달로 지역주의가 약화되면서, 일반 시민들 사이에서 '국가'라는 개념이 친근하게 정착해 가고 있었다.

둘째, 무선통신의 열풍 속에서 '뉴미디어' 라디오가 등장하여 급속도로 보급되었다. 1930년대 중반 기술 진보의 결과로 등장한 뉴미디어 라디오에 대해 당시 언론의 평가와 전망은 찬양에 가까웠다. 무한한 교육적 잠재력을 지니고 있는 라디오는 문화적 통일성과 다양성을 촉진시키고 기독교적 가치를 활성화할 것이며, 정치와 정치인에 관한 정보와 뉴스를 누구나 손쉽고 빠르게 획득할 수 있게 만들어 민주주의를 확대시킬 것이라는 기대 섞인 평가와 긍정적인 전망이 확산되었다(채백, 1996, 217-234).

셋째, 제1차 세계대전 중에 발달했던 전쟁 선전(propaganda)뿐 아니라, 전후 PR 비즈니스가 등장하면서 미디어와 정치의 관계가 전환되기 시작했다. 언론의 감시견 역할이 흔들리기 시작한 것이다(林 香里, 2001). 특히, F. 루즈벨트 대통령은 라디오를 적극적으로 활용했다. 대통령 기자회견이 매주 2회 열렸고 워싱턴발 뉴스는 이전에 비해서 4배 정도 증가한 것으로 알려져 있다.

"여러분, 나의 친구들인 여러분……."으로 시작되는 루즈벨트 대통령의 라디오 연설은 국민 한 사람 한 사람에게 설득력 있고 친근감 있게 다가갔다. 이른바 '노변정담(fireside chat)'이다. '루즈벨트의 연설은 명백히 정치적'이며 '국가의 이익과 정치 선전 사이에는 분명히 선을 그어야 한다'는 비판이 제기되기도 했지만, CBS를 포함한 네트워크 방송사들은 루즈벨트의 연설을 생중계했다.[1] 루즈벨트는 전통과 정당의 벽을 깨고 네 번의 대통령 선거에서 승리를 거두었다. 핼버스텀에 따르면, 루즈벨트가 '언론 조종에서 금세기 제1의 명수'였고, '워싱턴 최량의 정보원'이었으며 당시 미국 정치인 가운데 방송기술에 관한 최초의 전문가였기 때문에 가능한 일이었다(Halberstam, 1979/1984).

넷째, 19세기 말에서 20세기 들어 신문사가 기업으로 성장했다. 독자들이 직접 지불하는 저렴한 금액의 구독료보다 광고 수입이 중요해졌고, 광고주와 독자를 확보하기 위한 경쟁이 점점 치열해 졌다. 신문 발행이 이윤 추구를 위한 수단이 되면서 사리사욕을 탐하는 정재계 거물들이 신문사를 소유하기 시작했지만 신문사의 실제 소유주가 누구인지 은폐되었다. 신문 발행 부수는 조작되었고 기사나 논설을 가장한 광고가 만연했다. '옐로우 저널리즘'이나 '매춘 저널리즘'이라는 용어가 회자될 만큼 신문사의 상업적 경쟁에서 기인한 폐해는 커져 갔다(채백, 2001; 林 香里, 2001).

이러한 배경 속에서 산업화가 진행되었지만 노동자와 농민은 소외되었고

---

1 루즈벨트는 대통령 취임 직후인 1933년 3월 12일부터 1944년까지 모두 30회에 걸쳐서 라디오 연설을 했다. 한편, 이명박 전 대통령은 2008년 10월 13일 "안녕하십니까 대통령입니다"라는 제목의 라디오 연설을 시작했다. 2013년 2월 18일까지 KBS1 라디오를 통해 방송된 대통령 주례연설은 모두 109회였다. KBS 노조 및 일선 PD들의 반대 속에서 시작된 대통령 주례연설은 "공영방송을 정권의 일방적인 홍보채널로 전락"시킨 대표적인 사례 중 하나로 비판받고 있다(PD저널, 2017.10.19.).

각종 부정부패가 만연했다. 사회적 모순과 부조리를 척결하고 개혁해야 한다는 요구가 팽배해졌다. 그리고 미디어 집중과 독과점으로 또 다른 권력의 주체가 된 언론의 폐해 역시 개혁해야 한다는 주장이 강력하게 대두되었다(채백, 2001, 30-35). 고전적 자유주의 이론이나 자유 시장 원리를 근거로 헌법상의 '우월적 지위'를 향유해 왔던 언론 자유에 대한 신념이 흔들리면서 미디어는 공익을 위해 봉사해야 한다는 새로운 원칙이 요구되기 시작한 것이다. 그 논의의 출발점이 허친스 보고서다. 허친스 보고서는 지난 반세기 동안 '저널리즘에 관한 학문적 사조'에 커다란 영향을 미친 논의로 평가받으면서(Baters, 1995), 미디어의 사회적 책임과 적극적 자유 개념의 사상적 토대를 제공해 왔다. 미디어가 어카운터빌리티를 이행해야 한다는 주장을 제기한 최초의 공식문서이기도 하다.

허친스 위원회와 보고서 개요

1940년대 미국 사회에서는 정치뉴스 보도가 불공정하고 편향적이며, 공중에게 유용한 정보가 아니라 가십거리나 사소한 흥밋거리들로 채워져 있다는 비판의 목소리가 높아졌다. 타임(Time, Inc.)을 창간한 젊은 사장이자 편집장 헨리 루스(Henry R. Luce)는 정부가 뉴스를 검열하는 형태로 미디어를 규제하고 통제하는 것이 아니라, 다량의 뉴스와 정보를 직접 제공하는 당시 상황에서 언론이 자유롭다고 말할 수 있는 것인지에 관한 문제의식을 느끼고 있었다. 미디어가 정부의 일방적인 홍보 창구로 전락하고 있는 것은 아닌지에 관한 위기의식이었다(大井真二, 1999, 31).

1942년 12월, 루스는 언론 자유의 현실을 진단하고 미래를 전망하기 위한 연구를 제안했다. 다음 해 시카고 대학 학장인 로버트 허친스(Robert M. Hutchins)를 위원장으로 하고 당대 지식인들이 위원으로 참가하는 이른바 허친스 위원회(The Commission on Freedom of the Press; 약칭, Hutchins Commission)가 구성되었다. 타임사가 20만 달러, 엔싸이클로피디어 브리트니카(Encyclopedia Britannica)가 1만 5천 달러를 각각 제공하여 4년여에 걸친 장기간의 조사 연구가 진행되었다. 그 결과물로 1947년 2월 시카고 대학 출판부에서 발행한 것이 허친스 보고서다.[2] 보고서 원제는 "A FREE AND RESPONSIBLE PRESS-A General Report on Mass Communication: Newspapers, Radio, Motion Pictures, Magazines, and Books"이다. 국내 대표적 윤리강령인 〈신문윤리강령〉의 전문에서 스스로의 '사명'으로 천명하고 있는 "자유롭고 책임있는 언론"이 허친스 보고서의 원제이다. 허친스 위원회가 조사 검토한 대상은 신문을 필두로 하여 라디오, 영화, 잡지, 서적 등 당시의 주요 미디어를 총망라한 것이었다.[3] 하지만, 미디어 관련 업계는 위원회에 직접 참가할 수 없었다. 위원회는 미디어 관련 업계의 관행이나 실적 등 실무적 차원의 조사도 실시하지 않았다. 단지, 미디어 관련 업계의 증언이나 문서를 활용하였을 뿐이며, 이를 오로지 학문적·이론적 차원에서만 검토하고 분석하여 보고서가 작성되었다(Hutchins Report, 1947, v - ix; Foreword). '업계 내부자에 의한 업계 비판은 불가능하다'는 것이 허친스 위원장의 지론이었기 때문이다(林 香里, 2001). 보고서는 허친스 위원장이 직접 집필한 서장(Foreword)을 시작으로 모두 여섯 개의 장과 부록으로 구성되었다.

---

2 허친스 보고서는 국내에서도 번역 출판되었다. 김택환 역(2004). 『자유롭고 책임 있는 언론』. 서울: 커뮤니케이션북스.

3 허친스 보고서에서는 'press'라는 용어를 사용하고 있다. 보고서 서문에 따르면, "본 위원회의 간행물에서 사용하는 press라는 용어는 라디오, 신문, 영화, 잡지, 서적 등 모든 미디어를 지칭한다"고 언급하였다(Hutchins Report, 1947, 5). 미국에서는 'press'라는 용어가 인쇄매체뿐 아니라, 방송매체 등도 포괄하여 사용되는 것이 일반적이라는 점에서, 허친스 보고서에서 언급한 'press'를 이 책에서는 맥락에 따라서 '미디어' 혹은 '언론'이라는 용어를 병행하여 사용했다.

'사회적 어카운터빌리티'와 '~을 위한 언론의 자유'

허친스 위원회는 당시 미국 사회에서 언론 자유가 위기에 처해 있다는 현
실 진단에서 출발했다. 언론 자유의 위기를 초래한 원인으로 제시한 것은
세 가지다. 첫째, 매스 커뮤니케이션의 수단으로 발전해 온 언론의 중요성
은 증가하고 있지만, 미디어를 통해 자신의 의견이나 사상을 표현할 수 있
는 사람은 감소하고 있다. 둘째, 미디어를 이용할 수 있는 소수의 제한된
사람들은 사회적 요구와 필요에 상응하는 서비스를 제대로 제공하지 못하
고 있다. 셋째, 미디어 조직에 몸담고 있는 사람들은 때때로 업무와 관련하
여 사회적 비판을 불러일으키고 있다(Hutchins Report, 1947, 1).

이러한 위기 상태가 지속되면 미디어는 외부의 통제와 규제를 받게 될 것
이며, 미디어가 외부로부터의 통제와 규제 하에 놓이게 되면, 민주주의를
심각한 위험에 빠뜨리는 전체주의로 직결될 것이라고 경고했다(Hutchins Report,
1947, 5). 외부로부터의 통제나 규제에 의한 전체주의로의 전락 그리고 민주주
의의 위기를 방지하기 위해서 반드시 필요하다고 허친스 위원회가 강조한

것이 사회적 어카운터빌리티(social accountability)를 이행하는 것이었다.

미디어는 어카운터빌리티를 이행해야 한다. 공중의 필요에 부응하고 시민의 권리와 미디어를 갖지 못하는 사람들의 표현의 권리를 지키기 위해서 사회적 어카운터빌리티를 이행해야 한다. 언론의 결함이나 실수는 사적 실수에 그치지 않고 공적 위기로 이어진다. 언론의 목소리는 다른 목소리와 공중의 발언을 빼앗는다. 앞으로의 시대에는 어카운터빌리티를 동반한 자유(accountable freedom) 만이 유지될 수 있을 것이다. (언론의) 도덕적 권리(moral right)는 어카운터빌리티를 받아들일 때 유지될 수 있을 것이다. (언론의) 법적 권리(legal right)는 그 도덕적 의무(moral duty)가 수행되는 한 변함없이 유지될 것이다(Hutchins Report, 1947, 18-19).

허친스 위원회는 미디어가 이행해야 할 사회적 어카운터빌리티가 본질적으로 어떤 내용을 가리키고 있는지에 대해서 직접적으로 명시하지는 않았다. 따라서 어카운터빌리티가 무엇을 말하는 지 그 개념과 내용, 범위와 대상 등에 대해서는 보다 심층적인 논의를 요한다. 다만, 허친스 보고서에서 우리가 주목해야 할 지점은 첫째, 당시 언론 자유가 처한 위기를 타개하기 위한 핵심 방안을 제시하면서, 일반적으로 미디어의 책임을 지칭하는 용어인 'responsibility'뿐 아니라 'accountability'라는 용어와 개념을 함께 제시했다는 점이다. 둘째, 언론 자유가 도덕적 권리이자 법적 권리에 해당하는 것을 인정하면서도 그 권리가 사회적으로 승인 받기 위한 전제 조건으로 사회적 어카운터빌리티가 반드시 수반되어야 한다고 주장한 것이다. 셋째, 위원회는 어카운터빌리티가 도덕적 의무에 해당한다고 규정하였다. 즉, 어카운터빌리티는 미디어가 이행해야 할 '도덕적 의무'에 해당하며, 이를 이행하지 않는다면 도덕적 권리이자 법적 권리로서 미디어가 향유하고 있는 언론 자유의 정당성마저 흔들릴 수 있음을 명확하게 밝힌 것이다.

이처럼, 허친스 위원회에게 있어 언론 자유라는 법적 도덕적 권리는 의무를 동반하는 것이었다. 언론 자유에는 열다섯 개의 원칙이 있다는 것도 함께 제시했는데, 그 원칙들 중에 열 두번째 원칙으로 제시한 것이 '어카운터빌리티를 이행하는 미디어와 책임 있는 사회(The accountable press and the responsible community)'다. 열네 번째로 제시한 '원칙에 있어 당면한 문제(contemporary problems of principle)'에서도 책임과 구별되는 개념으로 어카운터빌리티를 언급했다(Hutchins Report, 1947, 107–133; Hocking, 1947, 209–232).

이 원칙들 속에서 허친스 위원회는 미디어가 이행해야 할 어카운터빌리티와 사회(community)가 이행해야 할 책임을 함께 상정하고 있으며, 미디어와 사회 양자 간의 상호 관계를 중시하고 있음을 확인할 수 있다. 그렇다면, 미디어와 사회의 관계를 좀 더 구체적으로 살펴 볼 필요가 있다. 먼저, 미디어, 공중/수용자(audience)/뉴스 소비자는 모두 사회를 구성하는 핵심 주체들이다. 공중/수용자/뉴스 소비자는 자유로운 사회를 수호해야 한다는 목적과 이를 달성하기 위한 책임을 미디어에 위임했다. 미디어는 공중/수용자/뉴스 소비자의 요구와 그들로부터 위임받은 책임과 역할에 부응하기 위해서 품질 좋은 정보 서비스를 제공해야 한다. 그리고 미디어와 공중 사이의 책임과 역할 위임 및 상호 협력 관계를 구축하고 유지하기 위해서 필요한 것이 사회적 어카운터빌리티다. 미디어는 합리적이고 현실적인 목표와 기준을 스스로가 명확히 설정하고 그 기준에 맞추어 목표를 달성하기 위해 노력해야 하며, 공중/수용자/뉴스 소비자는 미디어가 설정한 목표와 기준을 어떻게 달성하고 있는지 감시하고 협력해야 한다(Hutchins Report, 1947, 107–133). 이것이 사회적 어카운터빌리티의 이행을 권고한 허친스 위원회의 기본 입장이었다.

허친스 위원회는 열네 번째 원칙으로 제시한 '원칙에 있어 당면한 문제'를 언급하는 과정에서 '이상적 형태의 언론 자유를 구성하는 요소 간에 발생할 수 있는 모순'과 '언론 자유와 어카운터빌리티라는 두 개념 간의 모순'에 대한 설명도 빠뜨리지 않았다. 보고서에 따르면, 이들 모순은 미디어 산업에 내재해 있는 편향(bias)을 공중에게 널리 알리는 동시에 '~을 위한 자유 (freedom for)'를 확대함으로써 일정 정도 해소할 수 있을 것이라고 전망했다. 다시 말해서, 언론의 자유는 '~로부터의 자유(freedom from)'와 '~을 위한 자유' 두 가지를 포함하고 있는데, 이 두 가지 속성의 자유 중에서 "가치 있는 사상을 공중에게 알리기 위해서", 나아가 "자유로운 사회를 구성하는 필수 조건으로서 공공의 장(public arena)과 공적 토론(public discussion)을 성립시키기 위해서" 언론 자유가 필요하다는 것을 강조했다(Hutchins Report, 1947, 128-131). 앞서 언급한 것처럼 당시 미국사회에서 거세게 대두되고 있던 언론에 대한 사회적 비판을 해소하고 언론 자유의 위기를 타개하기 위해서 고전적 자유주의 이론을 사상적 토대로 삼아 온 '~으로부터의 자유'를 넘어, '~을 위한 자유'를 실천해야 한다는 것에 초점을 맞춘 것이다(Hutchins Report, 1947, 117-119).

미디어의 책임

허친스 위원회는 미디어가 이행해야 할 책임에 관해 어떻게 규정하고 설명하고 있는가? 위원회는 미디어가 "공적 사안(public affair)에 관한 국민 교육의 역할", 그리고 "매스 커뮤니케이션 행위자로서의 역할(The role of the agencies of mass communication)"을 부여받고 있다고 설명했다. 미디어는 "국가의 문화와 여론 형성에 미치는 영향"이 막대하기 때문에 "미디어 소유주나 경영자는 건전한 여론 형성을 위해 공익(common good)과 양심(conscience)에 대한 책임"을 이행해야 한다고 주장하기도 했다. "상당한 권력을 지닌 미디어는 이에 상응하는 막중한 의무(obligation)를 수반한다"는 입장이다(Hutchins Report, 1947, Foreword). '~로부터의 자유'를 중심으로 한 고전적 자유주의 관점에서 바라보는 언론 자유와는 상이한 입장을 읽을 수 있다.

미디어가 수행해야 할 책임과 의무의 구체적인 내용에 관해서는 사회가 미디어에 대해 기대하는 '요청사항(The Requirements)'이라는 항목으로 제시되었는데, 모두 다섯 가지 항목이다(Hutchins Report, 1947, 20–29). 첫째, 매일매일 발생하는 사안의 의미에 대하여 다른 사안과의 관계 속에서 이해할 수 있도록 사실에 충실해야 하며, 종합적이고 지적으로 설명해야 한다. 둘째, 사안에 관한 해설 및 비판을 교환하기 위한 포럼의 역할을 담당해야 한다. 셋째, 다양한 사회 집단이 어떻게 구성되어 있는지 그 기본 구도를 정확히 반영해야 한다. 넷째, 사회가 지향해야 할 이상적 목표와 가치를 명료하게 제시해야 한다. 다섯째, 시대를 앞서가는 선구적 정보에 대한 충분한 접근(access)을 보장해야 한다.

위원회가 제시한 다섯 가지의 요청사항에서 확인할 수 있는 것처럼, 1940년대 후반 미디어에 대한 사회적 요구, 즉 책임을 구성하는 핵심 내용은 저널리즘 기구로서의 역할에 초점을 맞춘 것이었다. 그 중에서 몇 가지 주목해야 할 것이 있다. 첫째, 단순히 사실이나 사건을 객관적이고 가치중립적으로 혹은 기계적으로 전달하는 것에 그칠 것이 아니라, 사회를 구성하는 다양한 이해관계와 맥락 속에서 어떤 의미를 지니는지에 관한 설명과 해설을 함께 제공해야 한다는 것이었다. 둘째, 다양한 의견이나 태도, 비판들을 제시하고 널리 공유될 수 있도록 미디어 스스로가 열린 포럼의 역할을 수행해야 하며 공중에게 부여된 표현의 자유와 알 권리, 액세스권이 충분히 실현될 수 있도록 보장하는 역할을 강조했다는 점이다. 셋째, 이 다섯 가지 요청사항들은 미디어 및 그 종사자들 각자의 의지나 선택에 의존하는 차원의 문제가 아니라는 점이다. 반드시 수행해야 할 의무 사항(obligation, duty)이자 법적 도덕적 권리로 보장된 언론 자유를 향유하기 위한 전제조건으로 제시되었다.

미디어 책임의 구현 방식과 핵심 주체

그렇다면 다섯 가지 요청사항들을 구현해 가기 위한 방법은 무엇일까? 보고서에서는 미디어에 부과된 요청사항을 완수할 수 있는 방법(tools)과 구조(structure) 그리고 업적(performance)에 관해서도 세밀한 검토를 진행했다(Hutchins Report, 1947, 28-29).

먼저 허친스 위원회는 당시 미디어에 의한 '자율규제(self-regulation)'와 '전문직업화(professionalization)' 현황을 점검했다. 미디어 내부에 설치된 전문조직이나 자율규제 현황이 미디어 스스로 책임을 받아들이면서 공익을 추구해야 한다는 본연의 목적에 합치하는지를 검토한 결과, 그 평가는 긍정적이지 않았다. 영화의 경우, 자율규제 장치가 비교적 잘 조직되어 있긴 하지만, 이는 검열위원회나 압력단체, 그리고 거대 영화사의 경제력 집중이라는 산업적 특성이 작용한 결과라고 판단했다. 영화 업계에서 제정한 윤리강령(code) 역시 최소한의 기준만을 제시하고 있을 뿐, 보다 적합하고 이상적인 내용을 목표로 제시하고 있지 않다는 것도 부정적 평가의 이유였다. 라디오나 신문 업계에서 자율규제 명목으로 설치하고 있는 조직들의 역할 수행 역시 미흡하다고 평가했는데, 윤리강령보다 오히려 광고주에 의한 규제가 더 효과적으로 작동하고 있다는 것이 위원회의 지적사항 중 하나였다. 라디오의 경우, 전국방송협회(The National Association of Broadcasters: NAB)가 제정한 강령은 아무런 구속력도 갖고 있지 못하며, 방송의 질적 수준 하락이나 상업주의에 대한 사회적 비판에 직면했을 때 언론 자유만을 주장하고 있다고 비판하기도 했다. 신문 업계에 대해서는 전문직으로서의 이상이나 규범적 목표를 지향하기보다 사업 경영, 노동조합의 승인이나 노동조건 개선 등에 전념하고 있다고 지적했다. 미국신문조합(The American Newspaper Guild)은 근무 조건 개선이나 임금 인상 요구 등에 치중하면서 뉴스 조직으로서의 전문적 목표를 단념하는 성명을 발표하기도 했다는 것이 부정적 평가의 근거로 제시되었다. 반면, 자율규제조직이나 윤리강령을 설치하고 있지 않은 서적이나 잡지 업계에 대해서는 상대적으로 긍정적인 평가를 내렸다. 그 이유는 다른 미디어에 비해서 전문직업화 수준이 상대적으로 높다는 것에 있었다(Hutchins Report, 1947, 69-76).

이러한 진단과 평가를 바탕으로 위원회는 미디어의 책임 이행 및 언론 자유에 관한 문제를 미디어 스스로에 의한 자율규제만으로는 달성하기 어렵다는 결론에 이르렀다. 그리고 언론 자유 및 책임 구현을 위한 직접적인 이해관계자이자 주체로서 미디어, 공중, 정부 등을 제시하고, 이 세 주체 각각에게 언론 자유 및 책임을 구현하기 위한 역할을 부여하면서 그 역할을 수행하도록 권고했다. 이것이 열세 가지 항목의 현실적 방안(what can be done)이다. 먼저, 미디어가 담당해야 할 역할로는 정보와 논평 전달, 실험적 활동에 대한 자금 제공, 미디어 간의 상호 비판, 미디어 종사자의 능력·독립·능률 향상을 위한 실천 등을 제시했다. 공중이 담당해야 할 역할로 권고한 것은 미디어를 지원하기 위한 비영리기관 설치, 커뮤니케이션 분야의 연구·조사·출판 등 학술적·직접적 연구기관 창설과 충실한 저널리즘 교육, 미디어가 수행한 업적 평가 및 보고를 위한 독립기구 창설 등이다. 마지막으로 정부에게 부여한 역할은 언론 자유의 헌법적 보장, 신기술 육성, 기업 간의 자유로운 경쟁 촉진, 공중의 이익 배려, 의견 발표를 금지하는 입법 철폐, 미디어 커뮤니케이션 정책 공표, 국내외의 커뮤니케이션 수단 보유 등이다(Hutchins Report, 1947, 80-101).

특히, 언론 자유와 책임 구현을 위해 가장 현실적이면서도 유효성이 높은 방안으로 위원회가 제시한 것이 '비영리독립기구'의 설치다. 미디어가 이행해야 할 사회적 어카운터빌리티의 구체적 내용은 미디어와 비영리독립기구의 관계를 중심으로 상정한 것으로 볼 수 있을 듯하다. 미디어는 책임 이행이라는 목표와 기준을 설정하고 목표 달성을 위해 노력해야 하며, 공중/수용자/뉴스 소비자는 이를 감시하고 협력하는 메커니즘이다. 이러한 관계를 바탕으로 비영리독립기구의 위상과 목표, 그리고 주요 활동내용과 범위로 허친스 위원회가 구상하여 권고한 내용은 다음과 같다(Hutchins Report, 1947, 100-102).

- 회의와 연구를 통하여 미디어의 현실 가능한 목표를 명확히 하도록 지원한다
- 미디어가 제공한 서비스를 평가하고 개선을 지향한다
- 소수 계층을 위한 채널 이용 상황을 점검한다
- 미디어에서 소개한 국민 생활 등에 관한 외국 사례 조사 및 국제 커뮤니케이션 을 위해 협력한다
- 미디어에 의한 오보를 지적하고 그 사례를 조사한다
- 커뮤니케이션 산업 경향과 그 특징을 정기적으로 평가한다
- 정부의 미디어 관련 장치를 지속적으로 평가한다
- 대학 내에 연구·조사·비판을 위한 기관을 설치하도록 장려한다
- 특별한 필요(needs)를 성취하기 위한 기획을 장려한다
- 이상의 모든 내용을 홍보하여 일반 공중에 의한 논의를 활성화한다

- 정부와 미디어 양쪽으로부터 모두 독립적이어야 한다
- 기부금에 의해서 창설한다
- 10년간의 시행기간을 거쳐 그 업적을 총결산한 후, 목표에 가장 가까운 기구
  를 새롭게 결정해야 한다

〈그림 1〉 허친스 보고서의 언론 자유, 책임과 어카운터빌리티의 주체 및 이행 메커니즘

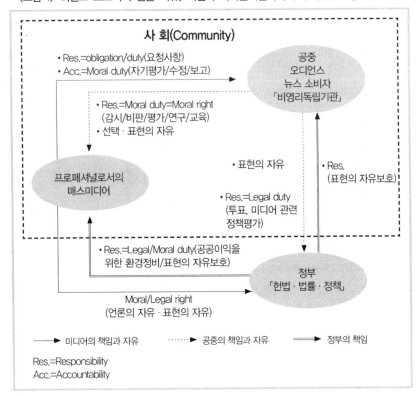

* The Commission on Freedom of the Press(1947). *A Free and Responsible Press,
  A General Report on Mass Communication: Newspapers, Radio, Motion Pictures,
  Magazines, and Books.* Chicago, Illinois: The University of Chicago Press를
  바탕으로 작성.
** 출처: 정수영(2009), 32.

허친스 보고서에서 제시된 언론의 자유와 책임, 사회적 어카운터빌리티란 무엇을 의미하며, 각각의 이행 주체와 대상은 누구인지, 핵심 개념들 간의 관계와 작동 메커니즘은 무엇인지를 정리한 것이 〈그림 1〉이다. 공중/수용자/뉴스소비자, 미디어, 그리고 정부 등 세 주체 각각이 지향하는 목표와 노력이 구조적으로 일치하는 지점에서 언론의 자유와 책임이 구현될 수 있다는 인식을 읽을 수 있다.

2. 로스 보고서 (영, 1949)

영국에서 언론 자유에 관해 진행되어 온 논의들의 출발점 역시 고전적 자유주의 전통이다. '무(無)정책이 최선의 언론정책(a policy of no policy)' 혹은 '최소한의 입법화와 자발성의 원칙(minimalist legislation and the voluntary principle)'에 대한 암묵적 합의가 언론의 자유와 책임에 대한 해석과 적용을 뒷받침하는 사상적 토대로 작동해 왔다(임영호, 2002).

하지만 1920년대 들어서면서 정치적으로 편향된 신문재벌을 개혁해야 한다는 사회적 요구가 대두했다. 진보적 성향의 정당과 세력들은 신문이 노동당이나 노동운동에 적대적이라고 비판했고, 보수적 성향의 정당과 정치인, 각료들은 신문사 사주들이 스스로의 권력을 강화하면서 신문을 이용하여 정치적 영향력을 행사하고 있다고 비난했다. 1930년대 신문의 집중화와 독과점 현상이 심해지면서 광고와 독자 확보를 위한 경쟁은 더욱 치열해졌다. 신문시장에서는 구매력 높은 중산층 독자들을 타깃으로 하는 신문 만들기에 주력하면서 상업적 수익 제고에 몰두하는 보수적 논조의 신문들이 상대적으로 유리한 지형을 형성하고 있었다. 이에, 신문이 공적 역할을 수행하도록 강제하기 위해 법적 제도를 만들어서 규제해야 한다는 요구까지 등장했다. 1940년대 들어 신문에 대한 불신 속에서 개혁을 요구하는 사회적 목소리는 더욱 거세졌다. 언론의 정치적 편향성과 자기 권력화, 상업화로 인한 선정주의는 더욱 심화되고 공적 정보는 점차 위축되고 있다는 현실 진단, 그리고 이를 개선해야 한다는 문제 제기였다. 특히, 제2차 세계대전 직후 치러진 1945년도 총선에서 승리한 노동당 정권이 의료, 교육, 사회복지, 기간산업 국유화 등의 개혁 정책을 추진했는데, 당시 신문시장에서 유리한 지형을 형성하고 있던 재벌기업 소유의 신문들이 정부 정책에 대한 적대적 태도와 보수적 논조를 노골적으로 드러냈다. 신문 전반에 대한 일반 국민들의 불신은 높아졌고 전국 언론인 노조(National Union of Journalists: NUJ)를 비롯하여 사회단체들은 언론 시장의 집중화 현상과 계열화되지 않은 독립적 신문의 감소, 언론 보도의 질적 수준 하락 등의 문제를 개혁해야 한다고 강력하게 요구하기에 이르렀다(임영호, 2002; 장행훈, 2004).

이러한 사회적 분위기 속에서 1947년 제1차 왕립언론위원회(Royal Commission on the Press), 즉 로스 위원회(Ross Commission)가 구성되었다.[4] 로스 위원회가 1949년에 발표한 로스 보고서는 허친스 보고서와 함께 사회적 책임 이론의 사상적 이론적 토대가 된 것으로 알려져 있다.

---

[4] 영국에서는 제2차 세계대전 이후부터 1970년대 후반까지 로스 위원회(Ross Commission, 1947-1949), 쇼크로스 위원회(Shawcross Commission, 1961-1962), 맥그레거 위원회(McGregor Commission, 1974-1977) 등 모두 세 차례의 왕립언론위원회가 구성되어 활동했다.

로스 위원회와 보고서 개요

로스 위원회를 비롯하여 영국의 왕립언론위원회는 언론 관련 정책을 수립하기 위해 현실 언론에 어떤 문제점이 있는지 진단하고 이를 어떻게 개혁할 것인지에 관한 이념적 청사진을 제시하는 역할을 수행해 왔다. 위원회에서 발표한 공식 보고서들은 언론에 관한 쟁점들을 바라보는 영국 사회의 다양한 시각과 이해관계들이 상호 경쟁하면서 현실적 타협을 거쳐 만들어진 결과물이기도 하다. 보고서를 검토하기에 앞서 알아두어야 할 것은 정당 및 정치인, 언론 관련 기구들, 언론사 소유주와 노동조합, 기타 각종 사회단체들이 각자의 이해관계에 맞추어 위원회 구성이나 운영방식에 공식적으로 혹은 비공식적으로 영향력을 행사하는 데에 적극적이었다는 점이다. 이에, 위원회는 이해관계의 충돌이나 정치적 부담을 줄이기 위해 언론이나 정치와는 직접적인 관련이 없어 보이는 중립적 성향의 명망가들 중심으로 구성되었고, 이러한 선택은 위원회의 결과물인 보고서 내용에도 영향을 미쳤다(임영호, 2002).

영국의 제1차 왕립언론위원회로 구성된 로스 위원회는 1947년 전국 언론인 노조의 제창에 의해 발족되었다. 위원장은 옥스퍼드 대학 데이비드 로스 경(Sir W. David Ross)이 맡았다. 로스 위원회는 정확한 뉴스 보도와 자유로운 의견 발표의 촉진 방안을 모색하기 위해 영국 내의 언론 집중화 현상을 검토하고 정리한 후, 의회의 승인을 받아 보고서를 공표했다. 미디어의 책임과 언론 자유에 대한 검토와 평가를 거쳐 보고서를 공표한 미국의 경험을 참고하기 위해 허친스 위원장을 고문으로 위촉하여 조언을 받기도 했다(Ross Report, 1949). 로스 위원회가 1949년에 공표한 보고서의 원제는 "Royal Commission on the Press, 1947~1949, Report"다.

로스 위원회가 검토대상으로 삼은 것은 신문과 잡지, 통신사였다. 신문의 질적 제고 방안, 외부로부터의 통제에 관한 문제, 그리고 언론사의 경영과 소유 구조 등을 중심으로 조사 검토를 진행했고 모두 61회의 회의를 개최했다.[5] 이 중에서 신문사와 통신사, 신문용지 공급회사 등의 언론 유관 단체, 언론사 소유주 및 편집인, 일반 기자 등 관련 업계에 종사하는 개인들로부터 구두 증언을 청취하는 데에만 38회의 회의를 할애했다. 이들에게 질문서를 보내 답변도 받았고, 광고주와 광고대행사, 기타 언론 관련 단체들의 과거 10년간 대차대조표, 손익계산서, 기타 통계자료 등도 폭 넓게 활용했다(Ross Report, 1949, 2-9). 특히, 신문사가 위원회 증인으로 출석하거나 문서를 제출한 것이 모두 198건이었다. 위원회가 의견 수렴을 위해 증거 제출을 요구한 언론 관련 단체나 집단들 가운데 압도적으로 많은 수치였다. 영국 신문 발행인 협회(Newspaper Publisher's Association), 영국 신문 협회(Newspaper Society), 스코틀랜드 일간지 협회(Scottish Daily Newspaper Society) 등 신문업계의 경영진 단체들 역시 로스 위원회에 자료를 제출했다. 이처럼 신문 관련 업계의 증언이나 인쇄 출판 미디어 현황 및 활동에 관한 실무 자료들을 적극적으로 수집하고 검토하여 완성된 로스 보고서는 업계 현황과 실무적인 내용에 초점을 맞춘 것이었다. 정확한 뉴스 보도와 자유로운 의견 발표를 촉진할 목적으로 위원회가 제시한 권고 사항 역시 신문 업계의 현실적 이해와 요구가 적극 반영된 것이었다. 로스 보고서는 서론과 18장의 본문, 결론과 권고를 내리기 위해 활용한 7개의 자료, 그리고 색인으로 구성되었다.

5 　영국의 왕립언론위원회는 방송을 제외한 신문, 잡지, 통신사를 주요 조사 대상으로 하였다. 방송에 관해서는 별도의 방송조사위원회를 구성하여 연구 조사를 진행하여 공식보고서를 공표하는 전통이 있다. 따라서 로스 보고서의 'press'라는 용어를 이 책에서는 맥락에 따라서 미디어, 언론, 신문 등의 용어를 혼용하여 사용했다.

서론 (Introduction)

I 조사의 근거와 범위 (The Origin and Scope of the Inquiry)

II 조사 영역 (The Field of Inquiry)

III 신문, 잡지의 소유와 지배 (The Ownership and Control of Newspapers and Periodicals)

IV 신문기업의 조직 (The Organization of Newspaper Undertakings)

V 정책의 구성 (The Formation of Policy)

VI 통신사 (News Agencies)

VII 체인기업의 발달과 신문 수 감소 (The Growth of Chains and the Decrease in the Number of Newspapers)

VIII 소유권 집중 현황 (The Present Degree of Concentration of Ownership)

IX 언론 산업의 경영 상태 1937-1946 (The Finances of the Industry during the Period 1937-1946)

X 언론 조직에 관한 결론 (Conclusions on the Organisation of the Press)

XI 언론을 판단하는 기준 (The Standard by which the Press should be Judged)

XII 언론의 업적 (1) (The Performance of the Press (1))

XIII 언론의 업적 (2) (The Performance of the Press (2))

XIV 외부 영향 (External Influences)

XV 언론 성과에 관한 결론 (Conclusions on the Performance of the Press)

XVI 제안과 권고: (1) 재정과 경제 (Proposals and Recommendations: (1) Financial and Economic)

XVII 권고: (2) 언론총평의회 (Recommendations: (2) A General Councils of the Press)

XVIII 결론 및 권고의 요약 (Summary of Conclusions and Recommendations)
유보 (Reservations)

언론의 책임

로스 위원회는 신문과 잡지, 통신사의 지배 관계, 경영 상태, 소유 관계 등을 검토하고, 자유로운 의견 발표와 정확한 뉴스 보도를 촉진하기 위한 방안 모색을 목적으로 설정하였다. 그리고 첫째, 현존하는 신문, 잡지, 통신사의 소유 집중 정도, 둘째, 소유 집중이 증대하고 있는지 아닌지에 관한 판단, 셋째, 현재의 신문 소유 집중 상황이 자유로운 의견 발표 및 정확한 뉴스 보도에 미치는 영향, 넷째, 신문, 통신사의 지배, 경영, 소유 구조에 대한 외부 세력의 압력 등이 정확한 뉴스 보도에 미치는 영향, 다섯째, 언론 자유와 정확성을 증진할 수 있는 방안 등에 관해 조사 검토를 진행했다(Ross Report, 1949, 4-5).

조사 검토 결과, 언론의 소유 형태나 외부로부터의 영향, 정부에 의한 정보 서비스 등은 앞으로 주의 깊게 감시해야 할 사항인 것은 사실이지만, 이들 요소가 당시 사회적 비판을 불러일으키고 있던 언론의 결함에 '직접적인' 영향을 미치는 것은 아니라고 판단했다. 언론에 대한 사회적 비판이 발생한 원인으로 위원회가 지적한 것은 크게 네 가지다. 첫째, 대중언론(The popular press)은 지적으로 낮은 수준의 기사 내용으로 대량의 판매부수를 유지할 수 있기 때문에, 유익한 기사를 원하는 독자들의 공적 요구(public demand)와 언론의 선도적 역할을 과소평가하면서 이들을 중심으로 하는 잠재적 시장에 주의를 기울이려 하지 않는다. 둘째, 언론 종사자에 관한 직업교육이 충분하지 못하다. 셋째, 광고수입을 최대한 획득하고자 하는 희망과 판매부수를 늘리기 위한 경쟁이 언론의 질적 저하에 '간접적인' 영향을 미칠 수 있다. 넷째, 신문용지의 부족은 신문의 충분한 발행을 곤란하게 할 뿐 아니라, 유능하고 젊은 인재들이 이 업종에 진입하는 것을 방해할 수 있다(Ross Report,

1949, 154).

로스 위원회는 이러한 언론의 결함을 개선하고 품질을 향상시키기 위해 두 가지 조건이 필요하다고 권고했다. 하나는 언론 보도는 진실해야 하며 과도한 편견이 없어야 한다는 것이다. 또 다른 하나는 취향, 교육, 정치적 의견의 다양한 기준에 맞추어 모든 중요한 견해를 나타낼 수 있을 만큼 충분히 다양해야 한다는 것이다(Ross Report, 1949, 150-152). 이 두 가지 필수 조건이 로스 위원회가 제시한 언론의 책임을 구성하는 핵심에 해당하기 때문에 좀 더 자세히 살펴볼 필요가 있다. 첫째, 로스 위원회의 기본 관점은 언론이 제공하는 정치 뉴스나 공적 사안은 본질적으로 정파적이라는 것을 인정하는 것에서 출발한다. 언론은 그 자체가 정치 메커니즘의 일부이기 때문에 본질적으로 정파적일 수밖에 없으며, 중요한 것은 본질적 속성에 해당하는 정파성과 이를 벗어나는 과도한 편견을 구별하는 것에 있다는 것이다. 문제가 되는 것은 과도한 편견과 뉴스 가치의 왜곡인데, 고급신문보다 대중신문에서, 지역신문보다 전국신문에서 과도한 편견과 뉴스 가치의 왜곡과 같은 부정적 현상이 많이 발생하고 있다고 지적했다. 나아가 대중신문의 이러한 부정적 현상과 경향들이 정파성과 만나게 되면, 영국 국민들의 취향 수준과 그 기준을 저하시킬 뿐 아니라 공적 사안에 대한 지적 판단을 저해할 수 있다고 경고했다. 둘째, 로스 위원회는 당시 영국 신문들이 정치적 의견에 관한 다양성은 충분히 구현하고 있다고 평가했다. 그럼에도 불구하고, 보다 넓은 범위를 포괄하는 지적 수준의 다양성을 평가해 보면, 상대적으로 가격이 비싸고 강한 정치색을 드러내는 고급신문과 그렇지 않은 대중신문 사이의 간극이 지나치게 넓고, 고급신문과 대중신문 사이의 중간 지점에 해당하는 신문은 너무 부족하다는 점을 지적했다. 대중신문보다는 진지하고 균형감 있으면서 고급신문보다는 변화가 있고 읽기 쉬운 신문이 부족한 상황이 지속된다면, 신문의 필수조건이라고 할 수 있는 다양성을 충족시켰다고 평가하기 어렵다는 견해를 밝혔다(Ross Report, 1949, 155-163).

로스 위원회가 언론의 책임에 관해 제시한 관점에서 주목할 것은 크게 두 가지다. 첫째, 신문의 정파성이라는 것이 영국 사회 고유의 역사적 배경과 특징에서 기인하는 것이라면, 신문에 내재해 있는 본질적 속성으로서의 정파성과 과도한 편견을 과연 '어떤 기준과 척도'에서 '누가' 구분할 것인지가 중요한 과제라는 것이다. 둘째, 독자에게 있어 선택의 다양성이라는 것은 단지 숫자의 문제가 아니며 신문의 가격과 내용, 정치색이나 정파성의 경중 등 사상적 내용적 측면을 중심으로 판단해야 할 개념이라는 점이다. 이 두 가지는 객관주의 저널리즘이나 미디어의 다양성을 둘러싼 작금의 논의에도 시사하는 바가 크다.

언론 책임의 구현 방식과 핵심 주체

언론이 진실하면서 과도한 편견에서 벗어나, 취향과 교육 그리고 정치적 의견의 다양성을 구현하기 위한 실천적 방안은 무엇일까? 로스 위원회가 청취한 다양한 의견들 중에는 신문을 정부가 허가하는 법인 소유로 해야 한다, 신문사업의 이윤과 판매부수 혹은 광고수입을 제한해야 한다, 편집의 독립을 지키기 위해 트러스트 소유로 만들어야 한다, 세금이나 보조금 등을 마련하여 신문사의 재정을 지원해야 한다, 신문체인 기업을 해체하거나 혹은 제한하는 장치 등 법제도적 장치를 도입해야 한다 등 다양한 주장과 관점들이 포함되어 있었다. 하지만 로스 위원회는 언론사의 경제적 영업적 동기를 제거해 주거나 혹은 경감하기 위한 제도적 · 법적 장치를 도입해야 한다는 의견에는 반대의 뜻을 명확히 표명했다(Ross Report, 1949, 155-163).

반면, 언론에 대한 일정 정도의 지원과 원조가 필요하다는 입장을 제시했다. 예를 들어, '공적 소명 의식을 지닌 신문사 소유주' 스스로가 자신이 소유하고 있는 신문의 입장과 성격을 견지하면서 경제적 독립을 유지할 수 있는 장치를 마련할 것, 권유 · 경품 · 무료보험 등과 같이 신문 내용과는 무관한 형태로 이루어지는 상업적 경쟁을 억제하기 위한 협정을 무기한 존속시킬 것, 신문 소유주와 실질적 지배자가 신문 기사 내용에 영향력을 행사할 수 있음을 감안하여 신문체인 가맹 현황 및 소유주 관련 정보를 신문 제1면에 기재하여 공중이 파악할 수 있도록 할 것 등을 권고했다(Ross Report, 1949, 158-164).

로스 위원회가 언론 개혁과 책임 구현을 위해 가장 바람직한 방식으로 권고한 것은 언론총평의회(A General Council of the Press)의 설치 및 운영이다. 정보를 전달하고 해설해야 할 신문이 외부로부터 규제를 받는다면 독립성이 훼손될 수밖에 없기 때문에 언론의 독립성을 유지하면서 사회와의 적정한 관계를 유지하기 위한 수단과 방식은 언론사 스스로가 운영해야 한다는 관점에 기인한다(Ross Report, 1949, 165). 언론총평의회는 정부로부터 완전히 독립된 조직으로 설치하고 미디어 업계 스스로가 운영 자금을 융통하여 운영해야 한다는 입장이다. 위원회가 제시한 언론총평의회의 궁극적 목적은 언론 자유를 옹호하면서 언론 종사자의 공적 책임(public responsibility)과 공적 서비스(public service) 정신을 육성하고 종사자들의 직업적 능률과 복지 증진을 지향하는 것에 있다는 뜻도 밝혔다(Ross Report, 1949, 164).

로스 보고서에서 특히 주목할 것은 전문직업인으로서의 책임(professional responsibility)이 지니는 '도덕적 권위'에 대한 언급이다. 위원회에 따르면, 도덕적 권위는 미디어 소유주와 저널리스트 쌍방이 전문직업인으로서 수행해야 할 책임을 확인하고 인정했을 때 만들어질 수 있으며, 그 어떤 법적 제제보다 실효성이 높다. 동시에, 위원회는 언론총평의회가 수행할 업무에 대해 공중의 협력을 구할 수만 있다면 언론의 독립성과 사회적 신뢰를 충분히 확보해 갈 수 있다고 판단했다. 로스 위원회가 언론총평의회의 바람직한 구성 방식으로 제안한 내용도 언론 스스로의 역할과 공중의 협력을 중시하는 인식과 판단을 바탕으로 하고 있다. 언론총평의회는 언론사 소유주와 편집장, 저널리스트를 대표하는 자를 포함하여 최소 25인의 위원으로 구성하되, 전체 위원의 약 20%에 해당하는 인원은 언론업계 이외의 인물이 포함되도록 하고 의장 역시 언론업계와 무관한 사람이 맡아야 한다고 권고했다(Ross Report, 1949, 173-174).

로스 위원회가 언론총평의회의 설치를 제안한 가장 큰 이유는 언론의 독립성과 사회적 신뢰를 유지하기 위해 가장 중요한 것이 공중과 언론업계의 상호 협력 관계를 구축하는 것에 있다고 판단한 것에서 기인한다. 위원회가 권고한 언론총평의회의 업무와 활동은 모두 열 가지다(Ross Report, 1949, 174).

① 공공의 이익과 중요한 정보의 제공을 제약할 가능성이 있는 모든 사태를 상시 관찰한다.
② 신규채용, 교육, 직업훈련 방식 등을 개선한다.
③ 언론계를 구성하는 모든 분야에서 기능적 관계의 적절성을 촉진한다.
④ 저널리즘의 바람직한 직업적 기준에 합치하도록 강령을 작성한다. 이를 위해 평의회는 언론에 대한 불만을 접수하고 처리할 권한, 연차보고서를 통해 보고할 권한을 갖는다.
⑤ 포괄적 형태의 연금제도 실행 가능성을 검토한다.
⑥ 바람직한 보편적 서비스(common service) 창설을 촉진한다.
⑦ 기술 연구와 기타 관련 연구를 촉진한다.

⑧ 언론업계는 집중화 및 독점화로 흐르기 쉬운 만큼, 이를 개선할 방안을 모색한다.

⑨ 정부, 국제연합 등 관련 기관, 동종 업계의 해외 조직에 대해 영국 언론계를 대표한다.

⑩ 평의회 스스로의 업무를 기록하고 언론계의 각종 발표, 언론에 영향을 미칠 수 있는 모든 요소를 논평하기 위한 보고서를 정기적으로 간행한다.

이 열 가지 중에서 로스 위원회가 가장 중요하다고 강조한 것은 두 가지다. 하나는 언론 종사자들이 전문직업인으로서 활동하는 데에 효과적으로 작동할 수 있을 만큼 높은 수준의 기준을 만들어 명확히 제시하는 것이고, 또 다른 하나는 신규 채용과 교육, 직업 훈련을 내실화하는 것이다(Ross Report, 1949, 165). 언론 종사자에 대한 교육과 훈련이 충실하게 이루어진다면 무책임하고 편향적이며 부정확한 뉴스 보도 양태를 개선할 수 있다고 판단한 것이다(임영호, 2002). 언론 종사자 스스로가 전문직업인으로서의 책임이 무엇인지를 파악하고 이행하기 위한 기준을 설정하여 제시하고, 그 기준에 맞추어 스스로가 책임을 충실히 이행할 수 있다면, 그 어떤 법제도적 규제에 의한 것보다 높은 수준의 도덕적 권위를 인정받을 수 있고, 나아가 사회적 신뢰를 회복할 수 있다는 판단이다.

〈그림 2〉 로스 보고서의 언론 자유와 책임의 주체 및 이행 메커니즘

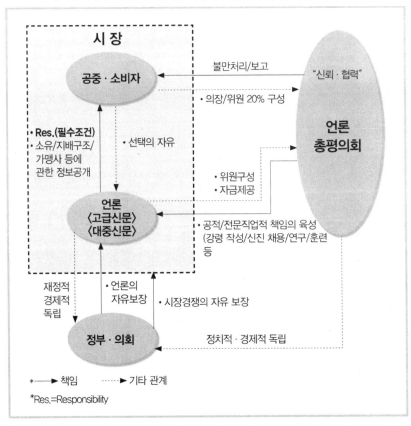

* Royal Commission on the Press(1949). *Royal Commission on the Press, 1947~ 1949, Report.* London: Her Majesty's Stationary를 바탕으로 작성.

〈그림 2〉는 로스 위원회에서 제시한 언론의 자유와 책임의 주체 그리고 자유와 책임 구현을 작동시키는 메커니즘을 종합적으로 나타낸 것이다. 언론과 공중을 자유로운 시장 속에 위치시키고 언론의 자유 및 선택의 자유

보장을 상정했다. 언론은 과도한 편견이 없는 진실보도와 최대한의 다양성을 구현하는 동시에 언론사의 소유 및 지배 구조 등에 대한 정보를 공중에게 공개해야 한다. 또한, 언론은 정부로부터 독립적이어야 한다. 언론의 자유 및 책임 구현이라는 목적을 구현하기 위한 가장 유용한 방안으로 권고한 언론총평의회는 공중과 언론이 상호 신뢰와 협력을 바탕으로 시장 바깥에 함께 설치하고 운영하는 방식을 상정했다. 언론총평의회는 시장과 정부 양쪽 모두로부터 독립적이어야 하며, 언론의 공적 책임과 전문직으로서의 책임 수준을 제고할 수 있도록 감시하고 협력하는 역할을 부여받았다. 그리고 정부와 의회는 언론의 정치적 경제적 독립 및 시장 경쟁의 자유를 보장해야 한다.

3. 허친스 보고서와 로스 보고서의 특징 및 시사점

미국의 허친스 위원회와 영국의 로스 위원회가 설치된 1940년대는 미디어의 집중화와 상업화, 그리고 치열해지는 상업적 경쟁에 의한 질적 저하 등으로 말미암아 사회적 비판이 고조되던 시기였다. 자유방임주의 및 고전적 자유주의 전통에 기반한 언론 자유가 헌법상의 우월적 지위를 보장받고 있었음에도 불구하고, 언론 개혁을 위해 제도적 법적 규제를 도입해야 한다는 주장마저 대두되었다. 이러한 시대적 사회적 배경 속에서 두 위원회가 권고한 것은 고전적 자유주의의 틀을 넘어서 미디어 스스로가 사회적 책임을 이행해야한다는 것이었고, 두 위원회는 미디어 책임 이행을 위한 이론적 토대와 함께 실천적 방안들도 제시했다.

허친스 보고서가 신문과 방송을 비롯하여 당시 주요 미디어에 대한 이론적 학술적 조사와 연구를 지향하여 만들어진 결과물이라면, 로스 보고서는 신문과 잡지 등 인쇄 출판 미디어를 중심으로 관련 업계의 입장과 현실을 적극 반영하여 만들어진 실무적 성격의 결과물이었다. 두 개의 보고서 각각에서 채택한 주요 접근법이나 조사대상 그리고 조사 내용에서도 큰 차이가 있다. 그럼에도 불구하고 두 보고서의 기본 전제는 일치한다. 미디어, 즉 언론은 민주주의 사회의 유지 발전을 위한 가장 중요한 제도이며, 그 목적을 달성하기 위해서는 정부로부터의 독립과 언론의 자유가 충분히 보장되어야 한다는 것이다. 또한, 언론 자유는 공중이 위임한 역할과 책임에서 기인하는 것이며, 언론의 자유와 책임 이행을 위해서는 공중과의 협력 관계가 우선적으로 구축돼야 한다고 바라보는 관점이다. 즉, '정부와 시장 등 외부로부터의 간섭이나 개입'과 '공중의 평가와 감시'는 전혀 다른 성질의 것이며, 외부로부터의 간섭이나 개입으로 인해 언론 자유가 침해되는 것을 방지하기 위해서 미디어에 대한 공중의 감시와 평가가 필요하다는 인식이다. 허친스 위원회의 비영리독립기관, 로스 위원회의 언론총평의회에 관한 구상과 권고의 핵심에는 미디어와 공중 사이의 협력과 신뢰 관계를 바탕으로 언론 자유를 유지 발전시킬 수 있다는 신념이 담겨 있다. 이러한 구상과 신념 속에서 공중은 언론 자유를 유지하고 발전시키기 위한 책임과 역할을 미디어와 함께 담당해야 할 핵심 주체다.

무엇보다 1940년대 후반, 미디어가 이행해야 할 첫 번째 의무로 사회적 어카운터빌리티를 제시했다는 점에 주목할 필요가 있다. 허친스 위원회는 책임과 어카운터빌리티를 '도덕적 의무'로 규정했으며, 그 의무를 이행하지 않는다면, 언론 자유라는 '도덕적 법적 권리'에 대한 정당성을 획득하기 어렵다고 판단했다. 이러한 관점에서, 언론 자유의 패러다임을 '~로부터의 자유(freedom from)'에서 '~를 위한 자유(freedom for)'로 확장해야 한다고 권고했다. 이는 고전적 자유주의 이론과 명확하게 구분되는 가장 큰 특징이다. 또한, 자율규제가 표방하는 목적과 그 실효성에 대해 부정적 평가를 내리고 미디어의 자율수정(self-correction) 및 전문직주의(professionalism)의 중요성을 강조했으며, 이를 위한 훈련과 교육의 내실화를 권고했다는 것 역시 주목할 만 하다.

허친스 보고서는 발표 직후부터 미디어 업계의 극렬한 반발에 직면했다.[6] 당시, 미디어 업계는 '정부로부터의 자유'를 표방하는 고전적 자유주의의 틀 위에 서 있었기 때문이다. 미디어 업계의 반발과 비판의 주된 내용은 ①허친스 위원회가 말하는 것처럼 미디어 현실이 그렇게 나쁜 것은 아니다, ② 미디어 집중화 현상이 사상의 자유로운 유통을 방해하는 것이 아니라 단지 경쟁의 성질이 변한 것뿐이다, ③미디어에 대한 정부 권한을 확대함으로써 언론의 자유를 침해할 소지가 있다는 것이었다(Siebert, Peterson, & Schramm, 1956/1980, 192). 허친스 위원회 설립을 제안하고 후원했던 타임사의 루스 역시 보고서 내용에 불만을 표시했다. 루스의 주요 관심사는 정부의 PR 능력이 뉴스를 지배하는 당시 미디어 현실을 제어하기 위해 언론 자유를 어떻게 재정의해야 하는 지에 있었음에도 불구하고, 위원회는 그 문제에 관해서는 언급도 하지 않은 채 오히려 정부 개입의 여지를 용인했다는 이유에서다. 스스로의 정체성을 서민계급과 동일시하면서 귀족계급에 속하는 지식인들에

---

6 당시, 허친스 위원회와 보고서에 대한 신문업계의 비난은 매우 선정적이고 도발적이었다. 전미신문편집인협회 회장은 "대단하신 열 분의 위원 중 누군가 한사람이라도 신문사 경영을 한다면, 그 회사는 12개월 내에 도산하고 말 것"이라고 비난하였다(林香里, 2001). 시카고 트리뷴(The Chicago Tribune)의 휴즈(F. Hughes)는 1950년에 출판한 〈편견과 신문 (Prejudice and the Press)〉에서 "미디어는 자유로운 사기업이며 외부로부터의 비판을 허용해서는 안 된다. 허친스 위원회는 미국의 존재를 뒤흔드는 소련형 사회주의·공산주의를 찬미하면서 미국의 미디어를 변질시키려 하고 있다"고 주장하면서 허친스 위원회에 참가한 위원들 개개인의 사상을 검증하고 나서기도 했다(김옥조, 2002; 渡辺武達, 2004).

비판적이었던 현장의 저널리스트 역시 허친스 보고서에 대한 비판에 동참했다. 허친스 보고서가 엘리트주의를 표방하고 있으며 실무적 관점이 결여되어 있다는 이유였다(林香里, 2001, 113). 미디어 업계의 반발은 어찌 보면 예견된 일일 수도 있다. 애초에 허친스 위원회는 미디어 업계의 이해관계나 현실에 대한 고려를 일체 배제하고 시작했다. 학문적·이론적 관점에서 미디어 현실을 검토하여 규범적 차원의 권고를 제시하기 위함이었다. 학문 영역의 이론적·규범적 지향과 미디어 업계의 실용적·현실적 관점 사이에 존재하는 '규범과 현실 사이의 간극'을 명확히 확인할 수 있었던 '최초'의 경험이기도 하다.

하지만, 앞서 살펴봤듯이 허친스 보고서가 미디어에 대한 정부 권한을 확대시켰다거나 정부 개입을 용인했다는 것은 상당부분 오해라는 것을 확인할 수 있다. 허친스 위원회는 미디어에 의한 권력 남용이 시장에서의 자동조절 메커니즘이나 자율규제를 통해서는 교정될 수 없다고 보았기 때문에, 미디어의 자유방임적인 언론 자유의 행사에 비판적이었을 뿐이었다. 그 대신 다양한 사안이나 의견을 대표하는 공중이 직접 참여하여 비영리독립기구를 설치하고, 미디어는 사회적 어카운터빌리티를 강화하여 미디어 활동을 모니터하고 평가하면서 언론 자유의 남용을 보고해야 한다고 권고했다. 또한, 미디어에 대한 정부의 간섭이나 규제 관련 장치 도입은 반대하면서 정부의 역할은 언론 자유를 보호하고 공익 수행을 위한 환경 정비 등의 최소한의 정책적 역할만을 담당해야 한다고 권고했다(Hutchins Report, 1947, 100-102). 비영리독립기구 역시 그 구성이나 운영, 평가 등에서 정부로부터 독립적이어야 하고, 미디어는 공중에 대한 사회적 어카운터빌리티라는 도덕적 의무를 이행해야 하며, 공중은 미디어에 대한 감시, 평가, 비판, 교육, 연구 등에 적극적으로 참여하는 상호협력 관계의 메커니즘을 권고한 것이다.

한편, 로스 보고서의 가장 큰 특징은 대중신문과 고급신문 각각의 기능과 특징이 상이하다는 판단과 함께, 언론이 지니는 정파성을 기본 전제로 인정하면서 본질적인 정파성과 과도한 편견이나 왜곡을 분리하여 논의를 진행하고 있다는 점이다. 이는 영국의 사회 문화적 맥락과 역사를 반영한 것으로 볼 수 있다. 하지만, 객관주의 저널리즘이나 불편부당성이라는 언론의 지향점과 가치, 관찰자로서의 역할이 기실 19세기말에서 20세기 초에 등장한 대중신문들의 상업적 경쟁을 위한 전략적 산물로 등장했다는 역사적 맥락을 상기할 필요가 있다. 또한 뉴스의 게이트키핑 과정에서 뉴스 가치와 중요도를 평가할 때 특정 가치관이나 주관적 평가가 개입될 수밖에 없다는 것 역시 이미 다양한 선행 연구들과 관련 이론들을 통해 입증된 바 있다(Shoemaker & Reese, 1996/1997; Tuchman, 1978/1995, 1981). 로스 위원회가 제시한 언론에 대한 관점과 방향성은 객관주의 저널리즘이라는 신화를 해체하고, 언론 보도의 본질이 무엇이며 현실에서의 취재 보도 관행을 평가하고 분석하기 위한 기준과 원리를 어떻게 수립해야 할지에 대한 통찰을 제공해 준다.[7]

로스 위원회는 정치권을 비롯한 다양한 이해 집단들이 제기하는 문제들을 토론할 수 있는 기회를 제공하고 각종 압력을 공식적으로 수렴하는 장(場)으로 기능했다는 점에서 중요한 함의를 지닌다. 그럼에도 불구하고 로스 위

---

[7] 예를 들어, 법철학자이자 정치철학자이며 윤리학자이기도 한 누스바움(M.C. Nussbaum)의 감정이론을 바탕으로, 게이트키핑 과정에서의 뉴스 가치 판단 기준, 특정 이슈의 맥락에 대한 해석과 평가 기준, 저널리즘 규범의 해석과 적용, 저널리즘 분석과 비평 등의 외연을 확장하기 위해 공감(empathy)과 연민(compassion), 정동(affect) 등의 개념 도입을 시도한 탐색적 연구를 들 수 있다. '감성공론장(affective public sphere)', '감정지능(emotional intelligence)', '미디어 정동 능력(media affective competence)' 등 감정이론을 기반으로 한 개념의 도입과 적용을 통해 '커뮤니케이션의 역설(paradox of communication)' 현상을 극복하기 위한 실마리를 발견할 수 있다는 관점이다(정수영, 2015c).

원회는 미디어의 소유 집중이나 독과점 현상이 언론의 품질 저하에 '직접적으로는' 영향을 미치지 않는다고 판단했다. 보고서에서는 언론사의 소유 집중이나 독과점 경향에 대한 비판적 평가 그리고 이를 개혁해 가기 위한 방안을 구체적으로 제시하지 않은 채, 질적 제고 및 신뢰 회복을 위한 개혁안으로 미디어 스스로가 설치하는 언론총평의회나 교육 훈련을 통한 미디어 종사자의 자질 향상에 초점을 맞추는 것에 머물렀다. 이러한 점에서, 로스 보고서는 고전적 자유주의 전통에 기반을 두고 언론 자유의 이름으로 외부 간섭을 거부하는 언론사 사주들의 개입과 저항에 의해 언론 개혁이라는 사회적 요구를 구현하는 데에는 실패한 것으로 평가받고 있다. 앞서 소개한 것처럼, 이해관계의 충돌이나 정치적 부담을 최소화하기 위해 언론 개혁에 소극적이거나 중립적인 인물들로 위원회가 구성되었으며, 미디어 소유주와 경영인, 업계 관계자들이 위원회에 대한 유무형의 영향력을 직간접적으로 행사했기 때문이라는 분석이다(임영호, 2002; 장행훈, 2004). 언론총평의회를 미디어 스스로가 설립하여 운영하도록 권고한 것은 허친스 위원회가 제시한 비영리독립기구의 설립 및 운영 주체가 공중/수용자/뉴스 소비자였다는 점과도 차이가 있다. 시장과 정부에 의한 개입은 물론, 공중의 감시와 비판, 평가 등을 모두 거부하면서 언론 자유를 '배타적이고 독점적인 특권'으로 규정하는 인식과 태도가 언론 개혁 및 사회적 신뢰 회복을 가로막는 가장 큰 장애물로 작용할 수 있다는 엄중한 교훈을 남긴 사례로 볼 수 있다.

그럼에도 불구하고, 로스 위원회가 언론의 책임으로 제시한 두 가지의 필수조건과 별도로, 미디어 스스로가 자신에 관한 정보를 공중에게 공표해야 하며, 전문직으로서의 활동에 부합하는 높은 기준을 명확하게 설정하여 공개해야 한다고 권고한 것은 긍정적인 평가가 가능하다. 정파성이나 과도한 편견에 영향을 미칠 수 있는 기준과 원리를 미디어 스스로가 공중에게 공개해야 한다는 의미이기 때문이다. 언론의 본질적 속성인 정파성과 과도한 편견을 어떤 기준과 척도에서 구분할 수 있을 지는 작금의 미디어 환경에서도 논쟁의 끝이 보이지 않는 현실적 난제임에 틀림없다. 여기에서 특정 미디어의 소유 및 경영에 관한 정보는 보도된 '뉴스' 혹은 보도되지 않은 '이슈'의 배경과 사회적 맥락을 이해하고 해석하는 데에 유용하다. 또한, 언론총평의회가 언론계를 대표하여 공중과의 신뢰와 협력 관계를 구축하고 공중의 불만이나 의견을 접수하여 처리하고 정기적으로 공개하도록 권고한 것 역시 고전적 자유주의에 기반을 둔 언론 자유와는 구별되는 실천적 방안 중의 하나로 볼 수 있다.

1940년대 당시 미국과 영국에서는 미디어의 집중화와 상업화, 그리고 이윤 추구를 위한 치열한 경쟁에서 비롯한 각종 문제적 현상에 대한 사회적 비판이 거세지고 있었고, 법적 제도적 규제마저 우려되고 있었다. 언론 자유의 위기와 사회적 비판을 초래했던 각종 문제적 현상들의 원인과 본질은 70여년이 흐른 지금 상황과 크게 다르지 않다. 언론 자유의 위기는 미디어의 기술 발달과 환경 변화 등 단지 외적 물리적 요인에 의해서 만들어진, 전혀 새로운 현상이 아닐 수 있음을 확인할 수 있다. 현재를 미디어 위기 상황으로 규정한다면, 위기의 원인과 본질을 미디어 환경이나 기술 변화 등 외적 물리적 요인에서 비롯한 것과 미디어 스스로의 역할과 지향점 등에 대한 인식과 실천 등 내적 요인에서 비롯한 것을 엄밀하게 구분하여 성찰할 필요가 있어 보인다. 언론에 대한 사회적 불신이 미디어 조직의 내적 요인에 의해 축적된 것이 큰 비중을 차지함에도 불구하고, 이를 해소하기 위한 방안을 미디어 외적 요인에서만 찾고자 한다면, 그 해결의 실마리를 발견하는 일은 요원하다.

보고서가 발표되고 70여년이 흐른 지금도 고전적 자유주의 이론과 사회적 책임 이론 사이에서, 그리고 실용적 · 현실적 관점과 이론적 · 규범적 관점 사이에서 언론 자유에 관한 논쟁은 여전히 현재 진행형이다. '최대 다수의 최대 행복'이라는 공리주의적 관점에 근거하여 사회의 보편적 공익을 추구해야 한다고 주장하는 허친스 위원회의 인식과 태도가 미디어 융합이나 다미디어 다채널로 대표되는 작금의 미디어 환경 속에서 얼마만큼 유효한지에 관한 문제 제기도 가능하다(林 香里, 2001). 하지만, "언론의 자유는 고립적인 가치가 아니며, 모든 사회 모든 시대를 관통하여 동일한 의미일 수 없다"(Hutchins Report, 1947, 153)고 언급하기도 한 허친스 위원장은 보고서 서문에서 다음과 같이 직접 서술하였다.

> 위원회의 권고사항은 놀랄만한 것들이 아니다. 권고사항의 가장 놀랄만한 것은 더 놀랄만한 것이 제안될 수 없다는 것이다. 위원회는 이 권고사항들이 적절하게 수행될 수 있음을 알고 있다. 가장 중요한 것은 이것들이 분명히 실천되어야 한다는 것이며, 그 실천이 무시된 결과 지금 언론 자유가 위협받고 있다는 것이다. 따라서 미디어와 사회의 도덕적 관계에 대한 진지하고 지속적인 관심이 필요하다.(Hutchins Report, 1947, viii)

미디어 위기 극복과 신뢰 회복을 위한 방안은 미디어 및 언론 규범에 대한 끊임없는 관심과 성찰, 이를 실천해 가기 위한 끊임없는 노력에서 찾아야 할 것으로 보인다. 언론적폐를 청산하고 사회적 신뢰를 회복해 가기 위한 해법은 언론 자유를 고전적 자유주의이자 자유방임주의에 근거한 '배타적이고 독점적인 특권'으로 인식하는 패러다임(freedom from)의 한계를 인정하고, '자유롭고 책임 있는 언론'을 지향하는 패러다임(freedom for)으로 수정하고 확장하기 위한 '성찰'과 '실천'에서 출발해야 마땅하다.

2장
사회적 책임 이론의 등장과 규범이론의 형성

허친스 보고서가 공표되고 다음 해인 1948년, 프레드 시버트(F. Siebert)가 '커뮤니케이션과 정부와의 관계'라는 논문을 발표했다. 이 논문에서 시버트는 정부가 언론 자유를 적극적으로 촉진하기 위해 사상의 자유 시장을 조성하고 새로운 미디어와 기술 도입을 장려해야 한다고 주장했다. 단, 정부는 언론이 제공하는 정보와 내용에는 간섭하지 말아야 하고, 자유 시장을 조성할 때는 신중해야 하며, 새로운 미디어와 기술을 도입할 때는 현존하는 미디어의 활동에 정부의 힘과 영향력이 장애가 되서는 안 된다는 전제 조건들도 함께 제시했다(Schramm, 1960/1968). 이후, 허친스 보고서(1947)와 로스 보고서(1949)에서 제시된 언론 자유와 책임에 관한 해석과 권고를 사회적 책임 이론으로 정착시킨 것이 1956년에 출판된 〈미디어 4이론〉이다. 원제는 "Four Theories of the Press: The Authoritarian, Libertarian, Social Responsibility, and Soviet Communist Concepts of What the Press Should Be and Do"이다. 이 책의 서문에 따르면, 〈미디어 4이론〉은 미디어의 존재이유는 무엇이며 미디어의 목적과 형태가 국가별로 다른 이유는 무엇인지에 관한 문제의식에서 출발한 것이다. 인간·사회·국가의 본질, 인간과 국가의 관계, 지식과 진리의 본질, 역사적 사상적 배경, 사회적 정치적 구조와 통제 제도 등을 검토한 결과, 권위주의 이론, 자유주의 이론, 사회적 책임 이론, 소비에트 공산주의 이론 등 네 가지의 미디어 모델을 제시하기에 이르렀다(Siebert, Peterson, & Schramm, 1956/1980, 11).

1. 사회적 책임 이론의 등장

〈미디어 4이론〉 중의 사회적 책임 이론을 집필한 피터슨(T. B. Peterson)에 따르면, 사회적 책임 이론 역시 고전적 자유주의 이론에서 주장하는 언론 자유를 인정한다. 미디어가 수행해야 할 사회적 '기능(function)'을 여섯 가지로 정리하여 제시했는데, 그 내용 역시 기본적으로 자유주의 이론과 크게 다르지 않다는 것이 피터슨의 관점이다. 첫째, 공적 사안에 대한 정보와 토론 혹은 논쟁을 제공함으로써 정치제도에 봉사하는 것, 둘째, 공중 스스로가 자신의 일을 결정할 수 있도록 계발하는 것, 셋째, 정부에 대한 감시견 역할을 수행하면서 개인의 권리를 지키는 것, 넷째, 광고매체로서 상품 및 서비스의 구매자와 판매자를 연결시켜 경제제도에 봉사하는 것, 다섯째, 오락을 제공하는 것, 여섯째, 특수이익에 의한 압력을 받지 않도록 스스로의 재정적 자립을 유지하는 것 등이다(Peterson, 1956/1980, 133-134). 이 여섯 가지의 기능들이 미디어에 대한 사회적 요구이자 기대, 즉 미디어가 수행해야 할 책임의 내용을 구성하는 것으로 볼 수 있다. 허친스 보고서에서 미디어의 책임으로 권고한 요청사항들은 뉴스를 보도하고 해설하는 역할과 공적 토론을 위한 포럼으로서의 역할에 초점을 맞추고 있었다. 반면, 사회적 책임 이론에서는 정부에 대한 감시견으로서의 기능, 광고를 통해 경제 활성화에 봉사하는 기능, 오락을 제공하는 기능, 재정적 자립을 유지하기 위한 기능 등이 새롭게 추가되었다. 뉴스와 정보를 제공하고 해설하는 저널리즘 기구로서의 역할뿐만 아니라, 산업이나 오락 영역으로 확장된 미디어의 기능과 역할을 상정한 것으로 볼 수 있다.

미디어가 수행해야 할 여섯 가지의 기능들 중에서 정치제도에 대한 봉사, 공중의 계발, 그리고 개인 자유의 옹호 등의 역할을 제대로 이행하지 못하고 있으며, 그 기능들에 관한 미디어 스스로의 해석과 실천에 문제가 있다는 비판적 인식에서 사회적 책임 이론이 제기되었다고 피터슨은 설명했다(Peterson, 1956/1980, 139-141).

그렇다면, 사회적 책임 이론이 등장한 1950년대 당시, 미국의 미디어는 구체적으로 어떤 상황에 놓여 있었을까? 미디어는 다음과 같은 이유로 사회적 비판에 직면해 있었다(Peterson, 1956/1980, 141-142).

① 미디어 소유자들이 정치 및 경제 문제에 관해서 자기 자신의 목적을 위하여 미디어의 힘을 행사하고 있다
② 대기업이나 광고주에 의해서 편집방침이나 논설내용이 지배당하고 있다
③ 사회 변화에 뒤떨어지고 있다
④ 매일매일 일어난 일을 보도할 때 표면적이고 선정적인 것에 치우치고 있으며 질 낮은 오락을 제공하고 있다
⑤ 공공 도덕을 위험에 빠뜨리고 있다
⑥ 정당한 이유 없이 개인의 사생활을 침해하고 있다
⑦ 기업가 계급에 지배당하고 있으며 미디어 산업에 대한 신규진입을 어렵게 하여 사상의 자유 및 공개 시장 등이 위험에 처해 있다

사회적 책임 이론이 발표된 바로 다음 해에 〈미디어 4이론〉의 공저자인 슈람이 매스 커뮤니케이션 산업 영역에 종사하는 대기업 조직은 스스로에게 부과된 '비즈니스상의 책임'이 '정보전달의 책임(Informational Responsibility)'을 간섭하도록 해서는 안 된다고 언급한 것을 보면(Schramm, 1957/1968), 당시 미디어가 경제적 이윤 추구를 위해 광고 매체로서의 산업적 기능이나 오락 제공 기능을 수행하는 데에 몰두하고 있었다는 추정이 가능하다. 1940년대 미국과 영국 사회에서 제기되었던 사회적 비판과 문제의식들이 미디어 기술과 환경이 크게 변화하고 발전한 1950년대 들어서 보다 확장되고 심화된 형태로 계속되고 있었음을 확인할 수 있다.

피터슨은 이러한 비판이 등장한 원인과 배경으로 기술적 사회적 변화를 고려해야 한다고 생각했다. 피터슨이 고려해야 한다고 생각한 사회적 변화는 첫째, 기술 및 산업적 발달과 변화가 생활양식의 변화 뿐 아니라 미디어 자체의 본질적 속성에도 영향을 미쳤다는 것, 둘째, 미디어의 규모가 커지고 그 중요성이 증대하는 가운데 정부에 의한 암묵적 규제를 지지했던 것에 대한 비판이 제기되고 있다는 것, 셋째, 계몽주의 사상에 의문을 던지는 지적 풍토가 형성되었다는 것, 넷째, 사회적 책임이라는 개념을 반영한 저널리즘 정신과 함께 커뮤니케이션 산업 종사자들의 전문직업인 정신이 발전했다는 것 등이다(Peterson, 1956/1980, 139–141). 미디어의 기술적 산업적 발달이나 물리적 성장과 변화들이 미디어의 위기와 사회적 비판을 초래한 원인 중의 하나임에는 틀림없지만, 미디어 스스로가 사회 전체와 구성원들의 질적·양적 변화를 따라가지 못했을 뿐 아니라, 자신들의 책임과 역할이 무엇인지에 대한 인식과 태도의 오류 속에서 실천 상의 한계를 보였다는 피터슨의 진단과 평가에도 주목할 필요가 있다.

피터슨은 허친스 보고서에서 제시한 요청사항과 이를 이행하기 위한 방법, 윤리강령 등에 관한 허친스 위원회의 관점과 권고 사항 등을 구체적으로 검토했다(Peterson, 1956/1980, 154-156). 그리고 허친스 위원회가 제시한 '~로부터의 자유(freedom from)'를 소극적 자유(negative freedom)로, '~을 위한 자유(freedom for)'를 적극적 자유(positive freedom)로 해석하고, 사회적 책임 이론은 적극적 자유의 개념을 바탕으로 한다고 설명했다(Peterson, 1956/1980, 171-174). 즉, 자유는 의무(obligation)를 수반하는 것이기 때문에 특권적 지위를 향유하는 미디어는 사회에 대한 일정의 '기능'을 수행해야 한다는 것이 고전적 자유주의 이론과는 차별화되는 사회적 책임 이론의 출발점이다(Peterson, 1956/1980, 133-134). 사회적 책임 이론에서 미디어 환경과 기술 변화, 그리고 사회 환경의 변화에 맞추어 저널리즘을 중심으로 했던 허친스 보고서의 책임 내용을 산업제도와 오락제도의 영역으로 확장했다는 점은 유의미한 성과 중 하나다. 무엇보다 사회적 책임 이론은 '자유로운 언론'에 초점을 맞추면서 소극적 자유를 주장하는 고전적 자유주의 이론의 틀을 넘어, '자유롭고 책임 있는 언론'을 지향하는 적극적 자유로 패러다임을 전환하는 출발점으로 평가받고 있다.

2. 사회적 책임 이론의 한계

언론의 자유야말로 민주주의 사회의 정치적 자유를 유지 발전시키기 위해 가장 중요한 필수조건임을 강조한 알철 역시 허친스 보고서의 핵심 주제와 가장 큰 의의는 공중에 대한 어카운터빌리티 이행을 권고한 것에 있음을 지적한 바 있다(Altschull, 1995, 139). 허친스 보고서에서는 언론 자유라는 법적 도덕적 권리를 용인받기 위해 반드시 수반되어야 할 전제조건으로 미디어의 책임과 사회적 어카운터빌리티를 제시하고 도덕적 의무로 규정했다. 하지만 사회적 책임 이론에서 사회적 어카운터빌리티에 관한 논의는 '철저히' 배제되었다. 그리고 미디어의 역할과 책임은 사회가 요청하는 필수 사항(requirement)이자 '도덕적 의무'가 아니라, 일견 가치중립적이고 객관적인 것처럼 보이는 '기능'이라는 이름으로 제시되었다.

미디어에 대한 사회적 요구와 기대를 책임 이행이라는 관점에서 바라본다는 것은 개인이나 사회를 위해 수행해야 할 '의무'를 상정한 것이다(박홍원, 2004, 25). 반면, 미디어의 역할에 대한 기능주의적 접근은 가치중립적이고 객관적인 방법론을 취하고 있어 폭넓게 적용할 수 있다는 장점을 지니고 있지만, 미디어가 추구하는 목적이나 결과가 '누구' 혹은 '무엇'을 위한 것인지 모호하게 만들거나 기존 권력이나 시스템의 안정화 및 재생산에 기여하게 만들 수 있고, 미디어 스스로의 권력과 이익을 옹호하게 될 가능성도 크다는 한계가 있다.[1]

사회적 책임 이론이 미디어 규범론으로 정착하는 과정에서 발견할 수 있는 또 다른 변화는, 미디어 및 종사자 각각의 개인적 선택이나 판단을 중시하는 '윤리(ethics)'와 '자율규제'를 중시하는 논지가 주류를 형성하게 되었던 점이다. 대표적으로 〈미디어 4이론〉의 공저자 중 한 명인 슈람(Schramm)에 의한 저술이 있다. 〈미디어 4이론〉이 출판되고 1년 후인 1957년에 슈람은 〈매스 커뮤니케이션에서의 책임 (Responsibility in Mass Communication)〉을 발표했는데, 이 책에서 자유(freedom), 알 권리(the right to know), 진실과 공평(truth and fairness), 그리고 대중 예술(popular art) 등 네 가지 주제를 중심으로 논의를 전개했다. 허친스

---

1   미디어의 사회적 기능에 초점을 맞춘, 이른바 '미디어 기능론'의 한계에 관해서는 3장에서 소개했다.

위원회가 의무나 도덕(moral)의 차원에서 책임을 설명하고 규정한 것과 달리, 슈람은 윤리와 자율규제의 차원에서 논의를 전개했다(Schramm, 1957/1968).

슈람은 매스 커뮤니케이션 환경을 구성하는 주요 주체를 ①정부와 각종 규제 기관, ②미디어 및 종사자, 그들이 구성하는 공식적·비공식적 단체와 기관, ③일반 대중, 그들이 참여하는 공식적·비공식적 기관과 협회 등으로 분류했다. 이 중에서 제일 중요한 첫 번째 책임자로 지목한 것이 미디어인데, 미디어가 책임을 이행하는 구체적인 방식으로 '자율규제'와 '전문직업화'를 제시했다. 허친스 위원회와 마찬가지로 슈람 역시 미디어 단독에 의한 자율규제 방식이 한계가 있다는 점은 인정했지만, 매스 커뮤니케이션 과정에서 전문직업인으로서의 책임(professional responsibility)을 바탕으로 자기비판 및 토론이 활성화된다면 자율규제를 바탕으로 사회 발전에 기여할 수 있다고 주장한 것이다(Schramm, 1957/1968, 319).[2]

자율규제는 언론의 자유로운 행위에 근거한다. 언론 내부에서 기인하는 자유로운 책임의 근거이기도 하다. 법제도적 규제는 물론, 외부로부터 그 어떤 통제나 간섭, 영향력도 허용하지 않는다(최경진, 2008). 미디어의 자율규제 및 윤리 장치의 대표적인 예가 각종 윤리강령과 가이드라인, 고충처리제도 등이다.

윤리와 도덕이 유사하거나 혹은 동일한 속성의 규범으로 해석되고 사용되기도 하지만, 엄밀히 보면 차이가 있다. 도덕이란 '관습·법·풍속 등과 같은 사회규범에 의해 지지받는 동시에 개인에게 내면화되어 있는 규범으로서 선악의 판단 기준'이며, '사회 혹은 그 하위 체계에서 일반적으로 승인

---

2 슈람은 매스 커뮤니케이션 과정에서 최소한의 법적 어카운터빌리티(legal accountability)가 수반되어야 한다고 언급하기도 했지만(Schramm, 1957/1968, 6), 법적 어카운터빌리티가 무엇을 의미하는 지에 관해서는 명확한 설명과 해석은 제시하지 않았다.

받고 있는 행위 준칙'으로 해석할 수 있다. 반면, 윤리는 '넓은 의미에서 보면 도덕의 범주에 포함되기도 하지만, 자타(自他) 행위의 옳고 그름 혹은 선악의 제재가 행위의 외면적 양상이나 결과에 의해 이루어지는 것이 아니라 내면의 심정 혹은 동기에 근거하여 자율적으로 이루어져야 한다고 보는 규범'이며, '개인의 판단이나 선택과 연계된 선악의 기준'에 가깝다(濱島朗·竹内郁夫·石川晃弘, 1982; 河合準雄·鶴見俊輔, 1997). 하나다 다츠로가 지적한 것처럼(花田達朗, 1999, 161-170), 미디어 종사자 개개인의 심정이나 동기부여, 혹은 판단이 조직의 방침과 일치하지 않을 때 개인의 윤리적 판단으로 가능한 것은 극히 제한적일 수밖에 없다. 전문직업인으로서의 저널리스트가 아닌, 미디어 기업에 소속된 샐러리맨으로서의 역할을 요구받고 있는 미디어 환경 속에서, 기자 개인의 심정이나 동기부여에 근거한 윤리적 자율적 판단은 미디어 기업 조직의 방침에 종속되기 쉽다.

사회적 책임 이론의 가장 중요한 사상적 토대는 허친스 보고서이며, 허친스 위원회의 사상과 철학의 핵심은 '자유롭고 책임 있는 언론'과 '어카운터빌리티'에서 찾을 수 있다. 피터슨은 사회적 책임 이론을 구성하기 위해 허친스 보고서를 중심으로 검토했으며, 그 과정에서 로스 보고서도 일부 참조했다고 언급했다(Peterson, 1956/1980). 그럼에도 불구하고, 사회적 책임 이론과 이후의 전개 과정에서 공중을 대상으로 한 사회적 어카운터빌리티에 관한 논의는 배제되었으며, 미디어의 책임 구현을 위해 바람직한 방식으로 강조되어 온 것은 허친스 위원회가 매우 부정적으로 평가했던 자율규제 방식이다. 이들 방식은 허친스 보고서가 아니라, 영국의 로스 보고서에서 제시된 입장과 권고 내용에 더 가깝다. 로스 보고서가 고전적 자유주의를 주장하는 언론사 사주들의 저항에 의해 언론 개혁에 실패한 것으로 평가 받고 있다는 것은 앞에서 소개한 바 있다.

사회적 책임 이론의 한계가 어디에서 기인하는지 그 배경과 맥락을 이해함에 있어서 역사학자 존 네런(J. Neron)과 그의 동료들이 저술한 〈최후의 권리 (Last Rights: Revisiting Four Theories of the Press)〉(Neron, 1985/1998)는 참고할 만하다. 〈미디어 4이론〉의 저자들과 마찬가지로 일리노이 대학(Univ. of Illinois)에 재직하고 있던 네런과 그의 동료들은 사회적 책임 이론이 미디어 규범론으로 정착되어 저널리즘 교육 현장에서 활용되고 있는 것을 크게 우려했다. 그리고 〈미디어 4이론〉의 등장 배경과 내용을 역사적 · 이론적으로 고찰하면서 이데올로기적 비판을 가했다.[3] 첫째, 〈미디어 4이론〉은 제2차 세계대전 이후 세계패권 국가로 등장한 미국이 영리 추구를 목적으로 하는 사적 소유의 미디어 모델을 전 세계적으로 확산해 가는 과정에서 발표된 것으로, 미국의 미디어산업 발전을 옹호하기 위한 이데올로기를 주장하고 있다는 것이다. 둘째, 〈미디어 4이론〉은 즉흥적이고 우발적으로 작성한 일종의 '비망록'의 부산물로 탄생한 것에 불과하며, 저널리즘 교육 현장과 미디어산업, 관련 학계와 경제계, 그리고 미국 정부 기관 간에 맺어진 일종의 제휴관계 속에서 만들어진 산물이라는 것이다. 셋째, 〈미디어 4이론〉 중의 하나인 사회적 책임 이론은 시장권력이나 소유권, 다른 물리적 속박으로부터의 자유에 관한 문제는 고려하지 않은 채, 국가의 간섭과 통제로부터의 자유만을 강조하고 있으며, 이는 사업적 · 산업적 전략 아래에서 고전적 자유주의와 자유방임주의 이론이 추구하는 목표와 정부규제 완화론자들의 입장을 옹호하고 있다는 것이다. 넷째, 사회적 책임 이론에서는 언론인들이 전문직업인으로서 자율성을 누려야 한다고 주장하지만, 이는 일종의 엘리트주의를 인정하는 것인 동

---

3   네런과 그의 동료들이 〈최후의 권리〉를 집필할 당시, 〈미디어 4이론〉의 저자 중 유일한 생존자였던 피터슨은 자신의 저작을 통렬하게 비판하는 네런 등의 연구에 대해 조언과 코멘트를 제공했다(Neron, 1985/1998).

시에 소극적 자유의 메커니즘을 그대로 차용한 것에 불과하다는 것이다.

3. 사회적 책임 이론의 계승과 수정

사회적 책임 이론과 그 사상적 토대로 알려져 있는 허친스 보고서, 로스 보고서에 대한 다양한 해석과 비판에도 불구하고 사회적 책임 이론은 얼마간의 내용적 수정이나 첨삭을 거치면서 대표적인 미디어 규범론으로 정착했다(Merrill, 1989). 그리고 사회적 책임 이론을 계승하면서 일부 한계를 수정 보완하여 새로운 모델을 제안하는 의미 있는 시도들도 있었다. 그 중에서 로웬스타인(Lowenstein)과 맥퀘일(McQuail), 알철(Altschull)이 제시한 사회적 책임 이론의 수정 모델을 간략하게 소개하도록 하겠다.

로웬스타인의 이원적 개념과 미디어 시스템 유형

허친스 보고서와 사회적 책임 이론에 대해 비판적인 메릴이 〈미디어 4이론〉보다 구체적이고 현실적이라고 평가하면서 적극적으로 소개한 것이 로웬스타인의 이원적 개념(The Two-Tiered Concepts)이다(Merrill, 1974, 39). 〈미디어 4이론〉이 유연성이 부족하기 때문에 모든 미디어 시스템을 설명하고 분석하기 어렵다는 문제의식에서 제안된 모델이다. 로웬스타인이 〈미디어 4이론〉을 보완하여 미디어 시스템 유형을 분류하기 위한 중심축으로 사용한 것은 미디어의 소유(ownership)와 철학(philosophy) 두 가지다(Merrill & Lowenstein, 1971, 185-190; Merrill, 1974, 37-41).

먼저, 미디어 소유에 관해서는 재정적 지원의 출처를 바탕으로 ①민간 (private), ②다수의 단체(multi-party), ③정부(government) 등 세 가지 기준을 활용했다. 미디어 철학은 ①권위주의(Authoritarian), ②사회적 집중주의(Social-Centralist), ③자유주의(Libertarian), ④사회적 자유주의(Social-Libertarian) 등 네 가지로 분류했다. 〈표 1〉에서 제시한 미디어 시스템의 진행 유형에서도 알 수 있듯이 미디어 소유 및 철학 등 두 가지 축을 바탕으로 분류한 네 가지 유형의 미디어 시스템은 고정된 것이 아니며, 유토피아적 시스템을 향해 단계적으로 진보해 가는 것으로 상정되었다.

〈표 1〉 로웬스타인의 미디어 시스템 유형(progression Typology)

'새로운' 혹은 저개발 (단순) 시스템	적절하게 발전된 시스템	잘 발전된 혹은 진보적 시스템	유토피아적 시스템
A 권위주의	L 자유주의	SL 사회적 자유주의 SC 사회적 집중주의	? 유토피아
• 정부규제 • 사유 & 정부소유 • 엘리트의 교양 • 희소한 채널 • 사회적 안정	• 미디어의 독립 • 사유 • 대중의 교양 • 풍부한 채널 • 사회의 부조화	**SL:** • 사유 • 자기규제 & 일부 정부 규제 • 대중의 교양 • 희소한 채널 **SC:** • 정부소유 • 정부통제 • (기타 SL과 동일)	• 최대의 채널 • 최대의 사회적 안정 • 최대의 개인 자유 • 최대의 다원성 • 최대의 공중의 미디어 액세스 • 최대의 미디어 자기 결정

* 출처: Merrill(1974), 41.

로웬스타인의 미디어 시스템 유형에서 새롭게 제시된 미디어 철학은 '사회적 집중주의'와 '사회적 자유주의'다. 사회적 집중주의는 〈미디어 4이론〉 중 하나인 소비에트 공산주의 이론을 대신하여 제시된 것으로 권위주의 이론의 현대적 수정판으로 볼 수 있다. 단, 사회적 집중주의에서 국가가 미디어를 통제하는 것은 통치 엘리트 계층의 이익을 도모하기 위한 것이 아니라, 교육, 발전, 정치조직 운영 등을 위해 미디어의 영향력을 활용하는 것으로 한정된다. 사회적 자유주의는 사회적 책임 이론이 추상적이라는 한계를 보완하기 위해 제시된 것이며 철학적 기반은 자유주의 이론과 동일하다. 여기에서 미디어를 통제하는 가장 바람직한 방식은 자율규제지만, 미디어의 독점이 인정될 경우에는 정부에 의한 최소한의 규제를 피할 수 없다고 보았다. 권위주의, 자유주의, 사회적 집중주의, 사회적 자유주의 등 네 가지 유형의 미디어 철학 모델이 지향하는 것이 유토피아적 시스템이다. 유토피아적 시스템은 언론 자유, 사회적 안정, 다원주의, 퍼블릭 액세스, 미디어의 자기결정주의 등이 모두 최대한으로 제공되는 '이상적인' 시스템이다. 유토피아적 시스템에 도달하기 전까지 현실적으로 가장 유용한 시스템은 사회적 자유주의라는 것이 로웬스타인의 생각이다.

맥퀘일의 민주적 참여 미디어 이론

맥퀘일은 〈미디어 4이론〉의 유효성을 인정하는 것에서 출발한다. 하지만 새로운 환경이나 특수성을 고려했을 때 〈미디어 4이론〉만으로는 설명하기 어려운 부분이 있다는 점을 보완하고자, '개발도상국 미디어이론'과 '민주적 참여 미디어이론' 등 두 가지를 추가했다(McQuail, 1983/1985, 101-110).

맥퀘일에 따르면, 개발도상국은 커뮤니케이션 기반, 전문적 기능, 제작

자원 및 문화적 자원, 미디어 이용자 등이 충분하지 않다는 점에서 권위주의의 이론이나 자유주의 이론으로는 포괄할 수 없는 부분들이 있다. 이러한 한계를 보완하기 위해 만들어진 개발도상국 미디어이론의 특징으로는 첫째, 미디어가 수행해야 할 책임 안에 경제발전과 국가건설이라는 목적을 달성하는 데에 공헌하는 것이 포함되어 있고, 둘째, 미디어와 저널리스트는 일정 정도의 제약을 받고 있으며, 셋째, 커뮤니케이션 권리가 중시된다는 것을 들 수 있다. 반면, 민주적 참여 미디어이론은 자유주의이론을 사상적 토대로 삼고 있는 미디어에 대해 사회적 비판이 제기되고 있음을 고려하여 추가된 이론이다. 민간 미디어의 상업화와 독과점화에 대한 비판, 사회적 책임 이론을 토대로 설립된 공영방송제도의 집중화와 관료화 등에 대한 비판이 끊이지 않는 현실을 개선하기 위한 것으로, 사회적 기초와 수평적 커뮤니케이션의 가치를 중시한다는 관점에서 출발한다. 이 모델의 가장 큰 특징은 수용자의 필요와 관심, 요구에 부합할 수 있도록 상호작용이 활성화되어야 하며, 그 과정에서 다원성과 소규모성, 비제도화, 송신자와 수용자의 역할 교환 등에 주목하고 있다는 점이다. 커뮤니케이션 과정에서 수용자의 역할과 존재가치가 상대적으로 중시되고 있다.

알철의 미디어 시스템 유형 분류

뉴욕타임즈(The New York Times) 편집자, AP통신 기자 등을 거쳐 저널리즘과 매스커뮤니케이션을 연구하고 있는 알철은 〈미디어 4이론〉의 개념과 모델에 특정 가치가 개입하기 쉽다는 것을 지적하고, 경제적 속성만을 중심으로 분류한 미디어 시스템 유형 세 가지를 새롭게 제시했다. 물론, 이 세 가지 미디어 시스템 유형에 포함되지 않는 다수의 예외가 존재한다는 전제도 빠뜨리지 않았다(Altschull, 1995, 418-439).

〈표 2〉 알철에 의한 미디어 시스템 유형 분류(A Symphonic Classification System)

		제1세계 Market Nations	제2세계 Communitarian Nations	제3세계 Advancing Nations
신념 조항		외부 간섭으로부터 자유	사람들의 계급적 문화적 자각과 변화 및 교육	권력 분산이 아니라 통합
		공중의 알권리에 봉사	사람들의 실재하는 필요 제공	사회의 유익한 변화를 위한 장치
		공정하고 객관적인 보도	경험적 현실을 객관적으로 보도	저널리스트와 독자 사이의 쌍방향 토론에 이용
저널 리즘 목적		진실 추구(to seek)	진실 규명(search for)	진실에 봉사(serve)
		사회적 책임	사회적 책임	사회적 책임
		정치적 문화적 정보 제공(혹은 교육)이 아님	정치적 문화적 동조자에게 협력하고 국민을 교육	정치적 문화적 교육
		부분적으로 국민에 봉사. 자본주의 지탱	공식적인 주의주장을 지지함으로써 국민에 봉사	정부와의 협조 하에 유용한 목적을 지향하는 변화를 추구함으로써 국민에 봉사
		정부에 대한 감시견으로서 봉사	관점과 행동의 형성	평화의 도구로 봉사
언론 자유 에 관한 관점		외부의 통제로부터 자유로운 저널리스트	재력, 권력을 지닌 자뿐 아니라 모든 사람의 의견이 공표됨	저널리스트의 양심의 자유
		권력을 추종하지 않고 권력에 조작되지 않음	정통 커뮤니티에 대한 압박 반대 필요	국가 존속이 중요
		자유로운 언론을 보장하기 위한 정부 정책은 없음	자유로운 언론이 바람직한 형태를 갖출 수 있도록 정부 정책 필요	자유의 법적 보호를 위해 정부의 미디어 정책 필요

* 출처: J.H.Altschull(1995), 418-439의 TABLE22.1, TABLE22.2, TABLE22.3을 조합하여 재구성.

허친스 보고서가 저널리즘 기구로서의 미디어 역할에 초점을 맞추었던 것과 달리, 〈미디어 4이론〉은 산업제도이자 오락제도로서의 속성과 역할까지 확장한 것이었다. 알철은 저널리즘 기구로서의 속성에 다시 초점을 맞추면서 허친스 보고서에서 제시된 언론 자유와 책임에 관한 원칙과 사상적 토대의 복원을 시도했다. 특히, 알철의 모델에서 주목해야 할 가장 큰 특징은 세 가지 유형의 미디어 시스템 구조 안에서 경제적 사회적 구조나 형태의 차이와 상관없이 모든 미디어는 '자유로운 언론'을 지향하는 동시에 '사회적 책임' 이행을 목적으로 삼고 있다고 상정했다는 것이다. 단지 각각의 사회나 역사, 정치, 문화, 그리고 구성원들의 심리적 상황이 상이하기 때문에, 각 사회에서 어떤 내용과 형식으로 미디어의 사회적 책임을 해석하고 적용하는지, 미디어의 역할과 책임으로 요구하고 기대하는 내용은 무엇인지가 달라질 뿐이며, 따라서 미디어가 이행해야 할 사회적 책임의 내용과 수위는 개별 사회의 상황과 맥락에 따라서 다양한 형태와 내용으로 현실화된다고 보았다.

3장
미디어의 사회적 기능의 성찰과 규범론의 재생산

1. 미디어의 사회적 기능과 책임

미디어 기능론

허친스 위원회가 제시한 미디어의 책임은 법적·도덕적 의무의 차원이었다. 허친스 위원회가 제시한 다섯 가지 요청사항의 대부분이 실현 불가능한 기준이며, 정보에 대한 도덕적 권리, 미디어의 사회적 책임이나 양심에 대한 의무라는 개념 자체가 추상적이고 불명확하며 비현실적인 허상에 지나지 않는다는 메릴의 비판은 논외로 치더라도(Merrill, 1974, 1989), 미디어의 역할을 책임과 의무 이행으로 제시한 허친스 위원회의 사상과 철학은 사회적 책임 이론을 거쳐 '기능(function)'이라는 차원에서 논의되는 경향을 보이기 시작했다. 예를 들어, 매스 커뮤니케이션의 기능적 분석(functional analysis)을 시도한 해럴드 라스웰은 사회와의 총괄적인 관계에서 이루어지는 커뮤니케이션 활동의 기능으로 ①환경 감시, ②사회 구성 요소 간의 상호조정, ③사회적 유산 전달 등 세 가지를 제시했다(Lasswell, 1956/1986, 67). 여기에 1960년 라이트가 네 번째 기능으로 오락을 추가하면서 매스 커뮤니케이션의 '결과'로 만들어지는 네 가지의 정형화된 형태의 사회적 기능이 만들어졌다(Wright, 1960, 608–609). 이 후, 이 네 가지 기능은 미디어를 이해함에 있어서 매우 유용하게 활용되어 왔는데, 미디어의 기능으로 제시된 주요 항목이나 그 내용들은 미디어의 사회적 책임을 구성하는 내용과 대동소이하다.

미디어의 책임과 의무를 '기능'이라는 관점에서 해석하고 논의하는 것은 어떤 의미가 있을까? 맥퀘일에 따르면 여기에서 오락기능은 문화계승의 일부를 구성하는 것으로 볼 수 있는데, 휴식이나 긴장 해소를 통해 사람들의 현실 생활 속에서 발생하는 문제를 극복하고 사회의 해체를 방지할 수 있도록 하는 기능이기도 하다(McQuail, 1983/1985, 85–86). 맥퀘일은 이 네 가지에 '동원(mobilization)' 기능을 추가했다. 정치적 상업적 선전에 적용되는 매스 커뮤니케이션의 역할인데, "정치, 전쟁, 경제발전, 노동, 종교 영역에서 사회적 목적을 위한 캠페인을 수행"하는 것을 동원 기능으로 정의 내렸다(McQuail, 2005/2007, 128–129).

이후, 미디어 환경의 양적 질적 변화 속에서 미디어 기능도 함께 변화했다. 오늘날 미디어의 사회적 기능에 대해서는 다양한 관점과 해석이 존재하지만, 일반적으로 ①정확한 정보의 제공, ②해설과 논평, ③시민들에게 토론의 장 제공, ④학교교육의 보완과 평생교육, ⑤사회개혁과 캠페인, ⑥오락 제공, ⑦광고매체로서의 기능, ⑧위안 혹은 복지, ⑨재해예방과 재해시 긴급정보 제공 등으로 압축된다(山口功二, 2001, 265; 渡辺武達, 2000, 68–73). 이는 미디어의 활동 및 매스 커뮤니케이션의 '목적'에 가깝다. 반면, 미디어가 우리 사회에 필요한 이유는 ①사회의 통합과 협력, ②질서의 유지, ③통제와 안정, ④변화에 대한 적응, ⑤동원, ⑥긴장의 해소, ⑦문화와 가치의 계승 등의 '기능'을 하기 때문이라고 해석되기도 한다(McQuail, 2005/2007, 130). 이는 매스커뮤니케이션의 '결과'로 만들어지는 효과로 해석할 수 있다.

이상의 논의를 통해 확인할 수 있는 것은 미디어의 사회적 기능이라는 것이 객관적이거나 혹은 불변하는 원칙이 아니라, 처해진 사회적 상황, 혹은 미디어에 대해 어떤 입장에서 어떤 것을 요구하는지에 따라서 특정한 가치나 주관이 개입될 여지가 크다는 것이다. 무엇보다 미디어의 사회적 기능으로 제시되고 있는 대부분의 항목과 내용들은 미디어의 사회적 책임으로 제시되고 있는 것들과 유사하거나 일치하고 있다는 것을 간과해서는 안된다.

미디어 기능의 분류

라이트는 매스 커뮤니케이션 기능의 유형 분류가 타당성을 지니는 근거로 네 가지를 제시했다. ①매스 커뮤니케이션은 사회적 과정이며 그 자체가 반복적이고 정형화된 사회 현상이다. ②기능 분석을 할 때 매스 커뮤니케이션의 개별 수단, 예를 들어 신문이나 TV 등이 주로 대상으로 상정된다. ③매스 커뮤니케이션 조직과 개별 미디어의 제도분석, 혹은 조직 내의 정형화된 움직임을 조사할 때 유용하게 활용할 수 있다. ④매스 커뮤니케이션 활동에 의해 어떤 결과가 만들어지는지에 대한 답을 구할 때 유용하다(Wright, 1960, 606-608).

이처럼 기능주의 관점에서 이루어지는 분석의 출발점은 반복적이고 제도화된 모든 활동은 일종의 장기적 목표 달성에 도움이 되며, 사회가 정상적으로 작동하는 데에 일정 정도 공헌한다는 것에 있다. 하지만 '기능'이라는 용어는 결과, 목적, 요구, 효용 등 서로 다른 몇 개의 의미를 함께 담고 있다. 누구의 입장에서 분석하는가에 따라서 그 내용이나 평가가 달라질 수밖에 없음을 의미한다. 예를 들어, 일반 시청자나 독자 혹은 미디어 콘텐츠 제작자는 각각 지향하는 매스 커뮤니케이션의 목적이나 그 결과에 대한 효용이 상이할 수 있다. 미디어를 이용하여 이익을 추구하고자 하는 조직이나 집단이 가진 동기나 목적도 서로 다를 수밖에 없다. 미디어 활동이나 매스 커뮤니케이션에서 기인하는 장기적 차원의 효과가 유익한 것인지 혹은 유해한 것인지를 실증적으로 평가하는 것 역시 간단한 문제가 아니다(McQuail, 1983/1985, 79–82). 실제로 미디어 콘텐츠를 분석한 다수의 연구 결과에 따르면 미디어는 기업활동이나 사법제도, 민주주의 정치 과정 등에 대한 본질적인 비판을 회피하거나 사회적으로 우월적 위치에 있는 계층의 사람들에게 유리한 접근을 허용하기도 하며, 이미 사회에서 인정받고 있는 기준과 절차에 따라서 상징적 보상이나 응징을 차별적으로 제공하기도 한다. 즉, 미디어는 사회의 지배적 가치를 지지하는 입장과 태도를 견지하면서 변화를 요구하는 목소리에 소극적으로 대응하거나 기존 시스템의 재생산을 지지하는 경향을 보이는 경우가 많다(McQuil, 2005/2007).

이에, 맥퀘일은 사회, 매스 커뮤니케이션 과정의 송신자와 수용자 (audience), 주창자(advocates)[1] 등 네 가지로 입장을 구분하고 각각의 입장에서 지향하는 미디어 활동 및 커뮤니케이션의 '목적'을 기준으로 미디어의 사회적 기능을 정리하여 제시했다(McQuail, 1983/1985). 목적을 기준으로 미디어의 기능을 살펴보면, 누구의 입장과 관점에서 바라보는 가에 따라서 실제 미디어 기능의 내용과 이에 대한 평가도 달라질 수 있기 때문이다. 맥퀘일이 제시

---

1   여기에서 말하는 주창자는 정치적 캠페인의 주체 혹은 광고주 등과 같이, 미디어를 통해서 특정한 이익을 추구하는 제도 혹은 조직 집단을 의미한다.

한 네 가지의 입장과 각각의 입장에 근거하여 바라본 미디어의 사회적 기능이 어떤 내용으로 구성되는지를 종합하여 제시한 것이 〈표 3〉이다.

커뮤니케이션의 목적을 중심으로 미디어 기능을 살펴보면, 누구의 입장과 시각에서 바라보고 해석하는 지에 따라 그 구체적인 내용은 달라진다. ①사회의 관점에서 바라본 커뮤니케이션의 목적은 정보 제공과 해석, 연속성과 통합 그리고 사회적 상호작용, 오락, 동원 등이 포함된다. ②주창자가 추구하는 커뮤니케이션의 목적에 해당하는 미디어 기능은 정보제공과 해석, 정체성(identity)과 문화의 표현, 동원 등이다. ③커뮤니케이션 과정의 송신자로서 미디어가 추구하는 목적은 정보 전달과 해석, 정체성의 제공, 문화적 표현과 연속성, 오락, 그리고 동원 등이다. 마지막으로 ④수용자가 커뮤니케이션 과정에 참여하는 목적에 해당하는 미디어의 사회적 기능은 정보, 개인의 정체성, 통합과 사회적 상호작용, 오락 등이다(McQuail, 1983/1985, 82~92). 각각의 주체에 따라서 미디어 이용의 목적이 상이하다는 것은 결국 누구의 입장에서 바라보는가에 따라서 미디어 기능의 내용이나 속성도 달라진다는 것을 의미한다. 특히, 수용자의 입장과 시각에서 바라보는 커뮤니케이션의 목적은 다른 세 가지 입장에서 바라보는 목적과 가장 큰 차이를 보인다. 예를 들어, '주창자'와 '미디어', '수용자'가 목적으로 하는 '정체성'이나 '문화' 기능의 내용은 상이하다. '동원 기능'의 경우, '사회', '주창자', '미디어'의 목적에만 포함될 뿐 아니라, 각각의 내용 역시 차이가 있다. '정보제공 및 해석' 기능도 마찬가지다. '미디어'가 동일한 '정보제공 및 해석 기능'을 수행한다고 해도, '주창자'가 지향하는 목적으로서의 정보 기능은 스스로의 이해관계에 따라서 정보의 우선순위를 배분하는 것이며 전달하는 정보의 중심을 이루는 것은 광고나 PR 등이다. '수용자'가 정보를 획득하기 위한 목적으로 미디어를 이용하는 것은 사회에 관한 구체적인 정보나 지식을 획득하여 스스로의 의사 결정에 도움이 되는 조언을 구하기 위함이다. 이처럼 주체와 목적에 대한 구분이나 설명이 결여된 상태에서 '미디어'의 정보제공 및 해석 기능을 이야기하게 되면, 사업자에게 유리한 이해관계나 목적을 바탕으로 하는 광고나 PR 기능이 수용자의 의사결정을 위한 조언이나 사회의 진보적 발전을 위한 정보와 마치 동일한 것처럼 포장될 수 있다.

〈표 3〉맥퀘일이 분류한 미디어 목적과 사회적 기능의 재구성

기능＼관점	사회	주창자	미디어	수용자
정보/ 해석	사회/세계에 관한 정보 제공, 정보의 의미를 설명/해석/해설, 권력관계 규명, 혁신/적응/진보 촉진	조직의 목표나 활동에 관한 정보 제공, 주창자의 이해관계에 부합하도록 우선순위 배분, 광고, 직접교육과 정보캠페인 주창자의 목적에 맞추어 해석, 여론형성/PR/ 이미지 양성	일반의 관심을 모을 수 있는 정보의 수집/선택/처리/전달, 일반인의 교육, 논설/배경정보나 해설 제공, 권력 비판과 감시, 여론 표명과 반영, 연단이나 공개토론의 장	주위 환경이나 사회에 관한 정보, 실용적 조언과 의견/의사결정을 위한 어드바이스, 호기심과 일반적 흥미 만족, 학습과 자기계발, 지식을 통한 안도감
정체성/ 문화		신념/가치/이데올로기/주의주장에 대한 언론, 정당/계급/집단에 대한 귀속의식	지배적 문화와 가치/ 사회 내부의 특정 하위 집단 문화와 가치를 표현하고 반영	개인적 가치 강화, 행동의 모델, 타자와의 동일화, 개인 정체성의 통찰력
연속성/ 통합/ 사회적 상호 작용	기존의 권위나 규범 지지, 사회화, 개별 활동 조정, 합의 형성, 우선순위 설정, 지배적 문화 표시, 하위문화나 새로운 문화의 발전, 공통의 가치관 계발 및 유지			사회적 공감, 타자와의 동일화/집단에 대한 귀속의식, 대화나 사회적 상호작용을 위한 소재, 실제 교우관계의 대용물, 사회적 역할의 수행, 가족/친구/사회와의 연결

기능＼관점	사회	주창자	미디어	수용자
오락	오락, 숨 돌리기 및 휴식의 수단, 사회적 긴장 해소		오락과 기분전환 등으로 수용자를 즐겁게 함	고민에서 도피/숨 돌리기, 휴식, 문화적 미적 즐거움, 여가, 정보적 개방과 성적 흥분
동원	정치/전쟁/ 경제 성장, 노동 등의 영역에서 사회의 목표를 선전	관심/참가/지지의 활성화, 구성원이나 플로어의 활동 조직과 지침 제공, 설득과 태도 개혁 시도(선전), 모금, 광고를 통해 소비자에게 소구	의뢰자인 주창자를 위한 광고와 선전, 주의주장을 위한 캠페인, 수용자의 미디어 이용을 증대시키고 조직화	

* McQuail(1983/1985), 83-92 내용을 바탕으로 작성

하나다 다츠로는 미디어의 정보 기능으로 사회화, 사회통합, 문화적 재생산 등을 제시 했다. 이 세 가지 기능은 사회관계 속에 들어가는 방법 혹은 만드는 방법, 사회적 연대와 공통성의 창출, 문화의 산출 방식 등에 내재적으로 관계한다. 하지만 미디어의 정보 기능은 교육 기능과도 유사한 점이 많다. 어떤 것이 미디어의 정보 기능이고 어떤 것이 교육 기능인지 구별하기 어렵다. 송신자와 수용자의 의식 혹은 양자 간의 합의에 의해서 어느 것이 미디어의 정보 기능 혹은 저널리즘이고 어느 것이 교육인지가 결정될 수 있다(花田達朗, 1999, 137-141).

미디어 활동과 커뮤니케이션의 '목적'과 그 '결과'로서의 기능 역시 구분할 필요가 있다. 미디어가 제공하는 내용이 사회를 구성하고 유지함에 있어서 어떤 '역할'을 담당하는지, 그리고 미디어가 어떤 의미를 형성하는지를 중심으로 분류한 미디어 기능을 관련 이론과 연계해 보면, ①미디어의 의미 구성

기능, ②폭력을 불안해하는 사람들에게 TV가 미치는 영향을 분석하는 배양이론, ③언론의 의제설정 기능, ④미디어의 담론(discourse) 형성 기능 등의 네가지로 재분류할 수 있다(メルヴィン & ボール-ロキ-チ, 1994, 315-328). 이 네 가지 기능들은 미디어의 의도나 목적으로서의 기능이라기보다, 사회나 수용자에 미치는 영향 혹은 커뮤니케이션의 결과에 해당하는 것으로 볼 수 있다.

이처럼, 미디어 기능이라는 것을 목적, 요구, 결과, 효용, 그리고 다양한 입장과 시각에 따른 분석과 평가 없이 일률적으로 상정하고 논의하는 것은 수많은 모순이나 혼란을 불러일으킬 수 있다. 특히, 새로운 미디어나 기술을 도입할 때, '규제인가, 규제완화인가'에 관한 규제론 중심의 논의에서 수용자의 입장이나 시각은 소외되거나 혹은 주창자나 미디어의 입장과 시각이 수용자의 목적과 요구로 포장되는 경우가 비일비재하다. 이 경우, 미디어와 커뮤니케이션 과정을 정확하게 평가하고 그 결과를 예측하여 규범적 지향점이나 관련 정책을 수립하는 데에 혼란과 갈등을 초래하거나 미디어 공공성을 지향하는 정책 수립에 장애물로 작용할 수도 있다.

미디어 기능론의 재고찰

사회적 기능이라는 용어의 근저에는 '사회 구성원이 지닌 필요(needs)와 수요'라는 메커니즘이 작동한다(McQuail, 1983/1985, 67). 사회적 기능을 구성하는 요소 중 하나인 '사회적 필요'란 '어떤 상태가 특정 목표 혹은 기준에서 봤을 때 괴리가 있는 상태에 있고, 그 상태의 회복이나 개선을 위한 방안이 필요하다고 사회적으로 인정받은 것'을 의미한다(三浦文夫, 1995, 60). 따라서 사회적 필요에 관해 이야기할 때에는 현재에 대한 사실 판단과 당해 사회에서 공유하고 있는 가치, 그리고 이에 관한 합의가 반드시 수반되어야 한다. 여기에서 그 가치의 실현을 위해 현재를 재편해야 한다는 것이 사회적 필요라는 이름으로 합의될 수 있지만, 그 '필요'에 관한 공통의 이해가 언제나 성립한다고 보기도 어렵다(安彦一惠·谷本光男, 2004, 41-42). 즉, 사회적 필요라는 것이 어떤 입장에서 어떤 내용으로 이야기되는가에 따라서 상이한 기능을 상정할 수 있기 때문에, 미디어 기능에 관해 이야기할 때는 미디어의 존재가치와 목적, 기대와 결과 등에 관한 상세한 설명과 함께 그것이 누구의 입장과 시각에서 이야기되고 있는지를 먼저 충분히 고려해야 한다.

앞에서 미디어의 사회적 책임을 구성하는 내용 및 항목들이 사회적 기능의 그것들과 대동소이함을 확인했다. 그렇다면 구체적으로 '책임'과 '기능'은 어떤 차이가 있는 것일까? '책임'의 사전적 의미는 '어떤 의미와 관련하여 공통 가치를 지향하는 사회적 상호 행위 혹은 조직 속에서 일정한 지위를 맡고 있는 행위자가 제도화된 역할 기대에 부합하는 행위를 이행해야 할 의무'이다(濱島朗·竹内郁夫·石川晃弘, 1982). 하지만, 사회적 기능은 이와는 다른 속성과 함의를 지닌다. 맥퀘일에 따르면 미디어의 '기능'을 중심으로 한 접근에서는 미디어를 제도적 규칙의 범위 안에서 자기 규제적이고 수정적인 활동을 실행하는 것으로 상정한다. 이러한 기능주의적 접근은 외견상으로는 가치중립적이고 객관적인 방법론을 취하고 있으며 폭넓은 범위에서 적용할 수 있다는 가능성을 지니고 있으며, 그 어떤 이데올로기적 방향성도 요구하지 않는 것처럼 보인다. 하지만 미디어를 정치적 사회적 변동의 원천 중의 하나가 아니라 현존하는 사회질서와 시스템을 유지하거나 혹은 반영하기 위한 수단으로만 파악하게 만들 수 있다(McQuail, 1983/1985). 즉, 미디어에 대한 기능주의적 접근은 미디어를 매개로 한 다양한 목적과 결과, 효용 등을 마치 가치중립적인 것으로 받아들이게 만들면서, 실제로는 기존의 권력이나 시스템의 안정화 및 재생산은 물론이고, 미디어 스스로의 권력과 이익을 옹호하게 만들 가능성을 내재하고 있다는 문제가 있다.

굴드너에 의한 기능주의 사회이론에 대한 비판을 차용하여 기능주의 접근이 지닌 속성에 대해 생각해 보자(Gouldner, 1971/1975, 117-123). 굴드너에 따르면, 기능주의에서는 뭔가 문제가 발생하면 '사회질서'라는 측면에 초점을 맞추고 기존의 사회질서와 양립가능한 해결책을 탐구하고자 한다. 사회질서를 추구한다는 것은 기존의 사회질서를 옹호하기 위해 생활기회를 차별적으로 배분하고자 하는 것이기도 하다. 기존의 사회질서 하에서 어떤 사람에게는 특별한 권리를 부여하고 또 다른 사람에게는 특별한 책임을 부여한다. 그리고 현존하는 질서를 변화시키고자 하는 움직임 혹은 입장을 '무질서'로 규정하고, 현존하는 사회질서의 유지를 도덕적이고 이성적인 유일한 선택지로 포장하는 경향을 보이기도 한다. 미디어 및 사회 현상을 논할 때 간과하지 말아야 할 것은, 새로운 질서를 추구하고자 하는 움직임이 기존의 낡은 질서가 실패했다는 징후임에도 불구하고, 기능주의적 접근에서는 이를 현존하는 체제나 질서에 대항하는 '무질서'로 치부해 버리는 보수적 성향을 지니고 있다는 점이다.

맥퀘일과 굴드너의 관점을 바탕으로 미디어에 관한 기능주의적 접근에 대해 크게 세 가지 문제를 제기할 수 있다. 첫째, 미디어 활동이나 제도에서 기인하는 현실이나 실체보다는, 앞으로 있을지도 모르는 기대나 희망사항으로써의 미디어 기능 혹은 효과를 전제로 한 미디어 구조 재편, 그리고 이를 바탕으로 한 언론표현의 자유가 강조되는 경향을 보인다. 둘째, 언론·표현의 자유가 미디어의 목적으로서의 기능인지, 아니면 무엇인가를 위한 수단으로서의 기능인지가 명확하게 구분되지 않고 있다. 셋째, 그 결과 산업이나 경제적 차원에서의 이해나 이익 추구를 목적으로 한 매스커뮤니케이션의 기능이, 저널리즘이나 공공성 추구를 목적으로 할 때에 비로소 동반될 수 있는 권리로서의 기능과 동등한 것으로 주장되거나 혹은 모호한 상태에서 혼재되어 논의되는 경향을 발견할 수 있다.

예를 들어 미디어 혹은 저널리즘은 첫째, 민주주의 유지 발전이라는 가치 구현을 위하여 여론형성을 담당해야 한다는 사회적 기대에 부응해야 하고, 둘째, 대량생산·대량유통·대량소비를 근거로 한 산업적 측면에 기여하기 위해 수신기 및 관련기기의 대량 판매는 물론, 광고의 직접적 회로로 이용되는 도구로서의 역할이 부여되어 있으며, 셋째, 대중문화 및 오락의 욕구 충족을 위한 오락적·문화적 측면에서의 역할과 가치가 부여되어 있다. 하지만 이 세 가지 요소가 마치 가치중립적인 것처럼, 그리고 거기에서 파생되는 권리와 책임, 수단과 목적, 원인과 결과 등의 정치한 구별 없이 혼재되어 논의됨으로써, 결국 미디어 혹은 저널리즘의 존재의의나 지향하는 목적과 방향성마저 흔들리는 결과를 초래하고 있다는 문제제기가 가능하다(東京大学社会情報研究所, 1994). 이러한 한계와 문제점에도 불구하고 허친스 위원회가 제시한 미디어의 책임이 '기능'이라는 용어와 속성으로 해석되고 논의되는 경향이 점점 강해지고 있는 것은 아닌지 되돌아볼 필요가 있다. 반드시 이행해야 한다는 '의무'로서의 개념과 당위성을 약화시키고, 사회제도로서 미디어가 지니는 존재의의마저 혼란에 빠지게 만들 수 있기 때문이다. 더욱이, 미디어가 지향하는 목적이나 기대, 그리고 그 결과가 과연 '누구'를 위한 것인지를 모호하게 만들거나 가치중립적인 것으로 포장되고 있는 것은 아닌지, 기존 권력이나 시스템의 안정화 및 재생산은 물론이고, 나아가 미디어 스스로의 권력과 이익을 옹호하고 있는 것은 아닌지에 관한 질문이 필요하다.

미디어는 현대 민주주의 사회를 구성하는 필수 요소이자 제도이다. 미디어 및 커뮤니케이션 과정이나 그 결과를 설명하고 평가하는 데에는 다양한 맥락과 이해 관계, 가치판단이 개입될 수 있다. 따라서, 미디어 활동 및 커뮤니케이션의 목적과 지향점이 무엇인지를 먼저 명확히 하지 않으면 다양하고 복잡한 관계 속에서 모순과 혼란, 대립과 갈등이 발생할 수밖에 없다. 가치중립적인 것처럼 보이는 미디어의 사회적 기능에 대한 관심을 미디어 규범에 대한 관심과 논의로 전환하여, 미디어 규범론을 복원하고 재생산해야 할 것으로 보인다.

2. 미디어 규범론의 재생산을 위한 기준과 원리

허친스 보고서에서 "언론의 자유는 고립적인 가치가 아니며, 모든 사회 모든 시대를 관통하여 동일한 의미일 수 없다"(Hutchins Report, 1947, 153)고 언급한 것처럼, 미디어의 책임과 의무 역시 획일적일 수 없다. 또한 미디어의 사회적 책임을 구성하는 내용과 형식은 사회 변화의 원인이자 원동력인 동시에 사회 변화의 결과물이기도 하다. 해당 사회가 처해 있는 시대적 과제나 변화와 함께 때로는 보강되고 때로는 새롭게 생성되기도 하며, 때로는 축소되고 때로는 확장되기도 하는 생명체와 같다. 즉, 미디어의 다양한 형태나 시공간적 맥락에 따라서 미디어에 기대하는 역할과 책임의 내용, 그 형식 역시 달라질 수밖에 없으며, 이는 지속적으로 수정 보완해 가야 한다(McQuail, 2003, 45). 이러한 가변적 속성과 관계성에 의해 만들어지는 사회적 책임의 질적 · 양적 변화를 추동하고 그 방향성과 지향점을 설정하기 위한 기준 및 원리가 필요하다. 미디어가 어떤 역할을 해야 하는가 혹은 어떤 역할을 하도록 기대되는가 등에 관한 철학적 원리와 기준을 이론화한 것이 미디어 규범론이다.

그렇다면, 작금의 미디어 환경에서 요구되는 미디어 규범, 즉 새로운 기준과 원리를 구성하는 키워드는 무엇일까? 사회적 책임 이론과 함께 미디어 규범론의 또 다른 축을 이루는 대표적 이론 중 하나가 하버마스(Habermas)의 공론장(Öffentlichkeit; Public sphere) 개념이다. 바도웰은 사회적 책임과 공론장 개념은 미디어가 공중을 고려하여 그들의 언어에 귀를 기울여야 한다는 의미의 '민감한 반응(responsiveness)'에 초점을 맞춘다는 점에서 유사하다고 보았다(Bardoel & D' Haeneans, 2004, 170).

하버마스의 공론장은 공공성(public)의 주체인 공중이 미디어와 기타 커뮤니케이션 수단을 통해 공론을 형성하여 의회나 행정의 정책 결정 및 이행 과정에 영향을 미칠 수 있는 사회적 영역을 의미한다. 공론장 개념의 가장 큰 특징은 첫째, 의견을 주고받기 위한 네트워크 속에서 커뮤니케이션 흐름이 공론으로 응축되고, 둘째, 일상어에 의한 소박한 상호행위를 내용으로 하고 있으며, 셋째, 상호 이해를 지향하는 커뮤니케이션 행위에 의해 만들어지는 사회적 공간을 의미한다는 것을 들 수 있다. 여기에서 공론장의 기본 전제는 '개방성'과 '상호작용성'이며, 이는 현대 사회와 미디어 환경에서 이루어지는 다양한 형식의 커뮤니케이션 과정에 공통적으로 그리고 중요하게 적용되어야 할 요소이자 조건들이다(Goode, 2005/2015; Habermas, 1962/1994; 阿部潔, 1998; 花田達朗, 1996, 1999).

하버마스에 따르면, 커뮤니케이션 행위에 의해 만들어지는 공론장은 경제적 활동이나 정치적 행위가 아니다. 사회를 구성하는 시민들이 자유롭게 의견을 표출할 수 있는 사회적 공간을 의미한다. 하지만, 자본주의와 시장경제가 발달하면서 국가나 특정 조직, 단체가 미디어를 '조작된 퍼블리시티와 선전의 도구'로써 이용하게 되었고, '문화를 이야기하는 공중'은 '문화를 소비하는 공중'으로 변질되어 미디어가 만들어 내는 의사(疑似) 공론을 무비판적으로 받아들이게 만들었다. 그리고 '비판적 공론을 생성하는 공론장'은 탈 정치화되어 '의사 공론을 생성하는 조작된 미디어 공론장'으로 재봉건화되는 모순에 빠지고 말았다.

하버마스의 공론장 개념은 공론 형성을 위한 사회적 영역에 참여할 수 있는 공중을 부르주아 계급으로 제한하면서 여성이나 노동자 계급을 소외시켰다는 점, 공공의 이성을 지나치게 이상적으로 바라보고 있다는 점, 유럽 중심의 사상이라는 점 등을 이유로 많은 비판을 받아 온 것이 사실이다(渡辺武達, 2000; Crossley & Robert, 2004). 하지만 정보에 대한 접근 가능성, 부르주아 계급 사이에서 이루어지는 열린 토론, 사업적 이익이나 국가 조직으로부터 독립적인 공간 등을 핵심 요소로 설정된 공론장의 이상적 상(像)은 개방성과 상호작용성을 바탕으로 형성되는 커뮤니케이션 과정과 맥락 속에 내재해 있는 민주적 잠재성과 확장성을 이해하고 적용함에 있어 최적의 당위성, 규범적 근거, 유용한 조건을 제공한다는 평가다(Thussu, 2000; Goode, 2005/2015; 김세은, 2013). 예를 들어, 민주주의 제도 하에서 미디어와 저널리즘 혹은 공영방송의 역할과 존립근거를 규정하기 위한 규범 연구(Curran, 2002; Dahlgren, 2004; Garnham, 1983, 1986, 2003; Murdock, 2005b/2011; Scannell, 1989), 인터넷 등 뉴미디어에 내재해 있는 전자적 공론장으로서의 가능성에 관한 연구(Crossley & Robert, 2004; Curran, Fenton & Freedman, 2016/2017; Murdock, 2005a/2011), 미디어와 커뮤니케이션의 지구화 속에서 환경, 인권, 젠더, 민족적 평등과 같은 쟁점에 관한 글로벌 공론장에 관한 연구 등을 들 수 있다(Morley, 2000).

무엇보다 하버마스의 공론장 개념과 이론이 지닌 가장 큰 장점은 성찰적 태도와 문화에서 찾을 수 있다. 커뮤니케이션 관계나 맥락에서 발생하는 모순과 갈등, 차이를 처리하기 위한 새로운 방법을 끊임없이 모색하는(Goode, 2005/2015), 일종의 '비결정주의'라고 말할 수 있다(花田達朗,1999, 8-23). 첫째, '규범과 실체의 순환운동'이다. ①명쾌한 규범의 구축, ②규범 개념과 합치하지 않는 실체적 국면 발생, ③규범과 실체의 관계 개념으로 전환하는 동시에 발생하는 양가성(ambivalent), ④양가성을 규범적으로 제어하기 위한 새로운 관계 개념의 설정이라는 과정을 끊임없이 지속하면서 재봉건화라는 모순에 빠져버린 공론장과 미디어의 실체를 개조할 수 있다고 본 것이다. 둘째, 규범에 부합하는 방향으로 실체를 제어하기 위해, 공론장이라는 규범이 지닌 힘 뿐 아니라, 민주적 법치국가에서 제도화된 의견, 의사 결정 과정(의회, 법원 등), 시민사회에 의한 새로운 사회운동 등에도 주목한 부분이다. 하버마스 스스로가 복수의 다원적 시민사회 혹은 시민 네트워크에 의해 만들어지는 새로운 시민운동 개념을 제시하면서 공론장 개념을 수정 보완하면서 재생산해 온 것이다.[2] 하버마스의 공론장 개념과 그 이론에 내재되어 있는 한계, 이에 대한 수많은 비판에도 불구하고, 성찰성이라는 문화와 맥락 속에서 규범과 실체의 순환 운동을 지향하는 비결정주의적 속성은 작금의 미디어 실체에서 발생되는 각종 모순과 갈등들을 분석하여 새로운 가치와 제도, 실천적 방안을 생산해 내기 위한 원칙과 기준으로 여전히 유용하다.

한편, 하버마스의 공론장 이론이 정치적 의사결정을 위한 커뮤니케이션 과정에서 표출되는 의견의 복수성을 기본 조건으로 간주한다는 점도 중요하다. 공공성이라는 것은 특정한 정체성(identity)에 의해 장악되는 공간이 아

---

2   양가성은 규범에 부합하는 방향으로 실체를 구출하기 위해 설정된 개념이다. 하버마스는 그 방향성을 제어할 수 있는 것이 '공론장 규범의 힘'과 '민주적 법치국가 원리의 힘'이라고 생각했다. 또한 국가와 시장경제시스템에 의해 재봉건화된 공론장을 다시 규범화하기 위한 힘의 원천은 자율적인 공론장의 행위자에 의한 '신사회운동'이라고 설명했다(花田達朗, 1999).

니라 차이를 조건으로 하는 언설 공간이며, 토론이라는 것 역시 합의를 형성해 가는 과정인 동시에 합의되지 않는 것이 새롭게 창출되는 과정이기도 하다. 따라서 사회적 책임과 하버마스의 공론장이라는 미디어 규범을 논의함에 있어서 '동일성' 보다 '복수성(plurality)'을 중시하는 아렌트의 철학과 사상은 유용한 시사점을 제공한다(齊藤純一, 2000, 6-36).

공적영역(public sphere)과 사적영역(private sphere)을 구분한 아렌트에 따르면, 공적영역은 고대 그리스의 도시국가(police), 공통세계에 관한 활동력, 자유영역이라는 개념으로 설명할 수 있다. 반면, 사적영역은 가족(oikos), 생명 유지를 위한 활동력과 필요에 의해 만들어지는 것으로 설명할 수 있다(Arendt, 1958/1994, 43-59). 여기에서 '공적'이라는 용어는 두 가지 의미를 포괄한다. 첫 번째 의미는 공적영역에 나타나는 모든 것은 만인이 볼 수 있고 들을 수 있으며 가능한 한 최대한 널리 공개된다는 것이다. 두 번째 의미는 모든 사람들에게 공통된 세계 그 자체이며 여기에서 세계는 중개자로서 사람들을 연결하는 동시에 사람들을 분리시키기도 한다는 것이다(Arendt, 1958/1994, 72-79). 나치의 박해를 체험한 유대인이자 사회적 소수자인 여성이기도 한 아렌트가 활동적 삶과 언론이 함께 성립되기 위한 기본조건으로 제시한 것은 다종다양한 사람들을 의미하는 인간의 '복수성'과 '차이'를 인정하는 것이었다 (Arendt, 1958/1994, 286). 대중사회를 참아내기 어려운 것으로 만드는 것은 그 사회를 구성하는 인간의 수 때문이 아니라, 중개자이어야 할 공통세계, 즉 다수의 인간을 함께 모으지만 동시에 몸을 부딪치며 경쟁하는 것을 저지하는 '공적영역'이 사람들을 결집시킬 수 있는 힘, 사람들을 연결함과 동시에 분리하는 힘을 잃었기 때문이다(Arendt, 1958/1994, 79). 아렌트는 공적영역의 두 가지 의미를 설명하기 위해 강신술 모임의 테이블을 사례로 들기도 했는데, 여기서 테이블은 현대사회에서 다수의 사람들을 연결하고 혹은 분리하기도 하면서 중개자 역할을 하는 미디어에 다름 아니다.

아렌트의 철학과 사상에서는 다수성과 차이를 인정하면서 만인에게 열려 있는 중개자로서의 공적영역에 주목하고 있다. 하버마스의 공론장 이론은 성찰적 태도와 문화 그리고 규범과 실체의 순환 운동 속에서 커뮤니케이션 네트워크 및 다원적 시민사회의 새로운 사회운동에 주목하고 있다. 이 두 가지를 종합해 보면 공통적으로 가리키는 지점이 있다. 첫째, 개방성(공개성)과 상호작용성에 의한 커뮤니케이션. 둘째, 커뮤니케이션을 통해 성립되는 다양한 공적 공간. 셋째, 다양한 정체성을 지닌 시민들의 연대와 참여다. 이 세 가지는 사회적 책임 이론에 내재해 있는 태생적 한계와 소극적 자유라는 실천적 한계를 성찰하고 커뮤니케이션 네트워크와 적극적 자유를 재건하기 위해서, 그리고 현실로서의 공론장에서 드러난 다양한 '결함'들을 수정 보완하여 새로운 미디어 규범을 생산하기 위해서 수반되어야 할 핵심 요소이기도 하다. 이 세 가지를 충족하는 새로운 미디어 규범으로 이 책에서 주목한 것이 '미디어 어카운터빌리티(Media Accountability)'다.

미디어 어카운터빌리티란 무엇인가

제1부에서 사회적 책임 이론의 사상적 토대를 고찰하기 위해 미국의 허친스 위원회와 함께 영국의 로스 위원회, 즉 제1차 왕립언론위원회에 관해서 소개했다. 영국의 왕립언론위원회는 신문과 잡지, 통신사 등 인쇄 출판 미디어를 중심으로 조사 연구를 실시하기 위해 설치된 것이었다. 방송의 경우, 정부가 임명하는 방송조사위원회가 설치되어 방송의 역할과 재원조달 방식, 향후 방송의 정체성 등에 대해 폭넓게 검토하여 방송의 미래와 정책을 권고해 온 것이 영국의 오래된 전통이자 관례다.

　제2부에서는 영국의 제7차 방송조사위원회로 설치된 애넌 위원회가 어카운터빌리티를 권고한 배경과 그 내용, 작동 메커니즘을 탐구하는 작업에서 시작하여, 1990년대 전후하여 본격적으로 등장했지만 여전히 개념적 실천적 모호성에서 벗어나지 못하고 있는 미디어 어카운터빌리티라는 새로운 규범의 개념적 정교화를 시도할 것이다. 그리고 미디어의 사회적 책임 이론에 내재해 있는 한계를 수정보완하여 미디어 어카운터빌리티라는 새로운 규범을 재생산하기 위해 언론 자유의 패러다임 전환을 제안하고자 한다.

4장
보고서 다시 읽기

영국의 공영방송은 국왕이 부여하는 칙허장(Royal Charter),[1] 정부와 BBC사이의 협정서(Agreement), 방송조사위원회 보고서, 그리고 방송조사위원회의 권고 내용 및 정부안을 포함하여 정부가 자문문서 형태로 발표하는 녹서(Green Paper), 녹서에 대한 일반 국민 의견 및 BBC를 포함한 각계 의견을 토대로 종합적인 정책입안으로 발표하는 백서(White Paper) 등 장기간에 걸친 사회적 논의를 거치면서 법적 근거와 제도상의 형태, 방송이 제공하는 공공서비스

---

[1] 영국의 칙허장은 전통적으로 국왕이 법인단체, 식민지, 자치도시, 조합, 회사 등에 부여하는 특권이나 창설 조건 등을 명시한 문서다. 영국 역사에서 가장 유명한 칙허장은 입헌정치의 기초를 구축한 마그나 카르타(1215), 아시아 지역의 무역을 독점하고 식민지 경영에 종사한 동인도회사 설립(1600)에 관한 것을 들 수 있다. 상업방송이 법률(방송법)을 기초로 한 것과 달리, 공영방송 BBC를 칙허장으로 규정한다는 것은 ①만료일이 오기 전까지는 변경되지 않기 때문에 안정적이며, 의회가 제정한 법률과 달리, 정권 교체로 인해 개정될 가능성이 적기 때문에 정치적 상황에 좌우되어 독립이 훼손될 우려가 적다는 것, ②법률과 같이 소소한 규정이 없이 대원칙만을 제시하고 있기 때문에 자유롭게 해석할 수 있는 유연성이 있다는 장점을 지닌다. 한편, 협정서는 BBC의 업무를 운영하는 큰 틀에 해당하는 것으로서 정부와 BBC 사이에 합의된 사항을 정리한 문서다. 칙허장과 함께 갱신되어 왔다(養葉信弘, 2003, 20-23).

의 목적과 역할, 범위 등이 결정된다. 방송조사위원회는 칙허장의 갱신일과 상업방송의 면허기간 만료일이 다가오거나 새로운 방송정책이 필요해질 때 설치되는데,[2] 위원장의 이름을 따서 통칭하는 것이 일반적이다. 1923년에 설치된 사이크스 위원회(Sykes Committe)가 영국 최초의 방송조사위원회다.

1925년 방송 사업 심의를 위해 설치된 크로포드 위원회(The Crawford Committe)는 다음 해 3월 발표한 보고서에서 방송은 그 사회적 영향력을 고려하여 비영리독립기관이 맡아야 하고 외부로부터 간섭 받지 않는 경영위원회(The Board of Governors)를 최고의사결정기관으로 두어야 한다고 권고했다.[3] 1922년 민간회사로 설립된 BBC(British Broadcasting Corporation)는 크로포드 위원회의 권고를 바탕으로 칙허장과 협정서를 존립 근거로 하는 공영방송(Public Service Broadcasting)으로 1927년에 재탄생했다. 그리고 설립 초기부터 사람들이 원하는 것 뿐 아니라 필요로 하는 것을 제공해야 한다는 공공 서비스에 대한 신념,[4] 미국 방송의 상업주의와 질적 저하에 대한 우려 등을 주요 논거로 공공사업체에 의한 독점적 운영을 기본 원칙으로 삼아 왔다.

BBC를 규율하는 체계로 칙허장과 협정서가 채택된 배경이나 경영위원회 선임방식, 불편부당성과 정치적 자율성으로 대표되는 BBC의 규범적 목표와 실제의 작동 매커니즘에 관해서는 다양한 평가가 존재한다(정용준, 2018). 하지만, 공영방송의 메카라는 BBC의 위상은 칙허장으로 부여받은 특권적 지위를 바탕으로 정치적 독립과 자율성, 공공서비스 정신 등 공영방송의

---

2   제8차 칙허장(2007.1.1.~2016.12.31.)이 만료되어 2016년 12월에 갱신되었다. 제9차 칙허
     장과 협정서의 유효기간은 2017년 1월 1일부터 2027년 12월 31일까지다.

3   BBC의 '경영위원회'에 해당하는 국내 공영방송의 최고의사결정기관은 '이사회'다

4   1922년 BBC에 입사하여 1927년부터 1938년까지 BBC 사장을 역임한 존 리스(John Reith)
     의 철학과 신념, 이른바 '리스주의(Reithian)'를 대표하는 사상이다. 공영방송 BBC의 초대
     사장이기도 한 리스는 BBC가 기독교적 가치와 계몽주의를 바탕으로 도덕적 문화적 사명을
     지닌 공기업으로서 교육적 역할을 수행해야 한다고 생각했다.

가치를 실천하기 위한 중단없는 개혁의 긴 역사를 거쳐 만들어 진 산물이다. 그 과정에서 핵심적인 역할을 담당해 온 것이 방송조사위원회라는 것만큼은 이론의 여지가 없다. 특히, 1970년대는 영국 사회에서 방송 개혁에 관한 논쟁이 가장 치열하게 전개된 시기로 알려져 있다. 바로 이 시기에 제7차 방송조사위원회로 설치된 것이 애넌 위원회다. 1974년 설치되어 3년여에 걸친 조사 연구 끝에 1977년에 공표된 애넌 보고서는 어카운터빌리티 이행을 권고한 최초의 방송조사위원회 보고서이며, 영국에서 방송의 어카운터빌리티에 대한 사회적 논의와 실천이 본격화된 출발점이다.

어카운터빌리티는 영국 방송의 전통 중 하나로 여겨져 왔음에도 불구하고[5], 방송 개혁 방안을 논의하기 위한 1970년대 공론의 장에서 어카운터빌리티가 '새삼' 강조되었다. 방송 개혁이 요구되는 당시 상황에서 어카운터빌리티를 둘러싼 그 어떤 문제의식이나 위기감이 작동했기 때문임을 짐작할 수 있다. 애넌 보고서에서 방송기관의 어카운터빌리티 이행을 권고한 이유는 무엇이며, 보고서에서 제시된 어카운터빌리티의 핵심 메커니즘과 주요 쟁점은 무엇인지, 그리고 방송기관이 어카운터빌리티를 이행한다는 것이 과연 어떤 함의를 지니는지 보다 맥락적으로 이해할 필요가 있다. 이에, 애넌 보고서를 본격적으로 검토하기에 앞서, 제6차 방송조사위원회에서 발표한 필킹턴 보고서(1962)를 먼저 간략하게 살펴 볼 것이다.

---

5   애넌 보고서에서는 '의회에 대한 공적 어카운터빌리티' 이행이 영국 방송의 전통이라고 언급했지만, 실제로 방송조사위원회 보고서에서 공중에 대한 어카운터빌리티를 언급한 것은 애넌 보고서(1977)가 최초이며, 필킹턴보고서(1962)에서는 '의회에 대한 응답책임(answerability)'이 언급되었을 뿐이다.

1. 필킹턴 보고서 (영, 1962)

애넌 위원회에 앞서 1960년에 설치된 방송에 관한 위원회(The Committee on Broadcasting)가 1962년 6월에 보고서 "Report of the Committee on Broadcasting" (이하, Pilkington Report)를 발표했다. 영국에 상업방송이 도입된 이후 처음으로 설치된 필킹턴 위원회가 보고서를 공표하기 전, BBC는 상업방송 ITV와의 시청률 경쟁에서 크게 고전하고 있었다. BBC와 ITV의 시청 취자는 약 7 대 3의 비율로 열세에 놓여 있었고, BBC 내부 구성원들의 사기도 극단적으로 저하된 상태였다. 상업방송에 대한 경쟁의식을 고양하고 조직을 전면적으로 개혁해야 한다는 요구가 강하게 제기되기도 했다. 이러한 분위기 속에서 공표된 필킹턴 보고서는 'BBC의 승리이자 ITV의 패배'라고 일컬어질 정도였다. 상업방송의 질적 저하를 강력하게 비판하면서 BBC가 국민의 방송기관이라는 것을 재확인해 주었고, BBC의 경쟁력과 사기를 크게 고양하는 결과로 이어졌다(大谷堅志郎, 1977, 94~98).

방송의 목적은 '좋은 방송'

필킹턴 위원회는 BBC를 규율하는 칙허장, 상업방송 ITV의 규제 근거인 방송법에서 방송의 목적으로 제시하고 있는 '정보제공, 교육, 오락' 등이 지나치게 추상적이라고 지적했다. 그리고 공영방송 BBC는 물론 상업방송 ITV 역시 희소자원인 전파를 사용하는 만큼 궁극의 목적은 '좋은 방송(Good Broadcasting)'을 구현하는 것에 있다고 권고했다.[6] "다양한 입장과 의견, 비판

---

6   영국에서는 전통적으로 모든 지상파방송을 공공서비스방송으로 규정해 왔다(강형철, 2014).

의 목소리가 존재하지만, 좋은 방송의 비결이나 처방전은 문서화할 수 있는 성질의 것이 아니라, 오로지 실천을 통해 구현할 수 있을 뿐"이라며 다양한 의견을 수렴해야 할 방송의 역할이 결코 쉬운 일이 아님을 인정했다(Pilkington Report, 1962, 12). 이러한 현실적 어려움 속에서 좋은 방송을 구현하기 위해서는 첫째, 광범위한 소재들 중에서 공중이 선택할 수 있는 권리, 둘째, 수준 높은 접근방식(approach)과 제시방법(presentation), 셋째, 미디어 종사자의 가치관과 도덕수준이 지니는 영향력에 대한 자각 등의 세 가지 요소가 요구된다고 설명했다(Pilkington Report, 1962, 37). 시청취자들이 보내온 다양한 의견을 검토한 필킹턴 위원회는 방송의 막대한 사회적 영향력에 대한 방송인 스스로의 자각이 결여되어 있고, 프로그램 안에서 다양한 소재를 제대로 활용하지 못하고 있으며, 그 결과 질 좋은 프로그램이 부족하다는 것에서 시청취자들의 불만이 발생한다고 지적한 것이다. 필킹턴 위원회가 생각하는 좋은 방송이란 무엇이며, 그 평가기준은 무엇인지를 아래의 글에서 확인할 수 있다.

예를 들어, 좋은 방송의 기준이 있고, 그것에 대해 인식할 수 있다고 해도 방송은 엄밀한 과학이 아니라 예술에 가깝다. 취향이나 가치에 따라 취급되기 때문에 엄밀하게 정의하기 어렵다. 즉, 공식문서에서는 일반적 지침을 규정하고 그 지침을 '좋은 방송'으로 인정받을 수 있도록 실천하는 일은 책임 있는 방송기관에 위임하는 것 이외의 다른 방법이 없다. 따라서 방송기관의 성공을 평가하는 기준은 방송프로그램이다. ……중략…… 이러한 관점은 BBC와 ITV가 이행하는 방송 서비스를 판단하고 연구하는 기본 토대이기도 하다. 우리는 두 기관의 구조와 조직, 또는 제공하는 서비스의 품질을 평가하기 위한 기준을 미리 생각하지 않는다. 방송 서비스는 방송인이 말하는 목적이 아니라 그 성과에 의해서 판단되어야 한다. 또한 그 성과는 조직 구조를 고려하면서 조사해야만 한다. 우리는 먼저 제품(방송 프로그램)에 관해서, 다음으로 제작자에 관해서 검토한다. 그것은 시청취자에게 제공된 서비스다. 시청취자들은 누가 어떻게 만드는가가 아니라, 주로 무엇이 제공되는가에 대해 관심을 갖는다(Pilkington Report, 1962, 13).

좋은 방송이라는 것은 방송의 목적인 동시에 시청취자의 목적이기도 하며, 좋은 방송 여부를 판단하는 기준은 방송 프로그램에 있다는 인식을 읽을 수 있다. 구체적으로 보면, 첫째, 좋은 방송을 실현한다는 것은 BBC와 ITV 모두에게 부여된 공통의 책임이며, 이는 방송기관의 자율과 독립성에 맡겨야 한다. 둘째, 방송기관이 높은 목표와 기준을 설정하고 있다고 하더라도 그것이 방송 활동과 실천을 거쳐 방송 프로그램을 통해 구현되지 않으면 아무런 의미가 없다. 따라서 방송기관은 어디까지나 방송된 프로그램이 좋은 방송인지 아닌지의 여부로 평가되어야 한다는 것이다(Pilkington Report, 1962, 15). 당시 제기되고 있던 방송에 대한 시청취자의 불만과 비판의 근저에는 앞서 제시한 좋은 방송의 세 가지 구성요소와 기본 전제가 방송 프로그램 속에서 충분히 구현되지 못하고 있었기 때문으로 해석할 수 있다. 그렇다면 좋은 방송을 구현해 가야할 책임 주체는 구체적으로 누구인가?

BBC와 ITV 각각은 '방송에 의한 국민 이익(national interest)의 수탁자로서 행동하기 위해' 창설된 것이다.⋯⋯중략⋯⋯ 수탁자는 BBC와 ITV 두 법인이다. 즉, BBC라는 법인(의회가 임명한 경영위원), ITV라는 법인(우정대신이 임명한 경영위원)이다. 권위를 부여받은 것은 그들이다. 의무에 관해 응답해야 하는 것(answerable)은 그들이다. 방송의 독립을 지켜야 하는 것도 그들이다(Pilkington Report, 1962, 121).

필킹턴 보고서는 공영방송 BBC뿐 아니라, 광고수입을 재원기반으로 하는 상업방송 ITV 역시 국민 이익 수탁자로서의 책임을 부여받은 것으로 보았다. 그리고 좋은 방송을 구현하여 공적 책임을 이행할 주체인 동시에 방송의 독립을 수호해야 할 주체로 지목한 것은 두 방송법인의 최고의결기구인 경영위원회다. BBC의 설립을 규정한 칙허장은 1927년에 시행된 제1차 칙허장 이후, 제1조에서 "BBC의 경영위원(Governors)은 그 구성원"이라고 규정하고 있다. 즉, BBC라는 공공법인의 수탁자 혹은 책임을 부여받은 주체는 경영위원회다.[7]

필킹턴 위원회는 좋은 방송이라는 목적 구현과 방송의 독립 수호라는 책임(responsibility)을 제시했고, 좋은 방송을 구성하는 핵심요소 중 하나로 시청취자의 자유로운 접근(access)을 강조했다. 하지만, 좋은 방송이라는 목적 달성 여부를 평가할 수 있는 기준과 대상은 '방송 프로그램'이라는 결과물에 한정했으며, 경영위원회의 책임 이행에 관한 설명에서는 'answerable'이라는 용어를 사용했다. 공중(시청취자)과 방송사 간 커뮤니케이션의 중요성을 강조하면서도 좋은 방송의 평가 대상, 공중의 권리와 액세스의 내용 및 수위는 제한적이었음을 알 수 있다.

공영방송 BBC와 상업방송 ITV에 대한 평가

방송의 공공성이라는 철학을 구현하기 위해 좋은 방송의 실현이 궁극의

---

7   "The Governors of the Corporation shall be the members thereof." Copy of Royal Charter for the continuance of The British Broadcasting Corporation(Royal Charter).

목적이어야 한다는 필킹턴 위원회의 견해는 BBC와 ITV에 대한 상반된 평가로 이어졌다. 먼저 ITV의 경우, '좋은 방송'과 '광고주에 대한 서비스' 라는 두 가지 목적이 조화롭게 합치되지 못하고 있다고 보았다. 부가적 목적에 불과한 '광고주에 대한 서비스'에 치중하고 있다는 비판이었다. 이는 ITV의 제도적 조직적 결함과 규제감독기구 ITA의 역할 수행 미흡에서 기인한다고 지적하고 ITV의 구조개혁을 권고했다. 반면, BBC에 대해서는 결함이나 판단의 착오, ITV와의 경쟁으로 인한 질적 절하를 우려하는 목소리가 있는 것도 사실이지만, 하나의 채널이라는 현실적 제약에도 불구하고 칙허장에서 규정하고 있는 방송의 목적과 책임을 성공적으로 구현하고 있다고 호평했다(大谷堅志郎, 1977, 98~99; 蓑葉信弘, 2003, 82; Pilkington Report, 1962, 37).

이러한 평가 결과는 1964년 BBC의 새로운 채널 BBC2의 개설로 이어졌다. BBC2는 대중성 높은 프로그램을, BBC1은 보다 진지한 프로그램을 집중적으로 편성했다. 필킹턴 위원회가 설치된 1960년에 회장으로 취임한 그린 회장의 리더십 아래, ①뉴스 보도 프로그램의 혁신, ②사회 정치 풍자 프로그램 등장, ③도전적인 성인 대상 드라마 도입, ④ 새로운 유형의 사회 코미디 창조 등 자기개혁과 방송프로그램 혁신에서도 성공했다. 그 결과, 상업방송 ITV에 대한 경쟁력을 한층 높여갈 수 있었다(大谷堅志郎, 1977, 99~104).

2. 애넌 보고서 (영, 1977)

1960년대 기술 혁신을 배경으로 TV와 라디오의 새로운 채널 등장, 수신기 보급률과 수신계약수, 방송시간 량, 방송스태프 수 등의 증가, 칼라TV

방송 개시 등 1970년대 영국 방송은 번영의 시대를 맞이했다. 특히, 필킹턴 보고서의 호평을 토대로 개혁을 단행한 BBC는 공영방송과 상업방송의 본격적인 경쟁 구도 하에서 시청률 등을 포함한 경쟁력을 크게 신장시킬 수 있었다(Annan Report, 1977, 10-13). 하지만 다양한 가치관과 취향을 요구하는 사회적 분위기가 확산되는 가운데, 방송의 사회적 영향력에 대한 우려, 각종 규제제도 및 방송의 제도적·내용적 위상에 대한 비판의 목소리가 점차 고조됐다. 공중의 액세스와 참여 확대를 요구하거나 경영위원회가 공중의 대리인 역할을 수행하도록 해야 한다는 시민운동과 결의문 채택 등 조직적 움직임도 가시화되었다. TV 방송이 학생들의 성도덕 의식에 악영향을 끼친다는 이유를 들어 중학교 교사들을 중심으로 1964년에 시작된 시민운동 'TV 정화 캠페인(Clean Up TV Campaign)'은 1965년 6월에 36만여 명의 서명을 받기에 이르렀다. 같은 해 스코틀랜드 국교회는 총회를 열고 BBC의 성명이나 프로그램에 대해 도덕적 정신적 우려를 표명하면서 즉각적인 개선을 요구하는 결의안을 채택했다. 1970년에 발생한 〈어제의 남자들(Yesterday's Men)〉 사건[8]이나 1972년 보수당 내각의 방송 중지 요청을 거절한 사건 등이 이어지면서 BBC에서 정치를 다루는 방식에 대한 정치인들의 불만도 높아지고 있었다 (大谷堅志郎, 1977, 1980; Annan Report, 1977, 14-16; Freedman, 2001).

---

[8] 1971년 6월 17일 밤 10시대에 편성된 BBC1의 시사보도프로그램 〈24시간〉에서 방송한 특집 프로그램이다. 1년 전에 있었던 총선거에서 야당이 된 노동당과 당 수뇌부에 초점을 맞춘 다큐멘터리였는데, 제작단계에서부터 노동당의 비난과 항의가 끊이지 않아 큰 문제가 되었다. 이 사건의 결과로 BBC는 1971년 10월에 방송불만처리위원회(BBC Program Complaints Commission)를 BBC 외부에 신설한다고 발표했다(大谷堅志郎, 1980, 101-120).

애넌 위원회와 보고서 개요

필킹턴 보고서가 공표된 지 15년 후, BBC에 대한 불만과 사회적 비판의 목소리가 높아지고 있었다. 방송 개혁에 대한 사회적 논쟁이 치열하게 전개되는 가운데, 제7차 방송조사위원회로 설치된 것이 방송의 미래에 관한 위원회(The Committee on the Future of Broadcasting, 이하, Annan Committee)다. 역사가이자 저널리스트인 노엘 애넌경(N. G. Annan)이 위원장을 맡았고 BBC와 ITV의 내부인사, 지명도 있는 방송학자, 방송기술 전문가 등이 위원으로 참여하여, ①방송과 기타 프로그램을 포함한 영국 방송의 미래, ②당시의 방송과 앞으로 새롭게 권고될 업무에 대해 새로운 기술이 지니는 함의, ③이러한 모든 업무를 운영하기 위해 요구되는 제도적·조직적·재정적 의사결정과 조건 등 세 가지를 중심으로 국내외에 걸쳐 폭 넓은 조사 연구를 진행했다. 약 400개의 단체에서 방송에 대해 증언했으며, 전국 미디어 및 지역 미디어에 방송 관련 의견을 구하는 광고를 게재한 결과, 영국 방송제도 전반에 대한 의견에서 시작하여 개별 프로그램 비평이나 구체적 사안에 대한 의견들이 쇄도했다. BBC와 ITV 양대 방송사의 방송프로그램 제작 현장을 방문하여 방송프로그램이 어떻게 제작되고 있으며, 제작에 참여하고 있는 당사자들 스스로는 방송에 대해 어떻게 생각하고 있는지 등도 조사했다. 광고, 기술, 교육 업무 담당자들의 의견도 들었다. 해외 방송에 관한 자료도 폭 넓게 수집하여 검토했는데, 방송의 폭력적인 내용이 어린이들에게 미치는 영향, 케이블TV의 영향, 뉴스 시사 프로그램의 정치적 편향성 등에 관해서는 미국의 대규모 연구를 참고하기도 했다(Annan Report, 1977, 3-7). 역대 방송조사위원회 중에서 가장 오랜 기간인 3년여에 걸쳐서 가장 많은 횟수의 회의를 개최했다. 본회의 44회, 소위원회 28회 등을 거쳐 만들어진 결과물이 1977년 3월에 발표된 "Report of the Committee on the Future of Broadcasting"(이하, Annan Report)다. 보고서는 모두 7부 30장과 네 개의 부록으로 구성되었으며, 다섯 편의 논문이 별도로 간행되었다.

보고서에서는 모두 174개의 권고가 제안되었으며, 위원들이 합의한 권고 사항 뿐 아니라 소수의견도 제시되었다. 방송에 관한 애넌 위원회의 기본 입장과 보고서의 전체 기조는 제30장 (결론과 권고의 요약)에서 파악할 수 있다.

방송서비스는 앞으로도 공공 서비스 형태로 제공되어야 하며, 공공기관으로서 의 책임을 이행해야 한다. 방송기관은 일상 업무에 관해 정부로부터 독립적이어야 한다. 일반의 공공 이익을 위해 방송서비스가 이루어 질 수 있도록, 또한 의회가 방송기관에 부과한 필요조건 및 목적에 합치될 수 있도록, 앞으로도 방송기관은 프로그램 내용에 대한 책임을 진다(Annan Report, 1977, 471).

애넌 위원회에 도착한 주요 제안들

애넌 위원회가 설치된 이후, 방송에 대한 거센 비판의 목소리가 쇄도했 다. 위원회는 6,000여통의 편지와 750여건의 의견서 등을 통해 다양한 의 견을 청취했는데 방송에 대한 비판적 의견은 다음과 같이 축약할 수 있다. 첫째, 방송기관은 선거로 선출되지 않은 엘리트 집단이며 매우 강력한 힘을 지닌 존재다. 둘째, 국민 문화를 향상시키는 것보다 자기 보전에 더 큰 관심 을 보인다. 셋째, 가능한 많은 시청자를 확보하는 것에 몰두한 나머지 균형 (balance)과 불편부당이라는 개념에 사로잡힌 채, 사회를 구성하는 다양한 가 치와 의견을 반영하지 못하고 있다. 넷째, 프로그램을 왜곡하거나 방송 제 작자들의 창의성을 위축시키고 있다(Annan Report, 1977, 14~16). 당시 영국 사회에 서 대두되고 있던 방송에 대한 비판의 목소리는 노동당의 정책위원회가 작 성한 보고서 〈국민과 미디어(The People & The Media)〉, 민간기구인 사회윤리평 의회(The Social Morality Council)가 조사 연구를 위촉하여 완성된 보고서 〈방송의 미래(The Future of Broadcasting)〉를 통해서 보다 구체적으로 확인할 수 있다.

• 노동당의 〈국민과 미디어〉

1964년 집권한 노동당 정부와 BBC의 관계는 우호적이지 못했다. 노동당 정부는 BBC가 자신들에 대해 악의적인 태도를 가지고 있기 때문에 1970년 총선에서도 패배했다고 여길 정도였다. 보고서 〈국민과 미디어〉는 노동당이 미디어 개혁을 위해 1972년에 구성한 정책위원회 '국민과 신문 방송과의 관계에 관한 노동당 연구그룹'에 의해 1974년 7월에 발표된 것이다. 매우 급진적인 학자들이 대거 참여하여 1974년 5월까지 2년여 동안의 토론을 거쳐 작성되었으며, 급진적인 미디어 개혁 방안이 담겨져 있다.

보고서 총론에서 언급하고 있는 것처럼, "진정한 민주주의의 필수조건은 사람들이 보다 좋은 정보에 접할 수 있도록 하는 것"이며, "방송과 신문은 단지 오락, 문화, 교육 분야의 자극을 제공하는 것에 그칠 것이 아니라, 다양한 견해와 생각이 전달될 수 있는 정보를 제공하는 특별한 역할을 부여받은 중요한 채널"이라는 점에서 "보다 광범위한 커뮤니티와 대중들이 커뮤니케이션 기구에 대해 효과적으로 영향력을 행사하는 것도 중요하고, 발언할 수 있는 힘과 조직을 갖고 있지 못한 사람들이 자신들의 의견을 학식 있는 경험자와 동등하게 표명하면서 미디어에 접근할 수 있도록 하는 것도 중요하다"는 것을 기본 전제로 한다. 일반인들이 커뮤니케이션 구조의 주체로 참여하여 중요한 역할을 해야 함에도 불구하고 "현실에서는 내적 외적 참여가 모두 결여된 상태에서, 중요한 정책이 전체를 대표하지 않는 일부 집단의 손에 의해 폐쇄적으로 결정되고 있다"고 강력하게 비판했다. 그리고 정부검열이나 통제, 광고를 통한 미디어 독점을 막기 위해 "정부와 상업주의 두 가지 위험을 모두 피할 수 있는 미디어 제도"를 고안하여 "민주적이고 책임있는 시스템"을 구축해야 한다는 입장을 밝혔다(Labour Party, 1974/1974, 14-16).

이러한 기본원칙과 목적을 달성하고 시민들의 조직적 참여를 촉진하기 위해, 방송사 외부에 '방송정책평의회(National Broadcasting Policy Council)'와 '공영방송위원회(Public Broadcasting Commission; PBC)'를 설치하는 방안을 제안했다. 먼저, 방송정책평의회는 정부 자금에 의해 설치 운영되며, 방송 정책에 대한 장단기적 조사 기획을 담당하는 기구로 구상된 것이다. 주요 역할은 크게 두 가지다. ①모든 미디어의 운영과 개발 및 상호관계에 관해 상시적으로 검토하고, 시민들의 토론 참여를 촉진하기 위한 조사 연구를 실시하여 그 결과를 공표한다. 복수의 미디어에 걸쳐 발생하는 문제나 막대한 이해관계가 얽혀 있는 기술적 문제들을 독자적으로 조사하고 조언할 수 있다. ②TV와 라디오, 신문에 관한 불만을 처리하는 옴부즈맨으로서 독자적인 역할을 수행한다. 오보를 정정하거나 불만을 처리하기 위해 방송 시간이나 신문 지면을 요구할 수 있는 권한과 책임을 지닌다. 다음으로, 공영방송위원회는 TV와 라디오에 자금을 공여하는 기관으로 모든 사안이 정당하게 운영되고 있는지에 관한 최종 책임을 지는 독립기구다. 주요 업무는 방송 재원 조달이며, 방송계에서 필요로 하는 공적자금 금액과 광고방송 수입의 징수 비율에 관해서 5년 마다 정부에 대해 권고를 내리고 그 자금을 배분하는 것이다. 방송업계, 지방자치단체 대표, 국회의원, 전국 규모의 주요 단체가 위촉한 자 등 사회 각계에서 선출된 대표로 구성할 것과 위원회 회의 및 중요한 결정을 모두 공개할 것을 제언했다(Labour Party, 1974/1974, 18-20).

〈국민과 미디어〉라는 제목의 보고서에서 제시된 방송에 대한 비판적 평가와 의견 그리고 방송사 외부에 설치하도록 제안한 두 기구의 역할들을 통해서, 당시 영국 사회에서 방송이 어떤 비판에 직면해 있었는지를 확인할 수 있다. 1970년대는 노동당과 보수당 등 정치권은 물론, 연구자와 시민사회, 방송현업 종사자 등 다양한 집단이 대거 참여하여 방송개혁을 위한 치열한 논쟁을 전개하던 시기였다. 정용준(2018)에 따르면, 〈국민과 미디어〉는 노동당 내부에서도 산업민주주의와 풀뿌리 참여 민주주의를 강조해 오던 급진적 좌파 개혁론자들의 주도로 완성된 것이다. 보고서에서 제시한 방송개혁안은 선진적인 것이었음에도 불구하고, 당시 노동당 내부의 주류를 형성하고 있던 우파 개혁론자나 중도주의 성향의 학자들로부터 큰 지지를 이끌어내지는 못했다. 현실적이고 설득력 있는 개혁 청사진을 제시하지 못한 채 국가가 개입할 수 있는 여지만 증가시켰다는 이유였다고 한다.

• 사회윤리평의회의 〈방송의 미래〉

사회윤리평의회는 신앙을 지닌 자와 지니지 않은 자 사이의 상호 이해를 도모하고 사회 윤리에 관한 문제를 폭 넓게 검토한다는 목적으로 1969년 설치된 민간기구다. 1972년 학자, 종교인, 교육관계자 등 20명에게 영국 방송의 미래에 관한 검토를 의뢰하여 약 9개월 동안의 조사와 검토를 거쳐 완성된 것이 〈방송의 미래〉라는 제목의 보고서다. 보고서에서는 방송의 목표, 방송 제도의 구조, 방송사의 목표 달성을 위한 실체로 부과된 책임, 실천 결과 및 실태를 공적으로 해명하기 위한 메커니즘, 방송과 교육 등에 관한 문제들을 다루었다. 어카운터빌리티에 관한 별도의 장을 마련하여 비교적 자세히 언급하기도 했다.

보고서에서는 먼저 '방송기관과 정부', '방송기관과 공중', '방송경영자와 종사자' 등 세 가지 유형의 관계 속에 제도적 미비가 존재한다는 것을 지적했다. '방송기관과 정부'의 관계에서는 정부가 전파기술의 규제, 수신료 등 재정 문제, 경영위원회 임명 등의 권한을 가지고 있지만, 불문법으로 의회,

정당, 방송기관, 여론 사이의 관계를 점검하여 균형을 유지하기 위한 장치를 규정하고 있기 때문에, 정부 권력과 방송기관의 독립성이 '남용'될 걱정은 없다고 평가했다. '방송기관과 공중' 사이의 관계에 관해서는 BBC의 수신료와 ITV의 광고료를 시청자가 지불하고 있는 이상, 그들을 만족시킬 수 있는 방송 서비스를 실행해야 하는데, 제한된 채널과 전파로는 모든 사람들을 만족시킬 수 없기 때문에 다수의 시청취자와 소수자 계층 사이의 균형 유지를 위한 비평이나 비판을 수렴하는 심의회, 투서나 모니터 분석을 위한 장치 등을 도입해야 한다고 제안했다.[9] '방송경영자와 종사자'의 관계에서는 피고용자의 발언권을 강화시켜서 가치 있는 지식과 경험들이 낭비되지 않도록 해야 한다고 주장했다(The Social Morality Council, 1974, 58-76). 특히, 주목할 것은 "방송을 통해 전달하는 내용이 그 어떤 것일지라도, 정보의 소재나 형식, 내용 등을 취사선택하는 게이트키퍼로서의 책임은 막중하며, 그 책임은 수행하는 것만으로는 충분하지 않다. 따라서 책임을 이행하고 있다는 사실을 의회와 공중에 대해 설명할 수 있는 공적 메커니즘을 구축할 필요가 있다"고 주장한 부분이다(The Social Morality Council, 1974, 58). 여기서 말하는 공적 메커니즘의 핵심을 이루는 것이 어카운터빌리티다.

보고서에 따르면, "시청취자가 방송에 대한 이해관계자인 만큼, 어카운터빌리티를 이행함에 있어서 중요한 것은 시청취자의 다양한 필요와 요망에 대한 균형을 유지하면서 그 어떤 외부의 압력으로부터도 자유로운 입장"을

---

9   방송기관과 공중의 관계에 관해서는 방송 서비스에 대한 공중의 비판 내용을 자세히 소개했다. ①잘못된 언어, 성적 묘사, 일반적이지 않은 생활양식을 제시하여 취향이나 관습을 자극하는 것에 대한 불만, ②사실이나 의견을 왜곡하거나 출연자를 불공평하게 취급한다는 것에 관한 불만, ③라디오와 TV에 의한 사회적 영향에 대한 불만 등이다. 이중에서 세 번째 불만이 가장 중요함에도 불구하고 이를 증명하기는 어렵다고 첨언하기도 했다(The Social Morality Council, 1974, 66-71).

유지해야 한다. 그 균형은 "공중과 방송기관 사이에서 정보의 자유로운 흐름과 신뢰를 통해 성립"될 수 있으며, "순수하게 확인할 수 있는 어카운터빌리티야말로 방송 제도의 궁극의 책임을 이행하기 위한 필수 조건"임을 강조했다. 이러한 관점을 바탕으로 '방송연구센터(The Centre for Broadcasting)'의 설치를 제안했다(The Social Morality Council, 1974, 76-78).[10] BBC와 ITV는 이미 일반자문위원회(General Advisory Council)와 여론조사기관 등을 설치하고 있었다. 그럼에도 불구하고 방송사 외부에 새로운 기구 설치를 제안한 것은 기존의 기관들이 ①방송사 스스로의 이익에 반하는 외부 의견과 비평까지 포괄하여 반영할 의무는 없으며, ②조사 연구 내용이 주로 현재의 취향이나 의견 등에 편중되어 있어서 장기적인 경향이나 정책까지는 포괄하지 못하는 한계가 있기 때문이라는 진단과 평가에서 기인한 것이었다(The Social Morality Council, 1974, 66-68).

사회 각계로부터의 의견과 비판에 대한 대응

애넌 위원회는 방송에 대한 각계각층의 다양한 비판과 제안을 직접 인용하거나 요약하면서 자세히 소개하는 데에 지면의 상당 부분을 할애했다. 먼저, 애넌 위원회는 공영방송 BBC와 상업방송 ITV에 의한 '규제된 복점(regulated duopoly)'에 비판적 입장을 취했다. 그리고 방송의 문제점으로 폐쇄성

---

10 방송연구센터는 정부가 지방자치단체로부터 징수하는 부과금과 일반 기부금으로 운영하도록 기획되었다. 주요 관련 단체가 각각의 대표를 지명하여 소관 행정 장관이 임명하는 위원들로 평의회를 구성하여 운영하도록 했다. 방송연구센터의 주요 역할로 상정한 것은 방송에 관한 문제와 정책 등에 일반인들이 참여하는 포럼 역할, 방송 관련 문제들을 지속적으로 조사하여 공표하는 역할 등이다.

과 독단성, 어카운터빌리티 이행 수준의 불충분함, 시청취자의 권리 소외 등을 지적했다.

현재의 방송기관에 대해서 과거 10년간, 다수의 공중이 표명한 의견에 둔감했다고 믿는 사람들이 보내온 비판은, 공중에 대한 어카운터빌리티를 충분히 이행하고 있지 않다는 것이다. 〈전국시청자협회〉는 "서구 사회의 어떤 제도를 봐도 영국의 TV 방송만큼 어카운터빌리티를 이행하지 않는 제도는 없다. 한편에서는 선택의 기회가 매우 제한되어 있고, 또 다른 한편에서는 소비자가 가장 중요도 낮은 참가자가 되고 말았다. ······중략······ 방송에 관해 많은 사람들이 안고 있는 욕구 불만과 무력감을 고려하여 개선해야 한다"고 말한다. 〈노동당〉은 "넓은 의미에서 공적 어카운터빌리티(public accountability)의 틀을 운용하고 있다고 해도, 오늘날 영국의 방송은 폐쇄적이며 거의 독재적인 기관에 의해 통제되고 있다"고 말한다. 이러한 생각들은 본 위원회가 수많은 단체나 개인들에게서 받은 증언 속에서 공명하고 있다(Annan Report, 1977, 32).

그렇다면 애넌 위원회는 당시 방송의 어카운터빌리티 이행 현실과 관련 쟁점에 관해서 어떻게 해석하고 평가하고 있는가?

어카운터빌리티는 무엇을 의미하는가? 본 위원회는 다수의 정의를 얻었다. 〈방송상설협의회〉는 "어카운터빌리티란, 부과된 방송서비스를 시민이 체크하고 그 서비스에 만족하지 못할 경우, 이것을 변경하도록 할 수 있는 시민의 권리를 의미한다"고 말한다. 〈사회윤리평의회〉는 어카운터빌리티의 본질로, 방송기관, 정부, 일반 공중, 그리고 직원 간의 관계에 주목하고 있다. 캐롤린 헤라 여사는 1973년 〈왕립 TV 사회 의회〉에서 연설하면서 "공중은 방송정책을 판단하고 그 정책이 바람직하지 않을 경우에는 그것을 변경하기 위한 수단"을 갖도록 보장하는 새로운 메커니즘이 필요하다고 주장했다. 왜냐하면, 그것은 방송기관으로서는 불가능하기 때문이다. 그들은 어카운터빌리티의 정의를 내릴 수는 있지만, 실제로는 "스스로의 성공을 평가"하는 것에 머무르고 말기 때문이라고 여사는 말했다. 한편, 〈IBA 경영위원회〉 위원인 포녹 여사는 방송기관이 의회에 대해 이행하는 어카운터빌리티와 공중에 대한 책임을 구별했다. 공중은 권력의 자리에 있지 않기 때문에, 방송기관은 공중에 대한 어카운터빌리티 이행이 불가능하다고 보았다. 어카운터빌리티를 이행해야 한다고 주장하는 사람들 입장에서도 어카운터빌리티는 보다 많은 공개성, 제안에 귀를 기울이는 자세, 일상의 쟁점에 대해 토론하고자 하는 적극성을 의미한다. 그러나 포녹 여사는 방송기관이 어카운터빌리티를 이행해야 한다고 요구하는 사람들은 (방송기관이) 학교 교사나 병원 의사가 지니고 있는 것과 같은 권위를 행사하는 것에 대한 반감을 감추고 있다고 말한다. 모든 사람이 타인에 대해서 어카운터빌리티를 이행할 수 있다는 생각은 잘못된 것인데, 왜냐하면, 만일 그것이 진실이라면, 누구나가 다른 사람들을 제재할 수 있게 되기 때문이라는 것이다. 이러한 포녹 여사의 분석은 상당히 예리하지만, 다음의 사실을 놓치고 있다. 즉, 현재의 공중들 중에는 스스로가 기만당하고 있다고 느끼는 사람들이 있다는 것이다. 스스로 선출한 의원이 의회에서 프로그램에 관한 의견을 제시해도, 담당부서장들은 그것이 자기들 소관사항이 아니라 방송기관의 소관이라고 답한다. 또한 방송기관에 편지를 써서 보내도 개인적으로는 답장을 받을 수 있을지라도 그 쟁점을 공공의 장에서 논의할 수는 없다(Annan Report, 1977, 32-33)

이처럼 애넌 위원회는 사회 각계각층에서 보내온 의견을 소개하는 방식으로 어카운터빌리티가 어떤 의미인지를 정리하여 제시하면서, 당시 영국방송은 어카운터빌리티를 제대로 이행하지 못하고 있다는 현실 진단과 앞으로 제대로 이행하도록 만들어야 한다는 규범적 판단 등에 '대부분' 동의한다는 입장을 표명했다. 노동당의 보고서 〈국민과 미디어〉나 사회윤리평의회의 보고서 〈방송의 미래〉에서 주장하는 내용과 기본 입장에 대해서도 동의의 뜻을 나타냈다. 하지만, 별도의 외부기구를 설치해야 한다는 제안에 대해서는 반대의 태도를 명확히 표명했다. 프로그램 제작이나 방송 업무에 관한 책임과는 전혀 상관없으면서, 성명서나 보고서, 제안서 등을 작성하여 제출하거나 원칙과 기준을 공개하는 역할만 부여받은 외부기구는 ①자기보존을 위해 스스로의 이익을 획득하여 자기 확장을 도모하는 이익집단이 될 수 있고, ②방송프로그램이나 기타 방송 활동에 자기 의견을 강제하여 방송에 대한 독점적 통제로 이어질 수 있으며, ③독립기구의 재원은 국고의 또 다른 부담이 될 수 있음을 우려했기 때문이다(Annan Report, 1977, 34–37).

방송의 자유를 주장하는 사람들이 방송평의회(Broadcasting Council) 등을 만들어서 방송에 대한 간섭을 증대하는 것에 왜 찬성하는지 의문이다(Annan Report, 1977, 32)...........방송평의회의 설치를 주장하는 사람들은 방송기관이 공공의 이익을 위해 방송의 모든 영역에서의 자유를 주장하는 것과 달리, 방송평의회는 빛나고 순수하며 부패하지 않을 것이라고 생각한다. 그들은 성명서 발표, 보고서 간행, 제안 제출, 원칙 공개 등이 방송평의회를 과거에 얽매이게 한다는 것을 생각 못하고 있다. 정치인과 방송인에게 일상적으로 부과되어 있는 책임을 전혀 지지 않는 다른 조직과 제도는 스스로의 지위를 보존하고 자신의 생존과 확장을 위해 싸우는 것 말고 무엇을 할 수 있을까? 평의회도 결국에는 자신들의 연명책을 강구할 것이며 자기 확장을 도모하게 될 것이다(Annan Report, 1977, 35–37).

종합하자면, 애넌 위원회는 BBC에 대한 사회적 비판과 어카운터빌리티 강화를 요구하는 주장에 적극적으로 동의하는 입장에 서 있었다. 하지만, 사회적 비판을 해소하고 어카운터빌리티 이행 수준을 강화하기 위해 별도의 외부독립기구를 설치하는 것에는 반대했다. 방송 활동에 관한 모든 책임을 감독하고 조정하는 역할과 여기에 수반되는 권한 그리고 어카운터빌리티는 모두 방송프로그램과 기타 방송활동에 관한 책임을 지는 당사자에게 부여되어야 하며, 그것이 가장 유효한 장치이자 방안이라는 믿음에서 기인한다.

편집의 독립과 어카운터빌리티

애넌 위원회는 방송의 기본 성격은 방송 서비스가 확대되었다고 해서 변화하는 것이 아니며, 방송의 전통적인 목적과 역할은 앞으로도 변하지 않을 것임을 기본 전제로 삼고 있었다. 하지만 방송 채널 수의 증가에도 불구하고 시청자들이 접하는 프로그램의 다양성이나 서비스 범위가 확대되었다고 보기 어렵다는 조사 결과를 제시하고, "방송이 다른 통신 형태와 구별되는 특별한 이유"는 "방송의 중심에 다수의 시청자"가 있기 때문이며, "사회의 세분화가 우려되는 지금, 방송은 사회를 연결하는 역할을 수행해야 한다. 사람들을 연결하고 다수의 시청자에게 공통의 화제를 제공하면서 공통의 정보를 통해 국민들의 연대감을 강화"하는 것이 방송의 역할이라고도 설명했다(Annan Report, 1977, 17-18). 특히, "광범위한 시청자들에게 오락과 정보와 교육을 제공"하는 것으로 규정되어 온 방송의 전통적 역할 위에, "풍요롭게 함(enrichment)", 즉 "국민들의 흥미를 확대하고 인생의 새로운 선택과 가능성을 부여"하는 것을 새롭게 추가하여 제시했다. 방송제도를 판단하는 가장 중요한 시금석은 방송프로그램이기 때문에 모든 방송서비스는 프로그램의 품질로 판단해야 하지만(Annan Report, 1977, 26), 동시에 방송기관과 공중 사이에 방송 서비스와 프로그램에 관한 상세한 토론이 수반되어야 한다는 것, 방송기관 스스로가 내린 결정이나 선택에 대해서 설명하는 것이야 말로 스스로의 힘을 행사할 수 있는 방법이라는 관점에서(Annan Report, 1977, 58), 유연성(Flexibility),[11] 다양성(Diversity),[12] 편집의 독립(Editorial independence)과 함께 어카운터빌리티를 좋은 방송의 조건 중 하나로 제시했다.

필킹턴 위원회와 애넌 위원회 모두 방송의 궁극적 목적은 '좋은 방송'의 구현에 있다고 밝혔다. 필킹턴 보고서는 '좋은 방송'의 개념과 그 구성요소로 공중이 선택할 수 있는 권리, 질 높은 접근과 제시방법, 미디어 종사자의 가치관과 도덕수준의 영향력에 대한 자각 등 세 가지를 제시한 바 있다. 그로부터 15년 후, 방송에 대한 불만과 비판의 목소리가 고조되고 있던 당시 상황과 좋은 방송의 새로운 구성 요소로 제시된 내용들을 고려해 보면, 방송의 질적 저하에 대한 시청취자들의 불만을 수용하여 좋은 방송을 구현하기 위한 핵심 방안이자 요소로 제시된 것이 어카운터빌리티임을 확인할 수 있다.

그런데 애넌 위원회는 방송기관이 공중에 대한 어카운터빌리티를 충분히 이행하지 못하고 있다는 비판적 의견을 소개하면서도, 좋은 방송이라는 목적을 구현함에 있어서 "방송 프로그램 편집의 독립은 또 다른 원칙인 어카운터빌리티와 모순 관계에 놓여 있다"고 언급하기도 했다(Annan Report, 1977, 30). 그리고 편집의 독립과 어카운터빌리티라는 두 가지 핵심 요소의 관계를

---

11 애넌 보고서에서는 유연성에 대해 "공영방송 BBC와 상업방송의 경쟁에 의한 자극이 질적으로 우수한 프로그램을 만들어 낸다는 것은 인정한다. 그러나 단지 시청자 수를 쫓는 경쟁이 아니라 프로그램의 다채로움과 질적 향상을 위한 경쟁을 확보해야만 한다. 그리고 위성방송이나 케이블방송 등 새로운 서비스의 증가가 예상되는 가운데, 방송은 사회적 기술적 변화에 대응하기 위해 가능한 한 유연하게 조직되어야 한다"고 설명하였다(Annan Report, 1977, 29).

12 애넌 보고서에서 제시한 다양성의 주요 내용은 다음과 같이 요약할 수 있다. "다인종과 다가치적 사회 문화 속에서 사람들은 각자 인생의 성격과 목적에 대해 다양한 견해를 지니고 있으며 자신의 견해가 어떤 형태로든 표현되기를 희망하고 있다. 따라서 방송기관도 그러한 다양성을 반영할 필요가 있다. 방송기관은 모든 사람들을 지원하기 위해 비용을 사용해야 하며, 질적으로 우수한 다종다양한 프로그램을 제작하기 위해서는 개개인의 작가, 작곡가, 프로듀서가 두 개 이상의 조직에서 일을 할 수 있도록 해야 하며, 방송 프로그램의 편집에 관한 판단을 내리는 자는 다수여야 한다."(Annan Report, 1977, 30).

구체적으로 설명했다.

먼저, 방송기관의 정치적 독립은 영국 방송의 가장 중요한 원칙으로 자리 매김해 온 것이 사실이지만, 정부 역시 좋은 방송 구현 및 건전한 방송 환경 구성을 위한 책임을 부여받고 있음을 인정하고 있다. 방송의 정치적 독립과 정부의 책임이라는 두 가지 요소의 균형과 조화를 지향하는 중화책으로 의회를 매개로 한 방송기관의 응답책임(answerability)과 어카운터빌리티를 제시했음을 알 수 있다. 필킹턴 보고서에서도 확인한 것처럼(Pilkinton Report, 1962, 121), 정치적 독립이라는 책임과 권한을 이행하면서 의회에 대한 응답책임과 어카운터빌리티를 이행해야 할 주체는 방송기관의 최고의결기구이자 공익의 수탁자인 '경영위원회'다.

정부에 의한 통제로부터 방송기관이 독립적이어야 한다는 것은 영국 방송의 기본이다. 하지만 이와 동시에 정치적으로 논쟁적인 과제에 관해서 방송기관을 관리하는 공식화된 관행도 있어 왔다. …중략… 방송기관의 독립성과 방송에 대한 정부의 궁극적인 책임을 어떻게 조화시켜 나갈 것인지에 관한 문제가 남아 있고, 이 문제는 앞으로도 계속될 것이다. 1927년 이래, 이 문제에 대한 답은 '의회에 대한 어카운터빌리티(Parliament accountability)' 속에서 찾아 왔다. 현재, 전파를 이용하는 모든 방송은 BBC와 IBA라는 두 개의 공공기관에 위탁하고 있으며, 두 기관은 스스로가 제공한 서비스에 대해 의회에 응답(answerable)해야 한다(Annan Report, 1977, 10).

공익의 어떤 측면을 우선시해야 하는가 혹은 특정 환경 아래에서 정해진 시간 내에 무엇을 방송할 수 있을까를 결정할 책임을 누군가가 져야 한다. 우리가 생각하기에는 궁극의 책임은 전문직업인으로서의 방송인과 공중 사이에서 중개자로 서 있는 경영위원회에 달려 있다. 경영위원회는 스스로의 결정이나 제공하는 서비스에 관해 의회에 대한 어카운터빌리티를 이행해야 하고 의회는 유권자에게 어카운터빌리티를 이행해야 한다. 이 복잡한 문제에 대해서 실용적인 해결책은 50년 동안 운영하면서 시험해 온 것이며, 우리는 그 필수 사항이 유지되어야 한다고 생각한다. 따라서 경영위원회는 모든 방송 서비스에 대한 책임을 져야 하며, 정부로부터 독립적이어야 한다는 것을 권고한다(Annan Report, 1977, 39).

애넌 보고서는 정부로부터의 독립(Independent of Government)을 방송기관이 수행해야 할 책임으로 상정하고 있다. 이것은 권한인 동시에 반드시 이행해야 할 책임이다. 그리고 방송기관이 응답책임과 어카운터빌리티를 이행해야 한다는 오랜 전통 속에서 구체적인 주체는 경영위원회이며 직접적인 대상은 의회였음도 확인할 수 있다. 의회는 '주파수 할당과 면허 부여', '경영위원회 임명', '연차보고서' 등을 통해 '방송사업의 조정과 관리 기능'을 수행하는 방식으로 국민에게 봉사해야 한다. 이것이 의회의 책임이다. 동시에, 의회에 부여된 '조정과 관리' 역할이 방송기관의 독립성을 침해해서는 안 된다는 것도 명확히 제시했다. 의회나 정부가 방송프로그램 내용에 대한 보고를 요구하는 것은 부당하고 과도한 간섭이며 방송의 독립을 훼손하는 것이기 때문에, 정부 및 의회로부터의 부당한 간섭을 방어하고 좋은 방송 구현이라는 책임과 의회에 대한 응답책임 및 어카운터빌리티를 이행하는 역할은 경영위원회의 몫이다.

방송기관은 두 개의 방식으로 제공하는 서비스에 대해 응답한다. 첫째, 의회는 방송기관의 활동에 관한 연차보고서를 보고 받는다. 둘째, 정부의 임명 혹은 조언에 따라 지명된 경영위원회는 의회에 대해 응답한다. 따라서 BBC나 IBA가 책임과 의무를 적절하게 이행하지 않는다고 정부가 판단할 경우, 정부는 의회에서 논의하고 의회 다수를 확보하여 그들을 해임하거나 교체할 수 있다. (하지만)

이러한 토론은 일어나지 않는다. 의회는 또한 무선통신법 하에서 방송 혹은 다른 사업을 위한 주파수 할당에 관한 책임을 진다. 두 방송기관은 면허에 의해 관리받기 때문에 이론상으로 그들은 제공하는 모든 서비스에 대하여 의회에 대해 응답해야 한다. 그러나 일반적으로는 방송 프로그램의 세세한 내용에 관해 정부에 답하는 것은 바람직하지 않은 것으로 간주되고 있다. 또한 의회가 부과하고 승인한 상황에서 신뢰할 수 있는 서비스를 이행할 수 있는 사람을 지명해야 한다. 현재, 그것은 BBC와 IBA의 경영위원회이며 그것이 그들의 역할이다(Annan Report, 1977, 33).

BBC와 ITV의 경영위원회가 정부나 의회를 대상으로 이행하는 어카운터빌리티 및 응답책임은 연차보고서를 통해 이루어질 뿐이다. 동시에, "방송 조직이 시청자 여론에 보다 민감해 지길 바란다"(Annan Report, 1977, 39)는 말에서도 알 수 있듯이, 좋은 방송 및 공공서비스 이행이라는 책임 이행에 수반되는 어카운터빌리티와 응답책임의 이행 대상은 공중이자 유권자로 확장된다. 방송사와 외부와의 관계에서 작동하는 '외적 어카운터빌리티'의 기본 메커니즘이다.

경영위원회는 공익의 수탁자로서 의회뿐 아니라, 공중에 대한 어카운터빌리티를 이행해야 할 주체인 동시에, 공익적 관점에서 방송의 자유를 수호하기 위해 총리나 기타 정부 권력과 그 어떤 이익집단으로부터도 내부 방송인을 보호할 책임의 주체이기도 하다. 방송사 내부 조직 차원에서 이루어지는 '내적 어카운터빌리티'를 구성하는 기본 메커니즘이다.

방송기관은 이중의 임무를 지닌다. 첫째, 방송인(producer)은 공익의 범주 안에서 활동해야 하며, 의회에서 나타나는 여론에 민감하게 응답할 임무를 지닌다. 둘째, 방송인이 좋은 방송을 위해 필요한 자유를 행사하고 있다고 경영위원회가 인정할 경우, 그 어떤 부당한 압력으로부터도 방송인을 보호할 임무를 지닌다.

방송기관에 중대한 결함이 있다고 의회가 인정할 경우, 의회는 이를 조정하고 엄중한 처벌을 할 수 있는 권리를 지니고 있다. 그러나 의회는 무엇이 공익에 해당하는지 판단할 의무를 경영위원회에 위임하고 있다. 따라서 방송인이 어카운터빌리티를 이행해야 할 대상은 경영위원회이다(Annan Report, 1977, 10).

경영위원회는 정부나 그 어떤 외부 이익집단의 간섭과 개입으로부터 방송인과 그들이 행사하는 '방송의 자유' 및 '편집의 독립'을 지키고 보장하는 동시에, 공익의 수탁자로서 방송인과 방송 전반을 감독하여 좋은 방송이라는 목적을 달성할 책임을 부과 받았다. 여기에서 방송의 자유 및 편집의 독립이라는 권한과 책임의 주체는 경영위원회가 아니라 방송인이다. 전문직으로서 방송인이 자유롭게 프로그램을 제작하고 기타 방송 활동을 할 수 있어야 한다는 것을 의미한다. 방송기관 내부에서의 자유, 이른바 '내적 편집의 자유' 또는 '언론의 내적 자유'라는 측면에 초점을 맞추고 있음을 알 수 있다.[13] 방송인과 그들이 소속한 조직은 프로그램 제작 및 방송 활동에 관한 책임과 어카운터빌리티를 이행해야 할 주체이며, 그들이 어카운터빌리티를 이행해야 할 대상은 경영위원회다. 방송인은 전문직업인으로서 수행한 방송 활동에 관해서 경영위원회에 대한 책임, 어카운터빌리티, 응답책임을 이행해야 한다.

한편, 경영위원회는 공익 그리고 좋은 방송 구현이라는 목적과 책임 이행을 위해, 방송인이 행사하는 편집의 자유와 독립이라는 권한에 개입할 수도 있다. 경우에 따라서는 방송 프로그램의 수정이나 방송을 중지할 수 있는

---

[13] '내적 편집의 자유'는 미디어 내부에 있는 개개인의 미디어 종사자들이 편집방침이나 경영방침에 대해 비판할 자유, 사회적 책임에 반하는 보도나 제작활동을 거부할 수 있는 양심의 자유, 직종 선택이나 직능교육을 요구할 권리 등을 포괄하는 자유를 의미한다(石村善治, 1979). 내적 편집의 자유에 관해서는 이 책의 8장에서 보다 자세히 서술하였다.

권한도 지닌다.

전통적으로 경영위원회는 공중에게 어카운터빌리티를 이행할 주체로 여겨져 왔다. 방송기관이나 제작회사에 근무하는 방송인이 속해 있는 조직은 방송인이 제작한 프로그램에 대해 공익의 수탁자인 경영위원회에 대해 책임을 진다. 그들(경영위원회)은 프로그램의 전송을 막을지도 모른다. 혹은 정당한 비판을 전송하기 위해 수정을 요구할 지도 모른다. 그들은 공익 추구를 지향하는 방송의 자유를 위해 총리에서 특정 이익단체에 이르기까지 그들로부터 방송인을 보호해야 하고 누구라도 불만을 이야기할 수 있다(Annan Report, 1977, 33)

하지만, 경영위원회가 프로그램 수정이나 방송 중지 등의 권한을 행사하는 데는 중요한 원칙이 있다. 그 권한은 방송기관 조직 내에서 수직적이고 일방적으로 행사되어서는 안되며, 왜, 어떻게 그 권한을 행사하고 있는지에 관해서 누구나 자유롭게 의견을 이야기할 수 있는 촘촘한 토론이 수반되어야 한다는 것이다. 좋은 방송 구현이라는 궁극의 목적과 책임 달성을 위해 어떤 선택을 해야 하는지, 혹은 왜 그러한 선택을 했는지 등에 관해 판단하고 평가하기 위한 열린 토론에 적극 참여해야 하며, 시청취자의 의견과 여론에도 귀를 기울이여야 한다는 것 역시 어카운터빌리티 이행 과정에서 중요한 실천이다.

한편에는 공중과 의회를, 또 다른 한편에는 방송인을 두고 그 사이에서 중재자 역할이라는 책임이 부과된 방송기관은 야누스와 같다. 두 개의 길에 직면할 수밖에 없다. 그들은 전문적인 방송인을 선도하고 보호해야 한다. 높은 올림프스에서 명령을 내리거나 신과 같은 심판자가 되어서는 안된다. 산꼭대기에서 내려와 프로그램의 편성과 균형, 폭력적인 장면, 정치적 편견, 기타 방송인을 향한 그 어떤 공중의 비난에 대해서도 촘촘하게 토론해야 한다. 만일 그들이 그 토론에 참가하지 않는다면, 만일 스스로의 관행과 규칙만을 내세우며 자기만족에 빠져 있다가 그 규칙이 깨졌을 때 방송인을 비난한다면 공중은 방송기관의 태만을 비난할 것이다. 만일 그들이 기꺼이 비난을 받아들이고 방송기관의 특권을 내려놓는다면 방송의 최상위에 있는 사람들은 마비될 것이다. 이런 일이 다른 나라에서는 발생하고 있다. 권력은 압력을 가하는 것이 아니라 나누는 것이며, 또한 그들이 왜 다른 것이 아니라 그 방향을 선택했는지를 설명함으로써 행사되어야 한다(Annan Report, 1977, 38).

특히, 방송기관 내부에서 발생하는 자기검열은 외부로부터 직접적으로 가해지는 정치적 간섭보다 위험하다는 위원회의 경고도 간과해서는 안 될 듯하다.

방송기관의 프로그램 편집자로서 독립적이지 않으면 다양성도 그 가치를 잃게 된다. 정부와 각종 이익단체 등에 의해 직간접적인 간섭의 위험성도 있지만, 조직 내부에서의 자기검열은 직접적인 정치적 지배보다 더욱 위험하다. 편집의 독립은 좋은 방송의 증거이며 이를 강화해야만 한다(Annan Report, 1977, 31-32).

방송프로그램에 대해 경영위원회가 행사하는 조정과 감독이라는 권한이 방송기관 내부에서 발생하는 일방적인 권력의 행사이자 자기검열이라는 위험에 빠지지 않기 위해서 반드시 수반되어야할 것 역시 내적·외적 어카운터빌리티이며, 이를 매개로 한 '열린 토론의 장'이다.

애넌 위원회의 입장을 정리하자면, 내적 어카운터빌리티와 외적 어카운터빌리티의 균형과 조화 속에서 좋은 방송이라는 궁극의 목적을 달성할 수 있다는 것이다. 좋은 방송과 정치적 독립이라는 궁극의 책임을 구현하기 위해 '공중', '경영위원회', '전문직업인으로서의 방송인', '정부/의회'라는 네 주체 각각의 역할과 관계 속에서, 책임과 어카운터빌리티가 작동하는 메커니즘을 정리한 것이 〈그림 3〉이다.

〈그림 3〉 애넌 보고서에 의한 방송의 책임과 어카운터빌리티의 작동 메커니즘

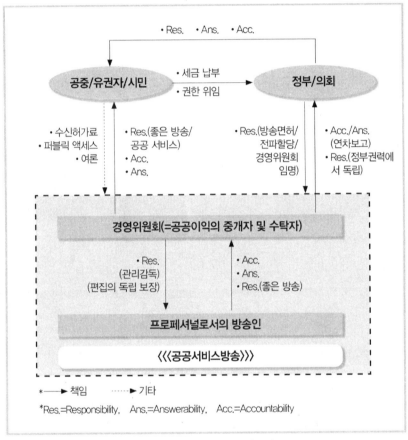

*   The Committee on the Future of Broadcasting(1977). *Report of the Committee on the Future of Broadcasting.* Chairman Lord Annan, London: Her Majesty's Stationery Office, Cmnd; 6753.를 바탕으로 작성
** 출처: 정수영(2012), 216.

3. 필킹턴 보고서와 애넌 보고서의 특징 및 시사점

책임, 응답책임, 어카운터빌리티

애넌 보고서에 등장하는 세 개의 핵심 용어, '책임(responsibility)', '응답책임 (answerability)', '어카운터빌리티(accountability)' 각각의 개념을 정리하면 다음과 같다. 먼저, 일반적으로 광의의 함의로 사용되는 책임은 각각의 주체에게 부과된 사회적 기대이자 역할을 의미한다. 방송의 궁극적 목적이라고 할 수 있는 '좋은 방송'을 제작 편성 방송하는 것이며, 공익 추구를 위한 각종 활동과 공적 서비스가 모두 여기에 해당한다. 이를 간략하게 정리하면, ①방송기관은 시청자의 필요(needs)와 의견을 존중하고 이에 부합하는 프로그램 제작 및 방송 활동의 책임이 있다. ②공익의 수탁자로서 경영위원회는 공익을 위해 방송기관과 방송인을 관리 감독함과 동시에 정부와 기타 외부 이익단체로부터 방송의 자유와 편집의 독립을 수호하기 위해 대항할 책임을 져야 한다. ③공중의 권한 위임에 따라서 의회는 방송업무 실시에 관한 기초를 결정하고, 정부와 의회는 방송업무의 수, 성격, 방송사업자와 기타 재정 사항의 결정, 경영위원회 임명 등의 책임을 진다. 즉, 의회와 정부, 시청자, 방송기관 사이의 중개자로서 책임과 어카운터빌리티를 이행할 핵심적 역할을 경영위원회에 부과한 메커니즘이다.

이러한 각각의 책임 내용에 대응하여 응답책임과 어카운터빌리티가 수반된다. 즉, 응답책임과 어카운터빌리티는 부과된 책임을 충실하게 이행하고 있다는 것을 설명하고 입증하기 위한, 일종의 절차적이고 수단적인 속성을 지닌다. 그 중에서 '응답책임'은 어떤 사안에 대해 공개와 설명을 요구 받았을 때, 불만이나 의견이 제기되었을 때 발생하는 것으로 상대적으로 수동적이고 제한적인 측면이 내재되어 있다. 예를 들어, 방송 활동에 관한 의회에서의 질의응답, 시청취자가 제기한 의견이나 질문에 대한 응답들이 여기에 포함된다. 반면, '어카운터빌리티'는 응답책임의 의미를 포괄하면서 좋은 방송이라는 목표와 책임을 구현하기 위해 설정된 기준과 원칙, 각종 규범이나 규칙에 비추어 스스로의 활동 프로세스와 결과 등을 투명하게 평가하고 공개해야 한다는, 보다 자발적이고 적극적인 함의를 지닌다. 정부 권력으로부터의 독립과 방송인에 의한 편집의 독립을 보장하는 것이 방송기관의 책임으로 상정되어 있다는 점에서, 경영위원회가 방송의 정치적 독립과 편집의 독립, 나아가 방송의 자유 구현이라는 책임을 어떻게 이행하고 있는지를 평가하고 공개하여 입증하는 것 역시 어카운터빌리티의 중요한 내용을 구성하는 것으로 볼 수 있다.

애넌 보고서와 어카운터빌리티

애넌 보고서에서는 공영방송 BBC와 상업방송 ITV에 의한 '규제된 복점'을 비판하면서 방송기관은 어카운터빌리티를 이행해야 한다고 권고했다. 필킹턴 보고서가 공표된 이후, 방송 환경의 변화 속에서 방송에 대한 비판적 시각이 사회 각계각층에서 대두되었기 때문이다. 다양한 정치적 사회적 견해를 가진 위원들로 구성된 애넌 위원회는 기존의 공공서비스 철학을 엘리트주의, 관료주의, 독과점체제라고 비판하면서 다원주의(pluralism) 방송철학을 제시했다. 수신료와 지역방송 등의 방송구조 혁신 방안과 함께 출판형 방송(Broadcating Publisher) 모델을 제시하기도 했다. 보고서 결과에 대해 좌파 진영은 시장주의와 자유경쟁원칙을 도입했다고 비판했고, 우파 진영은 공공서비스원칙을 유지한 것에 대한 비판을 가했다. 하지만, 노동당과 보수당뿐 아니라 학자와 시민사회, 방송제작자들이 모두 참여하여 방송 개혁에 관해 토론하여 합의를 이끌어 내면서 방송의 미래를 전망하고 설계하기 위한 공론장 역할을 충실하게 수행해 내는 등, 영국의 방송조사위원회가 발표한 역대 보고서 중에서 가장 훌륭하다는 평가를 받고 있다(정용준, 2018). 애넌 위원회는 어카운터빌리티가 무엇인지에 관한 개념 정의를 직접적으로 제시하지는 않았다. 각계각층으로부터의 의견을 소개하고 이에 대한 위원회의 입장을 제시하면서 어카운터빌리티가 작동하는 메커니즘과 그 의의를 간접적으로 설명했다. 애넌 보고서의 내용을 종합적으로 검토한 결과 위원회가 구상한 어카운터빌리티 이행 메커니즘의 특징과 함의는 다음과 같다.

첫째, 애넌 보고서가 공표되기 전까지 BBC와 ITV가 이행해야 할 전통적인 역할은 '좋은 방송을 구현하고 공공서비스를 제공하는 책임'과 '의회에 대한 응답책임'의 범주 안에 머물러 있었으며, 이들 책임 이행을 위한 메커니즘은 '의회', '경영위원회', '방송인' 등 3자간의 관계 속에서 작동하는 것이었다. 애넌 위원회는 여기에 '여론과 공중'을 방송의 주체이자 중요한 이해관계자로 추가하여 4자간의 관계 개념으로 확장시켰다. 방송의 질적 저하, 방송사의 폐쇄성과 독단성, 시청취자의 권리 소외 등에서 기인한 사회적 비판과 방송 개혁에 대한 요구가 대두되고 있던 당시의 사회적 상황에서, 좋은 방송을 구현한다는 궁극의 목적과 책임을 달성하고 시청취자의 신뢰를 회복하기 위한 방안으로 '의회에 대한 응답책임'을 '공중에 대한 어카운터빌리티'로 확장한 것이다.

둘째, 애넌 위원회 스스로는 어카운터빌리티가 무엇인지 그 개념 정의를 명확히 제시하지 않았지만, 각계각층에서 제시한 다양한 의견과 관점들을 소개하고 이에 동의의 뜻을 표명하는 방식으로 어카운터빌리티의 개념과 범위, 책임 주체, 작동 메커니즘 등을 구체적으로 제시했다. 그 과정에서 방송기관 스스로가 공중과 의회, 방송인들과 함께 적극적이고 촘촘하게 공개하고 토론해야 할 내용, 즉 어카운터빌리티의 내용과 범위를 확장했다. "시청취자는 방송프로그램의 제작 주체나 제작 과정 등의 절차(process)보다도 방송프로그램이라는 결과물이 중요한 목적"이라고 판단한 필킹턴 위원회의 견해(Pilkington Report, 1962, 13)와 달리, 방송기관의 조직 내부에서 이루어지는 의사결정 과정과 제공하는 모든 서비스, 스스로의 방송활동과 선택, 관련 정책들이 좋은 방송이라는 목적 구현에 어떻게 합치하는 지에 관한 근거와 설명을 어카운터빌리티 이행 과정과 내용 속에 포함시켰다(Annan Report, 1977, 58). 방송기관 스스로의 투명성과 공개성, 시청취자 및 공중들의 권리와 참여, 다양한 주체들이 함께 참여하는 열린 토론 등을 활성화하고 좋은 방송이라는 목적과 책임을 구현해 가는 과정과 결과를 방송기관 스스로가 입증해야 한다는 것으로 정리할 수 있다.

셋째, 애넌 위원회는 방송기관과 외부와의 관계 혹은 외부로부터의 독립뿐 아니라, 방송사 조직 내부의 메커니즘에도 주목했다. 그리고 내적 어카운터빌리티와 외적 어카운터빌리티의 이원적 메커니즘을 통해서 좋은 방송을 구현할 수 있다는 관점을 제시했다. 전문직업인으로서의 방송인은 좋은 방송을 제작하고 편성한다는 책임을 이행해야 하며, 이에 대해서 경영위원회에 대한 어카운터빌리티와 응답책임이 수반된다. 경영위원회의 책임은 좋은 방송을 구현하기 위해 방송 활동 전반을 감독하면서 방송인에 의한 편집의 독립을 보장하는 것이다. 그리고 이 책임을 어떻게 이행하고 있는지에 관해서 공중에 대한 어카운터빌리티를 이행해야 한다. 여기에서 특히 주목해야 할 것은 두 가지다. 하나는 전문직업인으로서의 방송인들에게 편집의 독립이라는 권한과 책임을 부여하고 경영위원회에게 외부 간섭으로부터 방송인을 보호할 책임을 부여했지만, 경영위원회에게는 방송인과 방송 내용을 조정하고 감독할 수 있는 권한과 책임을 함께 부여했다는 것이다. 또 하나는, 경영위원회와 방송인 양자 간의 관계에서 어카운터빌리티를 매개로 한 토론이 촘촘하게 활성화되지 않을 경우, 경영위원회의 조정과 감독 권한은 자기검열에 빠질 가능성이 높아지고 이는 정부권력이나 기타 외부로부터의 그 어떤 간섭이나 개입보다도 위험하다는 것을 경고했다는 점이다. 결국, 방송인, 경영위원회, 공중, 의회/정부 등 네 주체들이 참여하는 내적 어카운터빌리티와 외적 어카운터빌리티의 조화와 균형 속에서 편집의 독립과 정부로부터의 독립, 좋은 방송의 구현이 가능하다는 애넌 위원회의 관점과 철학을 읽을 수 있다.

넷째, 애넌 위원회는 정부와 특정 이익·압력단체의 통제 또는 지배권 행사는 바람직하지 않다는 입장을 명확히 했다. 방송활동에 대한 어떠한 책임도 지지 않은 채 방송에 대한 감독 규제의 권한만을 부여받은 외부기관은 결국 스스로의 이익 획득을 위해 방송에 대한 통제를 강화하여 자기 권력화할 것을 우려했기 때문이다(Annan Report, 1977, 32). 따라서 네 주체 간의 책임과 어카운터빌리티, 그리고 편집의 독립을 둘러싼 메커니즘이 원활하게 작동한다면, 방송활동에 대한 어카운터빌리티 및 각종 책임을 감독하고 조정하는 역할과 책임 역시 방송 활동의 책임을 지는 주체 스스로에게 부과하는 것이 가장 효율적이라는 입장을 견지했다. 최종적으로 애넌 위원회는 방송여론조사위원회(Public Enquiry Board for Broadcasting, PEPP)와 방송고충처리위원회(Broadcasting Complaints Commission), 전기통신자문위원회(Telecommunication Advisory Committee) 등의 설립과 함께, 경영위원회로 하여금 자기 업무에 대해 지역적 전국적 규모의 공청회를 개최하여 시청취자의 견해를 폭 넓게 수용할 것을 권고했다(Annan Report, 1977, 57–67, 474–475). 애넌 위원회의 권고를 받아들인 영국정부는 1979년 발표한 방송백서(White Paper)에서 "공영방송을 감독하는 책임만을 지니고 방송서비스에 대한 책임은 지지 않는 외부의 독립기구를 설립하는 것은 방송의 독립을 저해할 가능성"이 있으며, "방송기관이 스스로의 서비스에 대해 공중과 직접 토론할 수만 있다면 공중에 대해 보다 어카운터블해질 수 있을 것'이라는 입장을 표명했다. 그리고 위원회가 권고한 방송여론조사위원회 신설은 거부했지만, 방송불만처리위원회 신설, 공청회 개최 등의 제안은 채택하겠다는 방침을 밝혔다(White Paper, 1979, 119–120).

1970년대 영국 사회에서 방송개혁을 위한 범사회적 논쟁이 치열하게 전개되었지만, 복잡한 미디어 지형과 정치적 입장의 갈등과 대립, 분열로 말미암아 방송개혁은 성공하지 못했다는 평가를 받고 있다. 애넌 위원회의 경우, 당시 영국 방송의 엘리트주의와 관료주의를 비판하고 다원주의 방송철학을 제시하면서 방송개혁을 위한 공론장으로서의 역할을 충실하게 수행했지만, 좌파로부터는 시장주의를 도입했다는 이유로, 우파로부터는 공공서비스를 유지했다는 이유로 비판받았다(정용준, 2018). 그럼에도 불구하고, 1977년 애넌 보고서에서 어카운터빌리티의 이행을 공식적으로 권고한 이후, 어카운터빌리티는 BBC를 중심으로 방송기관이 추구해야 할 핵심가치이자 임무 중 하나로 자리매김했다. 그리고 공영방송 BBC는 어카운터빌리티 이행 수준을 강화하고 확장하기 위한 제도적 장치를 마련하면서 끊임없이 수정보완해 왔다. 어카운터빌리티에 관한 애넌 위원회의 권고사항들을 BBC가 구체적인 시책이나 사업으로 어떻게 도입하고 실천해 왔는지에 관해서 제3부 7장에서 소개할 것이다.

5장
미디어 어카운터빌리티의 등장, 규범론의 재생산

어카운터빌리티는 오랫동안 책임(responsibility)과 동의어 혹은 유사 개념으로 사용되어 왔다(Day & Klein, 1987, 2). 사전적 의미는 "자신의 행위 결과에 대해 책임을 지고 이를 설명하거나 비평을 받아들이는 것"이다.[1] 국내에서는 설명책임, 책무성 혹은 책임성 등으로 번역되는 경우가 많다. 하지만 'responsibility' 역시 '책임'이나 '책무'라는 용어로 사용되기 때문에 '책무성'이나 '책임성'이라는 용어는 '책임'과 '어카운터빌리티' 두 개념 각각의 본질은 물론이고, 두 개념 간의 차이와 관계, 맥락을 모호하게 만들 소지가 크다. '설명책임'이라는 용어는 단지 어떤 행위에 대한 설명만으로 면책될 수 있다는 오해를 불러일으킬 수 있기 때문에 어카운터빌리티의 개념적 본

---

[1] "accountable = responsible for the effects of your actions and willing to explain or be criticized for them. ex) The government should be accountable to all the people of the country; The hospital should be held accountable for the quality of care it gives." Longman Dictionary of Contemporary English (https://www.ldoceonline.com/dictionary/accountable#accountable__2)

질과 함의를 포괄하지 못한다.

　회계학 분야에서는 일찍이 '회계책임'이라는 용어를 사용해 왔다. 고대문명의 역사에서부터 계산서나 재무제표 등의 기록이 책임 이행 여부를 설명하고 입증하는 근거이자 수단으로 활용된 것에서 기인한다(橋場弦, 1997). 현대사회가 회계만으로는 성립될 수 없을 만큼 확장되고 전문화하면서 어카운터빌리티 역시 환경학, 행정학, 정치학, 사회학, 경제학, 법학, 경영학, 국제관계학, 교육학 등 다양한 전문영역에 도입되어 다양한 방식의 제도적 장치로 구현되고 있다. 하지만, 어카운터빌리티의 개념 정의가 명확하게 확립되었다고 보기는 어렵다. 전문 영역 고유의 목적과 범위, 관점에 따라 다양한 형식과 내용으로 해석되고 재현되기 때문이다. 동일 영역이라고 해서 그 해석과 관점이 반드시 일치하는 것도 아니다. 미디어와 언론 분야도 예외는 아니다. 어카운터빌리티 개념의 본질과 보편적 속성에 대한 이해를 바탕으로 언론·표현의 자유 그리고 민주주의 구현을 위한 사회제도로서 미디어가 지닌 특수성과 고유의 맥락들을 고려한 개념적 정교화가 요구된다.

1. 미디어 어카운터빌리티의 재등장

　제1부에서 소개한 것처럼, 1947년 허친스 위원회는 법적·도덕적 권리로서 언론 자유를 향유하기 위해 미디어는 사회적 어카운터빌리티라는 도덕적 의무를 이행해야 한다고 권고했다. 허친스 보고서를 사상적 토대로 한 〈미디어 4이론〉의 사회적 책임 이론에서는 어카운터빌리티에 관한 논의가 배제되었으며 소극적 자유의 범주에 갇혀 있다는 한계를 노출하였다. 그럼

에도 불구하고, 미디어 규범론, 특히 미디어가 이행해야 할 책임에 관한 논의는 사회적 책임(Social Responsibility)과 전문직주의(Professionalism)를 중심으로 전개되어 왔다(McQuail, 2003a, 192). 미디어의 사회적 책임에 관한 규범론에 따르면, 민주주의 사회의 유지 발전을 위해 미디어가 해야 할 역할의 핵심은 정부 권력을 비롯한 사회 제영역이 어카운터빌리티를 이행하도록 요구하고 감시하는 것. 다시 말해서 모든 공적 영역에서 어카운터빌리티(public accountability)를 이행하도록 요구하고 감시하는 역할이다(Merrill, 1974; Skolnick & McCoy, 1984; Waisbord, 2000; McQuail, 2003a). 예를 들어, 스콜닉과 맥코이의 연구에서는 경찰이 어카운터빌리티(police accountability)를 이행하도록 감시하고 지역정부에 대한 시민참여를 계발하여 사회에 공헌하는 것이 미디어의 시민적 책임(civic responsibility)이라고 주장했다(Skolnic & McCoy, 1984). 와이스보드에 따르면 민주주의 사회에서 언론에 부여된 책임은 정부권력이 어카운터빌리티를 이행하도록 감시견 역할을 하는 것에 있다(Waisbord, 2000). 미디어 스스로가 어카운터빌리티를 이행해야 한다는 관점은 찾아보기 어렵다.

하지만, 권력의 제4부로서 미디어가 차지하는 사회적 비중과 영향력이 날로 막대해 지고 미디어에 의한 각종 비리나 반윤리적 행위의 폐해가 증대했다. 사회적 책임 이론을 이론적·규범적 근거로 하는 미디어 자율규제나 각종 내부규범에 의한 자정기능은 제대로 작동하지 못하고 있다. 미디어를 제어하고 규제하기 위한 공적 규제 시스템이나 자유경쟁 메커니즘 역시 '한계'를 노출하고 있다는 지적이다. 국가에 의한 공적 규제 시스템은 경제적 효율성, 시민의 평등과 균등한 기회 보장 등에 한계가 있고, 시장에서의 자유경쟁 메커니즘은 호혜적이고 상생적인 교환 행위를 가능케 하는 최적의 조건을 충족시키지 못한다는 것이다(최영묵, 1997; McQuail, 1997). 이에, 국가권력에 의한 규제와 통제, 대기업과 거대자본에 의한 지배 양쪽 모두에 대항할 수 있는 제3의 메커니즘이 필요하다는 주장이 대두되기 시작했다. 여기에 정책 결정 과정에 대한 시민참여와 사회적 합의의 중요성, 시민사회와의 동반자적 관계가 강화되는 사회적 추세가 더해지면서 주목받기 시작한 것이 미디어 어카운터빌리티다. 미디어와 언론의 의사결정 과정 및 활동 결과가 사회적 권위와 정당성을 부여받기 위해서는 미디어 스스로 어카운터빌리티의 '이행 주체'가 되어 '사회적 책임'을 어떻게 이행하고 있는지 혹은 이행하지 못하였는지에 관해 '시민사회 및 이해 관계자'에게 투명하게 '공개'하고 '평가'받아야 한다는 것으로 압축할 수 있다. 전문직업인으로서의 미디어 종사자와 주권자로서의 시민 사이의 관계성을 중시하는 민주적 수법으로의 이행을 의미한다(박홍원, 2005; Blumler & Hoffmann–Riem, 1992; Bertrand, 1999, 2003/2003; McQuail, 2003a; Bardoel & D'Haeneans, 2004).

현대 사회의 다양한 전문영역에서 어카운터빌리티 개념을 도입하여 그 이행방식과 제도적 장치에 대한 논의와 실천이 다양한 방식으로 이루어져 온 것에 비하면, 미디어가 어카운터빌리티를 이행해야 한다는 것에 대한 관심과 논의는 뒤늦은 감이 있다. 고전적 자유주의 이론의 전통 속에서 언론·표현의 자유는 '배타적이고 독점적이며 우월적인 지위'로 해석되어 왔으며, 그 가치는 자율규제를 통해서만 지켜질 수 있다는 뿌리깊은 신념에서 기인한다.

결국, 미디어 어카운터빌리티의 개념이나 범위, 관점이나 해석은 여전히 다의적이고 모호하다. 어카운터빌리티와 언론 자유 사이의 관계를 바라보는 입장과 주장도 다양하다. 예를 들어, 미디어 어카운터빌리티가 언론 자유 및 독립과 충돌하는 개념으로 해석되어 저널리스트가 어카운터빌리티라는 개념에 방어적이고 민감하게 반응하는 것이 당연하다고 여겨지는 가운데, '자유롭고 책임있는 언론(free and responsible press)'은 가능하지만 '자유롭고 어카운터블한 언론(free and accountable press)'은 존재하기 어렵다는 해석이 있다(Hodges, 1987, 14–15). 반면, 시민의 액세스권을 주창한 헌법학자 배런은 현실 세계에서 사상의 자유시장(the Marketplace of Ideas)은 존재하지 않으며 미디어의 언론 자유가 사회 전체를 포괄하는 표현의 자유를 자동적으로 보장하지 못한다는 입장에 서 있다. 배런은 미디어 어카운터빌리티와 명예훼손의 관계, 수정헌법 제1조와 반론권(rihgt of reply)의 관계를 검토하고, 사회 구성원들 모두가 자유롭게 표현할 수 있도록 하기 위해서 미디어 어카운터빌리티를 법제도적 장치로 정착시켜야 한다고 주장했다(Barron, 1985). 데니스와 동료들은 어카운터빌리티와 언론 자유의 관계를 논의하면서 세 가지 기준을 제시했다. ①언론 자유를 존중하면서 어카운터빌리티와의 조화를 도모해야 하고, ②언론이 사회에 제공하는 서비스에 관해 도덕적 합의(moral consensus)가 구축되어야 하며, ③언론을 규제하는 것이 아니라 그 업적을 평가해야 한다는 것이다. 이 세가지 기준을 바탕으로 ①시장주의 모델, ②자발적 모델, ③자율규제 모델, ④신탁 모델, ⑤법적 모델 등 다섯 가지의 어카운터빌리티 모델을 제시했다(Dennis, Gilmor, & Glasser, 1989). 저널리즘 영역에서는 주로 전문직으로서의 어카운터빌리티(professional accountability)에 초점을 맞추는 경향을 보인다(Hodges, 1987; Newton, Hodges, & Keith, 2004). 보다 높은 수준의 사회적 공적 책임을 요구받는 공영방송(public service broadcasting)에 관한 연구에서는 공영방송이 추구해야 할 가치 혹은 새로운 책임과 역할 중의 하나로 공적 어카운터빌리티(public accountability)에 주목한다(Blumler & Hoffmann-Riem, 1992). 영국의 BBC는 어카운터빌리티를 강화하기 위해 거버넌스(governance)의 구조 개혁을 단행하고 사전평가와 사후평가 방식을 도입해 왔다(강형철, 2013). 독일에서 공영방송의 '기능적 임무'를 구체화한 것 중 하나가 수신료를 납부하는 시청자시민에 대한 어카운터빌리티 이행이다(石川明, 2003). 미디어 어카운터빌리티에 관한 연구 관심은 인터넷 등 새로운 매체로도 확장되었다. 온라인 게시판 사이트의 익명성과 정치담론을 분석한 싱거는 변화하는 미디어 환경에서 요구되는 저널리스트의 새로운 역할과 어카운터빌리티에 주목했다(Singer, 1996). 미디어 어카운터빌리티를 이행하기 위한 구체적인 실천 방식에 관한 연구에서는 주로 옴부즈맨(Ombudsman)이나 언론평의회(Press Council), 윤리강령(Press Cord) 등을 중심으로 분석하고 고찰하여 그 성과와 한계를 제시해 왔다. 어카운터빌리티 이행 방식이나 제도적 장치에 관한 포괄적 논의로는 베르트랑에 의한 미디어 어카운터빌리티 시스템(MAS; Media Accountability System)이 대표적이다(Bertrand, 1999, 2003/2003; Bordoel & D' Haeneans, 2004; Dennis & Merrill, 1984; Dennis, Gilmor, & Glasser, 1989; Ettma & Glasser, 1987; Sawant, 2003).

미디어 어카운터빌리티의 개념적 모호성과 불명확함에서 기인하는 혼란을 극복하기 위한 연구도 등장했다. 프리챠드는 영미권에서 설치 운영되고 있는 고충처리제도와 미디어 어카운터빌리티를 구분하고 어카운터빌리티가 뉴스에 대한 신뢰나 법적 의무, 각종 금지사항 등과의 개념적 혼란에 빠져 있음을 지적했다. 그리고 규범적이고 명시적인 규정이 아니라 일종의 과정(process)으로 미디어 어카운터빌리티를 해석했다(Prithard, 2000). 맥퀘일은 다양한 기준을 활용하여 어카운터빌리티의 개념적 속성이나 유형 분류를 시도했는데, 특히 어카운터빌리티를 구성하는 하부 개념이자 모델로 응답책임(answerability) 모델과 법적책임(liability) 모델을 제시하고 각각의 개념을 사회적 책임과의 관계 속에서 설명했다(McQuail, 1997, 2003a).[2]

미디어 어카운터빌리티라는 개념과 이에 관한 연구가 국내에 본격적으로 소개되기 시작한 것은 2000년대 중후반 들어서다. 저널리즘이나 공영방송, 거버넌스 등에 주목한 연구가 주류를 이루는 가운데, 어카운터빌리티 이행 방식이나 관련 장치로 윤리강령이나 가이드라인, 자율규제기구, 제3자에 의한 고충처리제도, 외부규제기관 등을 중심으로 검토되었다. 특히, 베르트랑과 맥퀘일의 연구를 번역하여 소개하거나 인용하면서 두 연구자의 해석

---

2   국내 연구에서는 'answerability'를 응답성, 'liability'를 귀책성이라는 용어로 번역하여 소개하는 경우가 많다.

과 관점을 차용하는 경우가 상대적으로 많은 편이다(강형철, 2007a, 2007b, 2013; 김재영·이남표·양선희, 2008; 박홍원, 2005; 정수영, 2009, 2012a, 2013, 2015a, 2015b; 조항제, 2010, 2017b; 황용석·이동훈·김준교, 2009; McQuail, 2003b/2006).

　이처럼, 미디어 어카운터빌리티 관련 연구에서 학문적 이론적 합의가 이루어졌다고 보기는 어렵다. 미디어 어카운터빌리티의 '규범적' 개념에 대한 해석과 관점, 구체적인 이행방식이나 제도적 장치의 '실체'에 대한 입장과 평가 역시 다양하다. 플라이상스가 지적한 것처럼(Plaisance, 2000), 어카운터빌리티는 언론 자유뿐 아니라 언론의 책임과도 긴장관계에 놓여 있으며 각각의 주체와 내용 역시 복잡하고 다층적인 관계로 얽혀 있다. 어카운터빌리티라는 용어 자체의 개념적 모호성이나 해석의 다의성(多義性) 속에서 미디어 어카운터빌리티를 이행해야 한다는 주장이 언론 자유를 훼손하는 것으로 받아들여지기도 하고(Bourdon, 2005), 무료 보편적 공공서비스 체계에 속해 있는 방송사로 하여금 대중의 정서와 유리된 엘리트주의에 빠지게 만들거나, 단지 미디어 활동을 통제하는 기능만을 하게 될 가능성이 있다고 지적되기도 한다(김재영·이남표·양선희, 2008). 미디어 어카운터빌리티를 둘러싼 개념적 혼란과 모호성은 구체적인 실천 방안을 모색하는 과정에서 가장 큰 걸림돌이다. 이러한 현실적 난제를 해결하기 위해, 어카운터빌리티의 개념적 본질과 작동원리, 다양한 전문영역에서 횡단적으로 적용되는 보편적 속성에 관한 검토가 먼저 요구된다.

2. 어카운터빌리티의 본질과 보편적 속성

어카운터빌리티의 사상적 기원

어카운터빌리티라는 개념의 사상적 역사적 기원은 직접민주주의의 상징이자 그 발상지인 고대 아테네로 거슬러 올라갈 수 있다. 고대 아테네에서 정치나 행정 영역의 공직자들이 어카운터빌리티를 이행하지 않는 것(unaccountability)은 법이 없는 것과 같은 의미로 여겨질 만큼, 공직자들에게 부여된 책임과 의무 중에 가장 중요시 되던 것이 어카운터빌리티였다. 파르테논 신전 건설과 같은 공공사업 종사자도 마찬가지였다. 한편, 일반시민들에 부여된 최소한의 권리는 공직자를 선출할 권리와 그들에게 설명을 요구할 권리다. 시민에 의해 선출된 공직자는 시민이 참여하는 민회(民會)에서 1년에 10회에 걸쳐 자신의 업무와 공적 행위에 대해 보고해야 했다. 그들의 보고와 설명이 부족하거나 부적절하다고 일반시민이 판단하면 그들은 엄격한 재판에 회부되었다. 재판의 배심원 역시 일반시민이다. 공직자는 민회에서의 보고와 배심원에 의한 재판 과정을 무사히 통과하더라도, 자신에게 부여된 임무가 종료될 때는 업무에 관한 보고서를 제출해야 했다. 요약하자면, 고대 아테네의 직접민주정을 유지하는 메커니즘의 핵심은 '일반시민'이 '공적 업무에 관여하는 시민(=공직자)'의 행위와 업적을 직접 체크하는 것에 있었다. 시민(citizens)에 의해 구성되는 사회의 탄생으로 볼 수 있다. 여기서 시민은 사회적으로나 산업적으로는 다종다양하지만 문화적으로는 동등한 존재임을 의미한다(Day & Klein, 1987).

고대 아테네에서 직접민주정이 성립되고 유지될 수 있었던 메커니즘을 도식화한 것이 〈그림 4〉다. 첫째, 일반시민과 공적업무를 담당하는 공직자는 모두 '문화적으로 동등한 시민'의 범주에 속해 있다. 그리고 각각의 지위와 역할에 상응하는 권리와 의무가 부여되었다. 어카운터빌리티가 공직자에게 부여된 가장 중요한 의무라면, 공직자에게 어카운터빌리티를 요구할 권리와 의무는 일반시민에게 있다. 둘째, 각각의 권리와 의무를 행사하기 위해 '참여'가 필수조건이다. 참여의 방식이나 내용, 정도의 차이는 있을지라도, 참여는 개인적 선호나 의지에 의한 선택의 문제가 아니라, 가장 기본적인 권리인 동시에 의무다. 셋째, 권리와 의무, 참여와 어카운터빌리티라는 핵심요소의 상호조화 및 긴장 관계는 '치밀한 시스템'[3]을 통해 유지될 수 있었다.

〈그림 4〉 고대 아테네의 직접민주정 메커니즘: 참여와 어카운터빌리티

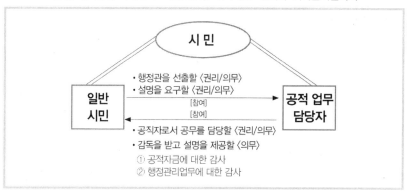

* 碓氷悟史(2001), 16의 그림과 橋場弦(1997), 123-124의 내용을 토대로 작성.

---

3 고대 아테네에서 직접민주정을 유지하기 위해 운영한 주요 시스템은 다음과 같다. ①민회: 최고의결기관으로 일반시민이 모두 참여. ②평의회: 행정부분의 최고기관이며 민회에 대한 안건 제출, 재무 관련 업무 전반의 감독, 국가 수입과 지출관리, 공공건축에 대한 감독과 감사 담당. ③시민재판소: 최고사법기관. ④자격심사: 공적업무를 위해 선임된 공직자가 취임 전에 평의회 및 시민재판소에서 받아야 하는 일종의 면접시험. ⑤집무심사: 공직자의 임기가 만료될 때, 전체 재임 기간 중에 수행한 공적 업무의 내용에 대해 이루어지는 심사. ⑥탄핵재판: 탄핵법에 의해 정치적 책임을 묻기 위한 재판. ⑦도편추방: 민주정에 위험을 불러올 만큼의 권력을 보유하고 있다고 판단되는 유력 정치가에 대한 시민들의 의사 표시 수단(橋場弦, 1997, 84-124).

〈그림 4〉의 메커니즘을 유지하기 위해 운영된 치밀한 시스템의 특징은 다음과 같다(橋場弦, 1997, 84~124). 첫째, 최고의결기관은 일반시민이 참여하는 '민회'이며 행정집행 최고기관은 '평의회'다. 민회는 평의회 위에 있으며 민회와 평의회 각각의 지위와 역할은 명확하게 분리되었다. 둘째, 공직자로 선임되기 위해서는 직무와 관련된 전문 지식, 기능, 적성, 품성 등에 대한 엄격한 심사와 평가 단계를 통과해야 한다. 임기가 만료되어 공적 책임을 면책받기 위해서도 회계 및 업무 일반에 관한 심사와 평가를 통과해야 한다. 공직자를 심사하고 감시하며 평가하는 주체는 시민단 전체다. 셋째, 공직자에 대한 심사와 평가는 크게 두 가지다. 하나는 시민단에 의한 '외부평가'이며, 또 하나는 공직자 스스로에 의한 '자기평가'다. 외부평가에 대응하고 해명하기 위해서도 스스로의 행위나 활동에 대한 자기평가는 물론이고, 심사와 평가를 위한 자료와 정보 공개가 필수조건이다. 넷째, 재류외국인, 노비, 여성 등에게 시민권이 부여되지 않았다는 것은 아테네 직접민주정의 한계임에 틀림없다. 다만, 시민권을 부여받은 시민들은 토지 소유 여부나 재산의 많고 적음에 상관없이 출석·발언·투표할 수 있는 권리와 의무가 모두 평등하게 부여되었다. 다섯째, 이 메커니즘은 정치나 행정 분야의 공직자에게만 적용된 것이 아니라, 파르테논 신전 건설 등 모든 공적 업무에 엄밀하게 적용되었다.

어카운터빌리티의 개념적 원리와 보편적 속성

어카운터빌리티의 사상적 핵심은 직접민주주의의 시민참여 메커니즘을 도입하여 대의민주주의의 한계를 보완하고자 하는 것에서 찾을 수 있다.

하지만 어카운터빌리티를 구성하는 원리의 가장 단순한 형태는 "개인과 개인이 스스로를 정당화하기 위해 해명하고 설명하기 위해 대화"를 나누는 것에서 시작된다. 대화는 크게 세 가지 속성을 내재하고 있다. 첫째, 사회생활적 맥락에서 우리들 모두의 행위는 감사(監査)나 조사에 열려있다는 것이다. 둘째, 종교 및 윤리적 맥락에서 우리들 행위는 정당한 행위에 대한 기대나 규칙을 위반할 가능성을 내포하고 있다는 것이다. 셋째, 이 두 가지 맥락과 속성에 따라서 재정기록 등의 규칙을 필요로 한다는 것이다(Day & Klein, 1987, 4).

한편, 루커스(Lucas, 1993)는 책임(responsibility), 어카운터빌리티(accountability), 응답책임(answerability)의 주체가 일치되어야 한다고 보았다. 그 원리를 이해하기 위해서 유용한 질문이 두 가지 있다. 하나는 '행위동기(Why)'를 묻는 질문이다. "당신은 왜 그것을 했는가?(Why did you do it?)" 이 질문은 극히 간단해 보이지만, '행위주체(You)', '실행여부(Do)', '행위내용(It)' 등의 세 가지가 명확하지 않으면 성립될 수 없다. 첫째, 이 질문에 답을 하는 자가 행위주체가 아니라면, 행위의 동기와 내용에 관한 적확한 설명과 답을 할 수 없다. 둘째, 행위주체와 답하는 자가 일치하더라도, 그 행위가 '능동적(activie)'으로 이루어진 것인지 아니면 '수동적(passive)'으로 이루어진 것인지에 따라서, 행위동기에 대한 답변과 설명의 유효성은 달라질 수 있다. 셋째, 행위의 결과가 아무도 예측하지 못했던 것일 경우, 행위주체는 행위의 본질이나 실체에 대한 답은 할 수 있어도 그 결과에 대해서는 정확한 해석과 답을 하기 어렵다. 이 세 가지 상황 모두 어카운터빌리티와 응답책임이 적확하게 성립되었다고 보기 어렵다. 또 다른 질문은 "당신은 왜 그것을 하지 않았는가?(Why did you not do it?)"다. 행위주체가 어떤 행위를 하지 않았을 때 그 이유를 묻는 질문이다. 이 질문 역시 응답주체와 행위주체는 일치해야 한다. 그리고 질문

주체와 응답주체(=행위주체) 사이에서 '상호 공유 및 합의'가 전제되어야 할 몇 가지 기본 조건이 있다. 첫째, 그 행위는 답을 하는 행위주체가 반드시 이행했어야 할 '의무'라는 인식이다. 둘째, 행위의 이행 여부 즉, 이행하지 않았음을 판단할 수 있는 '기준'이다. 셋째, 행위주체가 그 행위를 이행할 수 있는 '능력과 힘'을 소유하고 있는지 여부다. 이 질문과 답에는 힘(power)과 권한(authority)이라는 요소가 내포되어 있다. 애초에 행위 이행을 위한 능력과 힘을 갖고 있지 못했다면 이 질문 자체가 무의미하다. 능력과 힘이 사전에 확인되지 못한 상태에서는 권한을 부여해서는 안된다는 것을 의미하기도 한다.

'힘과 권한'은 "왜 어카운터빌리티인가?"라는 질문의 답을 구성하는 핵심 요소이기도 하다(碓氷悟史, 2001, 4-9). 민주주의 사회는 자유와 평등을 지향한다. 평등이 수직적 관계에서 주로 요구되는 것이라면, 자유는 수평적 관계에서 주로 요구되는 가치다. 자유와 평등은 민주주의 사회를 지탱하는 근간이지만, 누군가의 힘과 권한은 또 다른 누군가의 자유를 억압하거나 평등을 훼손할 가능성이 있다. 그렇다고 해서 자유와 평등을 구현하기 위한 모든 것을 법제도적 장치와 같은 강제적이고 물리적인 수단에만 의존할 수는 없다. 또 다른 방식과 차원에서 자유와 평등을 훼손할 수 있기 때문이다. 어카운터빌리티는 사회적 도덕적 관계를 기반으로 자유와 평등을 구현하기 위한 목적에서 등장한 것이다. 힘과 권한의 행사에는 책임과 의무가 수반되고, 그 책임을 어떻게 이행했는지 확인하기 위한 과정에서 요구되는 것이 어카운터빌리티다. '힘과 권한을 부여받아 이를 바탕으로 영향력을 행사하는 자(者)'가 스스로의 힘과 권한, 그리고 영향력의 정당성, 유효성, 합리성 등을 증명해 낼 때, '힘과 권한을 부여했거나 혹은 그 영향력 하에 있는 자'와의 사이에서 '힘과 권한의 균형'이 유지될 수 있다고 보는 것이다. 힘과 권한의 균형이 깨지면, 궁극적으로 자유와 평등 역시 구현될 수 없다고 보는 관점이며, 어카운터빌리티를 매개로 '힘과 권한의 균형'을 지향하는 메커니즘이다. 인류 역사의 소산이자 지혜라는 평가다. 실제로 현대사회에서 발생하는 사회적 갈등이나 마찰의 원인을 경영학적 관점에서 분석해 보면(工藤達男, 1994), 사회나 조직 내에서 힘과 권한을 지닌 자가 스스로의 책임이나 어카운터빌리티를 최소화하려고 하는 경향을 보이고, 그 결과 '힘과 권한의 균형'이 깨지면서 조직의 민주적 운영이나 유효성이 훼손되는 사례가 빈번하게 발생한다는 지적이다.

스크로스베르거(Schlossberger, 1992)는 인간과 인간 사이의 상호작용과 상호관계의 핵심에 도덕적 가치(moral worth)와 도덕적 평가능력(moral evaluability)으로 구성되는 도덕적 어카운터빌리티(moral accountability)가 있다고 보았다. 그리고 도덕적 어카운터빌리티를 이행할 수 있는 자, 다시 말해서, '언제', '어떤 상황에서', '무엇을' 설명할 것인지, 자신에게 권리와 의무가 '왜' 부여되었는지 등을 설명할 수 있는 자(moral person)에게 도덕적 지위(moral standing)와 이에 상응하는 힘과 권한, 공적자원이 부여되어야 한다고 주장했다. 여기에서 중요한 것은, 도덕적 지위는 그것을 부여하거나 위임한 자에 의해 결정된다는 점이다. 그리고 누군가의 도덕적 지위가 붕괴되었다면, 이는 그에게 힘과 권한, 권리와 의무를 부여하거나 또는 위임한 자의 도덕적 지위도 함께 붕괴되었음을 의미한다는 것에도 주목할 필요가 있다.

이상에서 소개한 관점과 해석을 바탕으로 어카운터빌리티라는 개념 속에 내재해 있는 몇 가지 보편적 속성을 발견할 수 있다. 첫째, 어카운터빌리티 개념에는 '의무'라는 요소가 내재해 있다. 어카운터빌리티의 가장 중요한 본질은 결과에 대한 단순한 응답이나 설명이 아니라, 결과에 이르기까지의 행위와 과정이 '왜' 그러했는지에 관한 이유와 근거를 설명하고 입증해야 하는 의무라는 점에서 찾을 수 있다. 목적이나 목표를 달성하기 위해 효율적이고 효과적이며 충분한 행위와 활동을 어떻게 전개하여 소귀의 성과를 만들어 냈는지, 부여받은 힘과 권한을 어떻게 행사했는지 그 과정과 결과를 증명하고 설명해야 하는 의무다(碓氷悟史, 2001; 若井彌一, 2000).

둘째, 책임과 어카운터빌리티의 이행주체는 일치해야 하며, 책임과 어카운터빌리티의 이행 여부를 판단하고 평가할 수 있는 기준과 척도가 마련되어야 한다. 기준과 척도를 마련하기 위해서는 특정 업무나 행위에 관한 심리적·도덕적·사회적 규범, 당해 조직이나 사회 전반에 걸쳐서 납득할 수 있는 정당성과 맥락 등에 관한 공유와 합의가 전제되어야 한다(Backman, 1975). 사회를 구성하는 다양한 영역과 조직마다 고유의 특성이나 맥락이 있고 행위자를 둘러싸고 있는 환경이나 상황 역시 상이할 수 있기 때문에, 기준과 척도를 마련하고 평가할 수 있는 사회적 도덕적 법적 차원의 제도적 장치도 필요하다. 루커스가 주장한 것처럼(Lucas, 1993), 책임, 어카운터빌리티, 응답책임에는 도덕적·사회적·법적 의미가 내포되어 있다.

힘과 권한, 권리와 의무를 부여하거나 위임한 자, 그리고 부여받거나 위임받은 자는 도덕적 가치와 도덕적 지위로 연결된 운명공동체에 가깝다. 미디어에 대한 사회적 신뢰가 추락하여 언론적폐 청산이 화두로 부상한 작금의 현실은 미디어의 도덕적 지위가 붕괴된 것에 다름 아니다. 이는 미디어에 힘과 권한, 권리와 의무를 부여하거나 위임한 자의 도덕적 지위가 함께 붕괴된 것으로 해석할 수 있다. 미디어의 도덕적 지위를 판단하고 평가할 수 있는 주체는 누구이며, 그 판단과 평가의 기준이나 척도는 무엇인가? 미디어의 도덕적 지위와 사회적 신뢰를 회복하기 위해서 누가 무엇을 어떻게 해야 하는가? 이 질문에 대한 답을 찾기 위한 성찰 과정에서 어카운터빌리티의 개념적 원리와 보편적 속성은 유용하다.

어카운터빌리티의 개념과 유형

정부는 물론 공중으로부터 특정한 힘이나 권한을 부여받은 공적 영역에서 요구되는 것이 공적 어카운터빌리티(Public accountability)다. 의사결정 과정과 그 결과가 정당성을 인정받고 도덕적 지위와 권위를 부여받기 위해서 그 힘과 권한을 어떻게 행사하고 있는지 일반 공중에게 스스로 공개해야 한다는 개념이다.[4] 공적 어카운터빌리티는 두 가지 속성을 지닌다. 하나는 공중이 필요하다고 인정한다면 특정한 힘과 권한을 행사함에 있어서 제재(sanction)나 이의제기(challenge) 등을 통한 감사에서 자유로울 수 없다는 것이다. 또 다른 하나는 관련 절차와 과정에서 정당성을 확보하기 위해 효율성(efficiency)을 확인할 수 있는 실질적인 기준 하에 평가받아야 한다는 것이다(Feintuck, 1994, 39). 이는 공적 자원이나 권한에 관한 문제이며, 공적·사회적 권리와 책임, 공적·사회적 평등과 자유 구현에 관한 문제이기도 하다. 힘과 권한은 물론, 이를 행사하기 위해 공적 자원을 부여받은 개인이나 조직, 기관은 자신들이 부여받은 권한의 행사 및 공적 자원의 관리 전반에 걸쳐 보고하고 설명해야 할 의무가 있음을 의미한다(碓氷悟史, 2001).

물론, 공적 어카운터빌리티라고 해도 권한과 책임의 내용에 따라서 그 주체와 대상은 다양할 수 있다. 어떤 기준이나 척도에 따라 분류하는가에 따라서 그 내용과 형식도 달라질 수 있다. 먼저 '어떤 방식으로 어카운터빌리티를 실천하는가?'라는 질문을 중심으로 네 가지 유형의 어카운터빌리티가

---

4 우스이 사토시(碓氷悟史, 2001)는 공적 어카운터빌리티(public accountability)와 사적 어카운터빌리티(private accountablity)를 다음과 같이 구분했다. 공적 어카운터빌리티는 공적인 힘과 권한, 자원을 부여하거나 행사함에 따라 기인하는 책임에서 기인하는 것이며, 사적 어카운터빌리티는 사적인 힘과 권한을 부여하거나 행사함에 따라서 기인하는 책임 이행에 관한 것이다.

있을 수 있다(Romzek & Dubnick, 1987).

① 관료적 어카운터빌리티(Bureaucratic accountability) : 관료조직 내에서 부하가 상관의 명령에 복종함으로써 바람직한 결과를 얻고자 하는 것
② 법적 어카운터빌리티(Legal accountability) : 법률이나 계약 등의 명문화 된 규정에 의해서 바람직한 결과를 얻고자 하는 것
③ 전문직 어카운터빌리티(Professional accountability) : 전문지식과 능력 을 지닌 자가 재량권을 가지고 자율적으로 활동함으로써 바람직한 결과를 얻고자 하는 것
④ 정치적 어카운터빌리티(Political accountability) : 정치적 의향이나 압력 을 통해서 바람직한 결과를 얻고자 하는 것

이 중에서 가장 바람직한 방식으로 여겨지는 것이 '전문직 어카운터빌리 티'다. 관료적 어카운터빌리티나 정치적 어카운터빌리티가 중시되면 조직 기능이 마비되거나 편견에서 기인하는 사건 및 비리가 발생하기 쉬운데, 이런 현실적인 폐해나 문제를 예방하거나 해결할 수 있는 것이 전문직 어카운터빌리티를 이행하는 것으로 평가받고 있다.[5]

한편, '어카운터빌리티의 내용은 무엇인가?'라는 기준과 척도에 의해서는 '정치적 어카운터빌리티(Political accountability)'와 '경영적 어카운터빌리티(Managerial accountability)'로 분류할 수 있다. 여기에서 정치적 어카운터빌리티는 이행방식을 중심으로 분류한 정치적 어카운터빌리티 유형과는 상이한 개념과 의미를 지닌다. 어카운터빌리티의 내용을 중심으로 한 분류에서의 정치

---

5 저자들은 논문에서 1986년 발생한 왕복우주선 '챌린지호'의 폭발사고 원인을 찾기 위해서 어카운터빌리티의 관점에서 사례를 분석했다. 그 결과 NASA 내부의 '관료적 어카운터빌리티', 국민에게 성과를 보이고자 하는 정치적 의도에 의한 '정치적 어카운터빌리티'가 중시된 반면, '전문직 어카운터빌리티'가 위축된 결과, NASA의 기술 및 관리 시스템이 실패하였고, 이것이 사고의 근본 원인이라는 결과를 도출했다(Romzek & Dubnick, 1987).

적 어카운터빌리티는 정책 목적 달성이나 책임 이행에 관한 규범적 측면에서의 평가를 중심으로 한다. 주요 논점은 진행 중인 행위와 설명 사이에 연결고리가 있는가, 커뮤니케이션 통로가 작동되고 있는가, 위임한 권한과 그 행위를 강제하기 위한 제재는 충분한가 등이다. 이 논점들에 대한 해석은 논쟁적일 수 있기 때문에 해당 행위를 정당화하기 위한 이유 및 설명, 판단 기준이 제공되어야 하며, 프로세스 개방이나 정보의 존재 여부, 유효성에 관한 평가가 중시 된다. 반면, 경영적 어카운터빌리티는 위임받은 업무, 즉 책임을 어떻게 관리하면서 실행했는가를 평가하기 위한 실무적 차원의 내용이다. 평가를 위한 기준과 척도는 크게 세 가지다. ①회계(fiscal) 어카운터빌리티다. 법제도적 차원에서 정책 결정 과정과 절차, 규칙을 관찰하기 위한 것이다. 자원이나 그 관리가 정책 및 서비스, 이를 위한 조직에 적절하게 투입(input)되었는지를 체크한다. ②프로세스 어카운터빌리티다. 행위와 자원 사용에 의해 달성된 가치를 명확히 하기 위한 것이다. 적절한 생산물(output)이 창출되었는지를 확인하기 위해 투입과 생산물 간의 효율성을 체크한다. ③프로그램 어카운터빌리티다. 행위 및 자원 투자의 내용과 방향성이 애초 의도했던 목적과 결과(outcome) 달성에 유용했는지를 체크한다(Day & Klein, 1987).

어카운터빌리티의 주체와 대상에 따라서 그 유형과 형식은 다양할 수 있으며, 공적 어카운터빌리티 역시 어떤 기준과 관점에서 해석하느냐에 따라서 다양한 개념 정의 및 유형 분류가 가능하다. 하지만, 이들을 횡단적으로 관통하는 요점을 종합하여 정리하면, ①재산이나 업무, 권한 등을 위임·위탁받은 주체(개인 혹은 조직), 또는 공익을 목적으로 하는 주체(개인 혹은 조직)가 어카운터빌리티의 '이행주체'가 되어, ②이를 위임·위탁한 주체, 당해 사업이나 공익에 직간접적으로 관계되는 모든 개인, 단체, 조직 또는 사회 전체를 '이행 대상'으로 하여, ③재산이나 업무, 권한, 유형 무형의 업무와 공적 자원을 위탁받은 영역에서 이루어지는 모든 활동의 수행 상황과 결과에 관한 '내용'을, ④당해 업무와 사업의 '준비-실행-결산-감사'에 이르는 모든 프로세스에 걸쳐 투명하게 검증하고 평가하여 공개하는 것이다(碓氷悟史, 2001). 책임 이행에 관해 논의할 때 어카운터빌리티가 수반되어야 할 가장 큰 이유는 어카운터빌리티가 수반되지 않는 책임은 그 이행 여부를 판단하기 어려울 수밖에 없으며, 그 결과 특정 행위에 대한 책임을 묻는 것 자체가 불가능해 지기 때문이다.

3. 미디어 어카운터빌리티의 개념적 정교화

1940년대 미디어에 대한 사회적 비판 속에서 발표된 허친스 보고서(1947)에서는 언론 스스로가 사회적 어카운터빌리티(Social accountability)를 이행하지 않는다면, 언론 통제나 규제에 의한 민주주의의 위기 혹은 전체주의로 전락할 수 있다고 경고한 바 있다. 그리고 1980~90년대에 걸쳐, 미디어에 대한 공적 규제 시스템은 물론, 시장에서의 자유경쟁 메커니즘과 자율규제 시스템이 제대로 작동하고 있지 않다는 진단과 평가 속에서 미디어를 제어하고 규제하기 위한 제3의 메커니즘으로 대두된 것이 미디어 어카운터빌리티다.

하지만 미디어 어카운터빌리티는 책임(책무) 개념이나 미디어 윤리, 자율규제 등과의 개념적 혼란 속에서 동일한 것으로 해석되기도 하고(Lucas, 1993; Pritchard, 2000; Bourdon, 2005), 법률적 의무나 금지사항, 제3자에 의한 외부 감사나 법제도적 규제 장치 등과 동일시되어 언론 자유를 통제하고 억압하는 개념으로 규정되기도 한다(Hodges, 1987; McQuail, 2003b/2006; Bourdon, 2005). 미디어 어카운터빌리티에 관한 다양한 논의들 중에서 베르트랑이나 맥퀘일의 해석과 주장은 미디어 어카운터빌리티라는 규범적 개념에 대한 이해와 함께 현실적인 실천 방안을 모색하는 데에 매우 유의미하다. 동시에, 미디어 어카운터빌리티의 개념적 모호성과 혼란, 다의성의 문제를 파악하고 정리하여 이를 수정 보완하고 극복하기 위한 작업에도 유용하다.

베르트랑의 MAS

베르트랑(Bertrand, 2003/2003)은 어카운터빌리티를 "사회적 · 경제적 · 정치적 기관이 자신의 행동이나 제품의 내용, 문제점에 대해 자율적으로 또는 유권자나 소비자의 불만 사항에 기반하여 필요 충분한 설명 또는 응답을 하는 것이며, 그 핵심은 민감한 응답(responce)과 정보의 공개성(disclosure)으로 집약된다"고 정의했다. 미디어 어카운터빌리티에 관해서는 "미디어가 한 것, 하지 않은 것을 본래 해야 한다고 정해져 있는 것과 비교함으로써, 또는 소비자가 원하는 것을 미디어가 찾아내도록 함으로써, 저널리스트의 능력과 미디어의 품질을 향상시키기 위한 것"이라고 설명했다. 공공 서비스나 미디어의 책임 수준을 향상시키기 위한 수단 혹은 도구이자 미디어 및 언론의 품질과 윤리, 사회적 책임 이행 수준을 향상시키기 위한 장치로 제시한 것이 미디어 어카운터빌리티 시스템(MAS; Media Accountability System)이다.

〈표4〉는 베르트랑이 내부/사내형, 외부형, 공동형으로 분류하여 제시한 MAS를 정리한 것이다. 옴부즈맨이나 언론평의회뿐 아니라, 정부와 방송사업자 간의 규약, 미디어 감독기관, 미디어 고충처리, 각종 규율 및 윤리기준, 자율규제장치 등과 같이 미디어 윤리 및 품질 향상을 위한 장치가 총망라되어

있다. 미디어 액세스, 미디어 교육, 미디어 비평 등의 미디어 외부에서의
활동, 공영방송이나 대안 미디어 등과 같은 미디어 제도도 포함되어 있다.

<표 4> 베르트랑에 의한 MAS의 종류

종 류		비 고
내부/ 사내형	미디어 지면, 방송프로그램／알림／미디어 기자／사내비평／언론인에 의한 미디어 감시／심사실／독자조사／윤리 코치／내부 고발／재교육 프로그램／미디어 감시소／해외자료 편집／투서란／사이드 기사／정정란／소비자문제 기자／자기비판일지／기사심사위원회／내부연구회／윤리감사／내부 메모／윤리기준／윤리위원회／편집위원회／언론인 모임／공영방송／사내방송／고급 서비스 지향 미디어	자율규제에 전념하는 협의의 품질관리
외부형	대안미디어／저널리즘 평론지／잡지 미디어 비평란／비판서, 보고서, 필름／미디어 관련 Web사이트／미디어에 대한 요청서／공개성명／고등교육／필수과목의 미디어 윤리／비영리적 조사／미디어에 관한 여론조사／미디어 교육 캠페인／NIE프로그램／소비자그룹／시민단체／소비자단체의 문서／미디어 봉사NGO／독립적 조정기관	미디어의 승낙을 전제로 하지 않는다
공동형	투서란／외부의 미디어컬럼니스트／인터넷메시지란／옴부즈맨／고충처리실／독자응답 담당편집자／정확·공정에 관한 질문／유료광고／대중과의 면접／수용자회합／독자방문／언론인의 E메일, 전화／임원회에 시민참가／독자·시청자클럽／지역언론평의회／연차회의／미디어비평세미나／미디어비평연보／전국언론평의회／전국옴부즈맨／독자와의 연락위원회／미디어관련 협의회／국제적 협력／훈련을 위한 NGO／지속적 교육／수상, 표창	미디어, 미디어 종사자, 시민이 공동으로 참가하는 품질관리

* Bertrand(2003/2003), 54-68의 본문내용을 정리하여 작성.

베르트랑이 제시한 MAS의 목적가치는 궁극적으로 어카운터빌리티의 목
적가치와 상당부분 일치한다. 하지만, MAS의 유형과 범주를 설정하는 기
준이 지나치게 느슨하다. 미디어의 책임 이행 및 질적 제고라는 목적가치를
공유한다고 해서 이 모두를 어카운터빌리티 이행 장치로 보기는 어렵다. 미
디어 고유의 속성과 특수한 맥락을 고려하더라도, 어카운터빌리티의 본질

이나 보편적 속성에 부합하지 않는 것들이 다수 포함되어 있다. 결국, 베르트랑의 MAS는 미디어 어카운터빌리티의 규범적 개념을 미디어 현실에 적용하고 실천하는 데에 혼란을 초래할 가능성이 있다. 미디어 스스로가 이미 충분히 어카운터빌리티를 이행하고 있다는 오해를 불러일으킬 수 있으며, 어카운터빌리티 이행에 관한 자각과 능동적인 실천 의지를 훼손하거나 상쇄해 버릴 수도 있다.

첫째, 주체의 문제다. 제3자기관이나 외부 비평 등을 외부형 MAS로 제시했다. 제3자를 중심으로 한 미디어윤리제도나 고충처리기관 등은 미디어와 언론에 관한 다양한 문제를 다루면서 품질 제고를 지향하는 것이다. 법적 규제나 정부권력의 개입 없이 시청자와 독자, 시민단체, 미디어 연구자 등이 참여하여 해결책을 모색하는 형식으로도 매우 유의미하다. 제3자기관에 의해 논의된 의견이나 견해, 권고 등에 대해 미디어가 적극적이고 능동적으로 대응해 가는 것 역시 지향해야 할 바다. 하지만 외부형 MAS는 미디어의 책임과 어카운터빌리티 이행 주체가 동일해야 한다는 기본 원리를 벗어나는 것이며, 결국, 미디어가 이행 주체가 되어 스스로를 평가하고 공개하여 상대방을 설득해야 한다는 기본 원리와 개념에 어긋난다.

둘째, 목적과 함의의 문제다. 어카운터빌리티는 민주주의 사회에서 힘과 권한의 균형을 유지하여 자유와 평등을 구현하기 위한 민주적 수법으로써의 함의를 지닌다. 더욱이 미디어 어카운터빌리티는 법적규제와 자율규제의 한계를 수정 보완하여 미디어의 품질 제고 및 도덕적 지위와 신뢰 구축을 지향하는 제3의 메커니즘이다. 미디어 품질 제고를 위해 제3자 개입을 요구하거나 제3자에게 미디어에 대한 불만과 고충 처리를 의뢰한다는 것은 힘과 권한에 수반되는 책임과 의무를 미디어 스스로가 방기한 결과에 다름 아니다. 미디어 스스로의 도덕적 가치와 평가능력, 도덕적 지위가 붕괴되었을 뿐 아니라, 이를 재건할 능력이 결여되었음을 방증하는 것일 수도 있다.

셋째, 내용과 절차의 문제다. 어카운터빌리티를 이행하기 위해서는 먼저 기준과 척도가 마련되어야 한다. 하지만, 기준과 척도만으로는 어카운터빌리티 이행 여부를 판단하고 평가할 수 없다. 프리챠드의 지적처럼, 일련의 법률적 주의와 조항, 윤리 규칙, 고충·불만 처리기관 설치 등이 문서화되어 있다고 하더라도 그것만으로는 미디어 어카운터빌리티라고 말하기 어렵다(Pritchard, 2000, 2). 미디어 어카운터빌리티는 자율규제 메커니즘의 한계를 극복하기 위한 것이기도 하다. 각종 윤리강령이나 취업규정 등 내부규범이나 자율규제 장치들의 유효성이 의심받고 있는 가장 큰 이유는 어카운터빌리티를 매개로 한 민감한 응답성과 공개성이 결여되었기 때문이다. 즉, 각종 윤리강령이나 가이드라인 등의 윤리 규범은 어카운터빌리티를 이행하기 위한 기준이나 척도로서만 유의미할 뿐이다. 그것들이 단지 내부규범으로만 존재한 채, 사회적 공유와 합의가 전제되지 않는다면 기준이나 척도로서의 유효성도 인정받기 어렵다. 그것들이 어카운터빌리티 이행을 위한 기준이나 척도로써 유효성을 갖기 위해서는 사회적 토론과 합의를 거쳐 도덕적 가치와 지위를 획득해야만 한다. 그리고 해당 강령이나 규정이 실제로 어떻게 준수되고 실천되었는지, 혹은 그러지 못했는지를 촘촘하게 확인하고 토론하면서 평가하는 과정이 수반될 때, 어카운터빌리티 이행을 위한 과정과 절차는 비로소 시작될 수 있다.

넷째, 이행 방식과 형식의 다양성 문제다. MAS에 공영방송이나 대안매체 등이 포함되어 있다. 미디어 제도가 특정 국가나 사회의 특수성을 반영하여 구현되는 것과 마찬가지로 미디어 어카운터빌리티의 이행방식이나 형식은 미디어 철학이나 지향점, 소유규조나 형태에 따라서 다양한 방식으로 구현될 수 있다. 베르트랑 스스로가 언급한 것처럼, 미국에서의 언론 자유는 주로 정부권력에 대한 자유에 초점을 맞추고 자유시장주의에 근거한 경쟁의 자유로 해석된다. 따라서 미국의 MAS는 정부가 부과하는 규칙이나 절차 등 통일된 제도 대신 파편적이고 비공식적인 방식과 장치가 많다 (Bertrand, 2003/2003, 14). 반면 영국에서 어카운터빌리티는 공영방송 BBC가 추구해야 할 목적과 가치로 규정되어 제도적 절차와 장치가 공식적인 방식으로 설치 운영되고 있다. 무엇보다, 미디어 어카운터빌리티는 사회적 책임과 공적 서비스를 목적으로 하는 모든 미디어에게 부과된 의무에 해당한다. 공영방송이나 대안매체 등은 어카운터빌리티를 보다 적극적으로 이행해야 할 미디어 제도이자 주체로 분류할 수는 있지만, MAS로 볼 수는 없다.

맥퀘일의 응답책임과 법적책임

맥퀘일은 어카운터빌리티를 응답책임(answerability) 모델과 법적책임(liability) 모델로 분류하여 설명하고 어카운터빌리티를 이행하는 방식으로 응답책임 모델이 바람직하다고 평가했다(McQuail, 2003a, 2003b/2006). 맥퀘일에 따르면, 응답책임은 도덕적·사회적 차원의 것으로 미디어와 미디어를 비판하는 사람들 사이에서 이루어지는 토론이나 교섭, 대화에 해당한다. 내용적으로는 미디어 내용과 업무의 품질, 사상적으로는 참여민주주의와 표현의 다양성, 언론의 독립 등과 연계된다. 법적책임 모델은 사회나 개인에 대한 피해가 발생했을 때 작동하는 법적 차원의 것이다.

어카운터빌리티는 책임의 내용과 형식, 주체와 대상 등과의 유기적인 대응 관계 속에서 성립되는 것이다. 알철이 지적한 것처럼, 모든 미디어는 사회적 책임과 언론 자유를 목적으로 하고 있으며, 사회적 책임과 언론 자유의 내용 및 형식은 사회적 토론과 합의를 거쳐서 각 사회의 특성이나 미디어 제도, 미디어의 소유나 조직 형태에 따라서 달라질 뿐이다(Altschull, 1995). 맥퀘일 역시 미디어의 소유나 조직 형태에 따라서, 그리고 전문적 고용자, 개인으로서의 작가나 실행자 등 책임 주체에 따라서 각각에게 부여된 책임의 내용과 수준, 강제의 정도는 달라진다고 설명한 바 있다(McQuail, 2003a). 그렇다면, 사회적 책임의 내용과 범위, 이행 주체, 속성과 강제의 정도 등에 관한 검토가 선행되어야 한다. 이를 바탕으로 어카운터빌리티의 구체적인 대상, 내용과 범위, 형식과 강제의 정도 등이 촘촘하고 엄밀하게 검토되어야 한다. 이러한 선행작업이 결여된 상태에서 어카운터빌리티를 법적책임과 응답책임이라는 두 가지 모델로 정리하는 것은 지나치게 단순하고 위험하다. 법적책임과 응답책임, 그리고 어카운터빌리티 각각의 개념적 혼란은 물론, 이 세 가지 개념 간의 복잡한 관계도 모호해진다.

책임과 어카운터빌리티 개념에 대한 맥퀘일의 설명과 해석, 평가는 미디어 윤리의 범주를 초월하여 도덕적 법적 의무까지 시야에 넣으면서 보다 체계적으로 논의하고 있다는 점에서 유의미한 함의를 제공한다. 하지만 미디어 어카운터빌리티는 '공적 규제 시스템(법적 규제)'과 '시장에서의 자유경쟁 메커니즘(자율규제)'의 한계를 수정 보완하기 위해 등장한 제3의 메커니즘이다. 어카운터빌리티 이행방식을 법적책임 모델과 응답책임 모델의 이항대립적 관계를 중심으로 논의한다면, 이는 법적규제와 자율규제에 의한 이원적 대립관계로 회귀하는 결과로 이어질 수 있다. 더욱이, 응답책임을 바람직한 모델로 규정해 버리면, 이는 고전적 자유주의 이론과 소극적 자유의 패러다임 속에 머물러 있는 사회적 책임 이론의 관점과도 크게 달라 보이지 않는다.[6]

---

6 이러한 혼란과 오해는 미디어 어카운터빌리티에 관한 다수의 논의들 속에서 발견된다. 예를 들어, 바도엘(Bardoel & D' Haeneans, 2004, 173)은 미디어 어카운터빌리티 유형으로

미디어 어카운터빌리티 개념의 구성 요소: 드러내기, 좋은 거버넌스, 과정

어카운터빌리티의 사상적 토대, 보편적 속성과 작동원리, 그리고 미디어 어카운터빌리티에 관한 기존 논의의 성과와 한계를 종합적으로 고찰한 결과, 미디어 어카운터빌리티의 개념적 정교화 및 규범적 재생산을 위해 요구되는 세 가지 핵심 요소를 발견할 수 있다. 드러내기(manifestation), 좋은 거버넌스(good governance), 그리고 과정(process)이다.

먼저, 프라이상스가 어카운터빌리티의 키워드로 제시한 '드러내기'는 투명성과 공개성, 민감한 응답성 등의 요소를 포괄한다. 프라이상스는 미디어의 잘못된 내용을 수정하거나 피드백하기 위한 창구, 옴부즈맨 등의 설치 여부에 따라서 어카운터빌리티를 얼마나 실천하고 있는지 측정하고 평가하는 것에 대해 비판적이다. 그리고 좀 더 포괄적으로 어카운터빌리티를 해석했다. 미디어 이용자는 미디어가 만들어 내는 메시지를 매개로 일련의 의미와 가치를 만들어 내는 존재이며, 미디어에 힘과 권한을 부여하고 책임 수행을 요구할 수 있는 권리를 지닌다고 보았다. 그리고 미디어 어카운터빌리티는 미디어 이용자의 권리를 바탕으로 '미디어'와 '이용자' 사이의 유동적이고 역동적인 상호작용을 성립시키기 위한 것이다. 따라서 미디어 종사자는 스스로가 미디어를 이용하여 정보를 생성하여 이용자에게 전달하기까지의 과정, 의제 설정자로서의 역할 수행 과정 등을 포괄하는 모든 영역에서 스스로를 드러내야 한다고 주장했다(Plaisance, 2000, 258-259). 여기에서 미디어가

네 가지를 제시했다. 정치적 어카운터빌리티(political accountability), 시장 어카운터빌리티(market accountability), 공적 어카운터빌리티(public accountability), 전문직 어카운터빌리티(professional accountability) 등이다. 이 네 가지는 분류 기준이나 척도가 모호하게 혼재되어 있다. 미디어 규제 메커니즘이나 사회적 책임 유형을 분류하는 기준과 틀 위에 어카운터빌리티라는 용어와 개념을 대입한 것과도 유사해 보인다.

스스로를 드러내야 한다는 것은 미디어와 사회 간의 긴장이나 딜레마를 중화시키거나 해소하기 위한 것이 아니라, '건전한 긴장관계'를 유지하고 관리하기 위한 것이다(Plaisance, 2000, 266).

미디어 어카운터빌리티의 두 번째 요소는 정책과학영역에서 주로 이용되는 '거버넌스'라는 개념이다. 거버넌스는 정부 정책 영역에서의 전통적인 정치 프로세스가 권위적이고 억압적이라는 비판이 제기되면서, 정책의 영향을 받는 시민의 의견을 정책에 반영해야 한다는 것이 강조되는 개념이다. '좋은 거버넌스'는 조직이나 제도가 표방하고 있는 높은 이념이나 의도가 아니라, 측정이나 증명 가능한 업적을 기준으로 관리되고 평가받아야 한다는 것을 의미한다. 정부와 시민사회의 동반자적 관계를 도입함으로써 정부가 일방적으로 정책결정을 내릴 때 발생할 수 있는 문제를 극복할 수 있을 것으로 기대되고 있다. 국제회계사연맹(The International Federation of Accountants; IFAC)의 공적영역위원회(Public Sector Committee)가 2001년 발표한 보고서 "Governance in the Public Sector: Governing Body Perspective"에 따르면, '좋은 거버넌스' 여부를 평가할 수 있는 기준은 크게 네 가지다. ①행동기준(Standards of Behaviour)이다. 객관성, 청렴성, 성실성 등의 리더십이 포함될 수 있다. ②조직구조 및 프로세스(Organizational structures and processes)다. 주주와의 커뮤니케이션, 경영자와 개인과의 관계 등이 포함된다. ③실재하는 통제 메커니즘(Existing control mechanisms)이다. 위기관리, 내부감사, 개인의 양성 등에 관한 것이다. ④대외적 보고(External reportings)다. 연차보고서, 외부감사, 업무기준 등이 여기에 포함된다(Bardoel & D'Haeneans, 2004, 171-172).[7]

---

7   하지만 거버넌스 개념이 기존의 자본주의적 지배질서를 유지하고 강화하기 위해 시민사회를 동원하는 것에 불과하다는 비판도 있다(박홍원, 2005, 13-14). 미디어 어카운터빌리티를 구성하는 개념으로 거버넌스가 유용하지만, 반대로, 거버넌스라는 개념과 실천이 자본주의

마지막으로 프리챠드는 어카운터빌리티를 "미디어 조직이 스스로의 활동을 유권자에게 설명하도록 기대되거나 혹은 의무 지워지는 과정이며, 미디어 종사자나 조직이 스스로의 행위에 대해서 설명하거나 혹은 정당화시키는 것"이라고 정의했다. 그리고 어떤 사안이 발생했을 때 그것이 ①미디어에서 기인하거나 관계된 사안이라 인식하고(Naming) ②그 사안에 관한 책임이 미디어에게 있다고 판단되면(Blaming) ③미디어에 대해 고충·불만, 의견을 제기하는(Claiming) 3단계를 거치면서 진행되는 '과정' 전체가 어카운터빌리티라고 설명했다(Pritchard, 2000, 2-4). 프리챠드는 주로 언론평의회나 뉴스 옴부즈맨 등을 중심으로 어카운터빌리티를 설명했기 때문에 다소 제한적이고 소극적이라는 평가도 가능하다. 다만, 세 가지 단계의 전체 과정 속에서 미디어 조직의 대응 방식이나 미디어에 의견 또는 불만을 제기한 이해 당사자와 미디어 조직과의 관계를 중시하고 있으며, 미디어와 이해 당사자 간에 토론이 이루어지는 공론의 장에 이해당사자가 언제나 쉽게 접근할 수 있어야 한다고 바라본 관점은 유용하다.

어카운터빌리티의 사상적 토대, 어카운터빌리티를 작동시키는 원리와 보편적 속성, 그리고 미디어 어카운터빌리티를 구성하는 세 가지 요소를 종합적으로 고려하여, 미디어가 이행하는 어카운터빌리티, 즉 미디어 어카운터빌리티의 개념을 다음과 같이 정의 내리고자 한다.

미디어 정책(policy), 시책(program)과 사업(project) 등의 활동에 관한 목표 혹은 역할과 책임의 내용, 명확한 기준 등을 미디어 스스로가 널리 표명한다.[8]

적 지배질서를 유지 강화하는 데에 동원되지 않고 본연의 규범적 개념과 목표를 달성하기 위해서 어카운터빌리티의 실천이 요구된다고 볼 수도 있을 듯하다.

8 정책(policy)은 근원적인 활동방침과 자세, 궁극적으로 달성하고자 하는 목표를 집대성한 이념이자 규범적 지향점에 해당된다. 시책(program)은 정책 목표 달성을 위한 수단에 해당

그리고 이것들이 어떻게 실행되었는가, 혹은 실행하기 위해 어떻게 자기 관리하고 있는가에 대해 미디어 스스로가 평가·검증하여 공개한다. 시민사회는 그 평가·검증에 관한 과정 및 결과에 대해 자기 의견이나 의향을 제시하면서 미디어에 관한 정책 결정 과정이나 사회적 자율규제(social self-regulation)에 참여한다(정수영, 2012).

4. 미디어 어카운터빌리티의 내용적 정교화

미디어 어카운터빌리티는 공중에 대한 책임을 부여받은 주체가 이행한다는 개념의 공적 어카운터빌리티의 범주에 속하지만, 그 중에서도 미디어라는 이행 주체를 구체적으로 명시한 용어다. 즉, 앞에서 공적 어카운터빌리티를 관료적 어카운터빌리티, 법적 어카운터빌리티, 전문직 어카운터빌리티, 정치적 어카운터빌리티 등으로 분류한 것과는 그 기준과 층위가 상이하다. 단, 미디어 어카운터빌리티가 공적 어카운터빌리티에 포함된다는 점에서, 공적 어카운터빌리티의 주요 유형들은 미디어 어카운터빌리티의 내용 구성 및 이행 절차를 평가하고 정교화하는 데에 유용하다.

어카운터빌리티의 보편적 원리와 공적 어카운터빌리티의 개념 및 유형을 종합하여 다섯 가지의 내용적 요소로 재분류하였다. 그리고 여기에 미디어 어카운터빌리티를 적용한 것이 〈표 5〉다.

하며 실무를 중심으로 구성된다. 사업(project)은 시책 목표 달성을 위한 구체적인 사무나 업무를 말한다. 정책, 시책, 사업 각각의 목표와 구체적 수단들이 체계적이고 계층적으로 구성되었을 때 정책적 지향점의 총체적 달성이 가능해진다(山谷淸志, 1997).

〈표 5〉 공적 어카운터빌리티의 내용적 분류 및 미디어 어카운터빌리티의 적용

분류기준	공적 어카운터빌리티 (Public Accountability)	미디어 어카운터빌리티 (Media Accountability)
누가 이행하는가 [주체]	• 재산이나 업무, 권한 등을 위임·위탁받은 자나 조직 • 공익을 목적으로 하는 자나 조직	• 외적 어카운터빌리티: 미디어 조직 혹은 업무상의 대표, 감독자 • 내적 어카운터빌리티: 책임, 업무 내용에 부합하는 내부 당사자
누구에게 이행하는가 [영역] [범위]	• 재산이나 업무, 권한을 위임·위탁한 자 • 당해 사업이나 공익에 직간접적으로 관계하는 모든 개인, 단체, 조직 및 사회 전체	• 외적 어카운터빌리티: 시민사회, 불특정 다수의 이용자, 관련법 혹은 사회계약 상의 어카운터빌리티 내용에 부합하는 이해 당사자 • 내적 어카운터빌리티: 미디어 조직 혹은 업무상의 대표, 감독자
왜 필요한가 [목적]	• 당해 사업의 투명성 및 원활한 운영 • 당해 사업의 효율성과 전문성, 도덕적·법적 책임 추구	• 언론 자유와 독립 보장 • 시민사회와의 신뢰네트워크 구축 • 열린 포럼의 형성
무엇을 공표하는가 [내용]	• 재산이나 업무, 권한을 위탁받은 영역에서의 모든 활동의 수행 과정과 상황, 그 결과 • 소정의 목적에 부합하는 업무 • 책임 이행에 대한 양적·질적 평가	• 미디어 정책, 시책·사업 등의 활동 및 업무 내용의 절차와 결과, 이에 대한 평가 • 재무, 회계, 경영, 조직 등에 관한 사항 • 고충, 불만 처리나 각종 판결 관련 사항
어떤 단계/ 방법으로 이행하는가 [절차] [방법]	• 당해 사업의 '준비−실행−결산−감사'에 이르는 모든 과정 • '권리−의무' 관계가 해소될 때까지 • 부과된 책임이나 의무의 속성에 부합하는 방법	• 미디어 활동의 전체 과정 상에서의 연동성 및 인과관계를 고려하여 상설화된 장치 • 각종 데이터, 관련 자료, 기록 등의 보존 • 신문, 방송, Web사이트의 적극적 활용

* 碓氷悟史(2001)가 공적 어카운터빌리티의 내용을 분류한 다섯 가지 항목을 차용했으며, 여기에 어카운터빌리티 및 미디어 어카운터빌리의 작동원리와 개념에 관해 검토한 내용들을 추가하여 작성했다.

어카운터빌리티의 규범적 개념을 실제 현실에서 제도화해 가는 과정에 나타날 수 있는 혼란을 최소화하기 위해, ①누가, ②누구에게, ③왜, ④무엇에 대해서, ⑤어떤 단계에서 어떤 방법으로 이행하는가 등 다섯 가지의 내용적 요소를 바탕으로 한 내용적 정교화를 시도하기 위함이다. 특히, '외적 어카운터빌리티'와 '내적 어카운터빌리티'의 구분과 양자 간의 조화가 필요하다는 것, 어카운터빌리티의 내용 및 속성과 그 대상이 부합하도록 엄밀하게 구분하여야 한다는 것을 염두에 두어야 한다.

주체: 누가 이행하는가

어카운터빌리티의 주체를 명확히 하는 것은 미디어 어카운터빌리티 개념을 제도적 장치로 구현하기 위한 출발점이라고 할 수 있다. '누가 미디어 어카운터빌리티를 이행하는가'에 대해서는 ①미디어와 외부와의 관계(=외적 어카운터빌리티), ②미디어 조직 내부의 메커니즘(=내적 어카운터빌리티) 등 크게 두 가지로 나누어 생각할 수 있다.

미디어는 사회로부터 책임과 권한을 부여 받은 주체이자 어카운터빌리티의 이행 주체이기도 하다. 어카운터빌리티의 기본 원리 및 개념에 대해서 루커스가 설명한 것처럼, 책임과 어카운터빌리티의 이행 주체는 일치해야 하기 때문이다(Lucas, 1993). 그렇다면, 방송통신위원회나 방송통신심의위원회 등 제3자기구에 의한 평가나 심의 등은 어카운터빌리티를 이행하기 위한 제도적 장치와 구분할 필요가 있다. 이들 제3자기구는 스스로의 책임과 역할에 관해서 공적 어카운터빌리티를 이행해야 할 또 다른 주체다.[9] 단, 미디어에 대한 사회적 신뢰가 추락한 상황에서 미디어 스스로가 어카운터빌리티를 충분히 이행하지 않는다고 판단되면, 제3자에 의한 공적 규제나 심의를 요구하고 정당화하는 사회적 목소리는 점점 더 강해질 수밖에 없다.

미디어가 이행해야 할 책임에는 힘과 권한으로 부여받은 언론·표현의 자유, 편집의 독립을 최대한 지켜내야 한다는 것도 포함된다. 따라서 미디어는 각종 업무와 행위상의 책임 및 의무를 어떻게 이행했는가, 언론·표현의 자유라는 권한을 어떻게 지켜내고 발휘했는가에 대한 어카운터빌리티를 이행해야 할 주체다. 그러나 단순히 미디어가 어카운터빌리티를 이행할 주체라고만 하면, 그 주체가 광범위하고 모호하여 본연의 업무에 관한 책임을 회피하거나 언론·표현의 자유가 훼손되었을 때 자기 방어를 위한 면책수단으로 전락할 가능성이 있다. 따라서 실제 미디어 조직 내부의 누가 어카운터빌리티를 이행해야 하는지가 보다 구체적이고 명확하게 제시되어야 한다.

먼저, 미디어에 부과된 권한과 책임의 내용 및 미디어 조직의 내부 구조를 함께 고려하여, 해당 업무나 행위 내용에 관한 책임을 부여받은 사람이나 조직을 대표하는 자가 사회, 혹은 내외부의 이해관계자에 대해 어카운터빌리티를 이행하게 된다(水野剛也, 2001). 미디어 소유 혹은 경영에 관한 문제, 제작이나 편집 혹은 취재에 관한 문제, 개개인의 윤리에 관한 문제 등 그 내용에 따라서 실제 책임을 지는 당사자는 달라질 수 있다. 미디어가 외부의 이해관계자 등을 대상으로 하는 '외적 어카운터빌리티'의 경우, 미디어 조직 혹은 업무상의 대표나 감독자가 어카운터빌리티를 이행해야 할 주체에 해당된다. 예를 들어 방송의 경우, 방송정책, 방송활동과 프로그램 내용

9　방송정책 수립, 공영방송 이사 추천 및 심사 과정과 절차(방송통신위원회), 방송프로그램 심의 기준 및 심의 과정과 절차(방송통신심의위원회) 등에 대한 사회적 불신 역시 높다. 이들 제3자기구의 공적 어카운터빌리티 이행 수준을 제고하기 위한 논의가 별도로 진행될 필요가 있다.

이나 편성 등에 대한 내부감독 역할을 수행하면서 시청자시민에 대한 어카운터빌리티를 이행할 주체가 누구인지를 판단하고 결정하는 것은 언론의 자유와 독립성, 자율성을 견지해 가기 위해 무엇보다 중요한 쟁점이다. 해외 주요 공영방송에서는 경영위원회가 '외적 어카운터빌리티'의 주체로서 집행부, 정부와 국회, 그리고 시민사회 사이에서 완충기(buffer)로서의 역할을 담당해 왔다(Price & Raboy, 2003).

'외적 어카운터빌리티'와 함께 책임의 내용과 범위, 강제의 정도, 구체적인 주체들 간의 관계로 구성되는 조직 내부의 민주적 메커니즘이 구축되어야 한다. 조직의 내부 메커니즘과의 연계 속에서 이루어지는 '내적 어카운터빌리티'의 경우, 해당 업무를 담당하거나 책임에 부합하는 미디어 내부 구성원이 어카운터빌리티의 이행 주체에 해당된다(McQuail, 2003a). 프로그램이나 각종 뉴스 보도 등에 숨겨져 있는 의도나 목적, 물리적·이념적 장점이나 단점, 그 배경과 맥락, 과정 등에 관해서 누구보다도 자세히 이해하고 있는 것은 실제로 그 과정에 참여한 당사자이기 때문이다. 내적 어카운터빌리티의 이행 주체는 해당 미디어 조직을 대표하거나 혹은 업무상의 대표나 감독자에게 어카운터빌리티를 이행하는 것으로 볼 수 있다. 이에 관해서는 3장에서 소개한 애넌 보고서의 내부 메커니즘을 참고하는 것이 유용하다.

어카운터빌리티의 이행방식으로는 전문지식과 능력을 지닌 자가 업무 상의 재량권과 자율성을 발휘하면서 대내외적인 지지와 협력을 스스로가 이끌어낼 수 있어야 한다는 개념의 '전문직 어카운터빌리티'가 바람직하다는 입장이 일반적이다(Romzek & Dubnick, 1987). 전문직업인으로서의 어카운터빌리티 이행 주체에게는 조직과 업무에 관한 대표성, 권한이나 책임의 수탁자로서의 자격에 부합하는 전문 지식과 적성, 품성 등이 요구된다. 어카운터빌리티를 이행할 수 있는 의지와 능력을 갖추고 있는지 여부도 중요하다. 당해 업무와 활동에 수반되는 권한과 책임을 부여하기 이전 단계에서 그 자격과 능력, 의지 등에 관한 평가 검증 과정이 수반되어야 한다(哐氷悟史, 2001; Backman, 1975; Day & Klein, 1987; Feintuck, 1994; Lucas, 1993; Schlossberger, 1992). 따라서, 어카운터빌리티의 이행 주체에 관한 논의는 '전문직주의(professionalism)'라는 쟁점과 연결된다.

대상 범위와 영역: 누구에게 이행하는가

미디어 어카운터빌리티의 대상이 누구인지는 미디어의 사회적 책임과 언론·표현의 자유의 '실체'가 늘 검증받아야 하며, 검증의 주체가 누구인지, 검증의 방향성을 설정하는 것은 누구인지라는 관점과 연결되기도 한다. '누구에게 어카운터빌리티를 이행해야 하는가'라는 질문에 대한 답은 해당 책임과 권한을 위임한 주체라는 것이며, 미디어에게 부과된 혹은 기대되는 책임과 권한의 내용이나 그 속성을 고려하여 엄밀하게 규정되어야 한다.

먼저, 미디어는 민주주의 사회의 유지 발전 및 사회 전체의 공적 이익을 추구한다는 목적을 달성하기 위해 특정 권한을 위임받았거나 계약관계 상에서 성립하는 사회제도 중의 하나다. 위임이나 계약이라는 것은 문서에 의한 것 혹은 물리적 이익이나 힘의 유무에 관한 것뿐 아니라, 책임이나 권리에 관한 암묵적 계약이나 위임에 의해 성립하는 사회적 관계를 포괄한다(グレイ·オーエン·マンダース, 1992). 제4의 권력으로 일컬어지고 있는 미디어의 사회적 영향력은 사회 전체 혹은 사회를 구성하는 개개인들에게 유무형의 영향력을 직간접적으로 행사함으로써 '힘과 권한의 암묵적 관계'로 묶여 있다고

볼 수 있다(Lucas, 1993, 182). 따라서, 사회를 구성하고 있는 시민 혹은 불특정 다수의 미디어 이용자를 어카운터빌리티의 보편적 대상으로 상정하는 것이 타당하다. 이는 일반시민들이 사회적 토론과 논쟁에 참여하여 공공정책을 결정한 고대 아테네 직접민주정의 원리를 토대로 한다. 어카운터빌리티를 거버넌스(governance) 개념과 접목해서 논의하는 이유도 여기에 있다(Bardoel & d'Haenens, 2004; 홍성구 · 최영재, 2005).

한편, 프리챠드는 미디어 조직과 그 종사자에 대하여 어카운터빌리티를 요구할 수 있는 권한을 지닌 주체로 미디어 수용자, 광고주, 뉴스 정보원, 다른 미디어 조직의 동료, FCC와 같은 규제기관 등 미디어 활동과 관련된 모든 영역을 제시했다(Pritchard, 2000). 맥퀘일은 ①수용자와 계약자, ②광고주와 스폰서 등의 고객, ③정부와 기업, 예술가 등 콘텐츠 제공자와 정보원, ④정보 및 보도 대상, ⑤미디어 기업 소유주 및 주주, ⑥규제담당 및 법률 제정자 등을 외적 어카운터빌리티의 상대로 제시하고 있다(McQuail, 2000). 방송의 경우에는 방송법이나 관련 법규정에 의해 경영이나 조직 구성, 공적 책무 등의 업무 내용을 규정하고 있으며, 행정 당국이나 국회, 방송통신위원회나 방송통신심의위원회 등 유관 기관에 의한 심사나 심의, 감사를 받거나 보고해야 할 법적 의무도 규정하고 있다. 따라서 이들 모두가 외적 어카운터빌리티의 대상에 포괄될 수 있다.

여기에서 주의해야 할 것은 어카운터빌리티의 내용 및 강도와 이에 적합한 대상을 촘촘하게 구분해야 한다는 것이다. 이행주체와 대상의 문제는 언론 자유와 독립이라는 가치와 직결되는 문제이기 때문이다. 영국의 애넌 위원회는 칙허장과 협정서, 방송법 등에 의해 존립근거를 규정받고 있는 방송 기관이 의회에 대한 어카운터빌리티와 응답책임을 이행해야 하지만 방송프로그램 내용에 대해 정부에 보고하는 것은 바람직하지 않다고 언급한 바 있다(Annan Report, 1977, 10, 32~33). 예를 들어, 광고주나 주주, 정부나 규제기관, 시청자·독자 등 미디어 이용자, 뉴스 보도 대상이나 정보원 등에게 이행해야 할 어카운터빌리티 내용이나 그 강도를 동일시하거나 혹은 내용과 대상이 부적절하게 조합된다면 미디어의 정치적·경제적 독립을 훼손하는 사태를 초래할 수 있다.

'내적 어카운터빌리티'의 대상에 관해서는 어카운터빌리티 이행 주체와의 책임 관계 및 3장에서 소개한 애넌 보고서의 내적 어카운터빌리티 메커니즘이 유용하다. 간략하게 말하자면, 내적 어카운터빌리티의 이행 대상은 해당 미디어 조직 전체를 관리 감독하는 주체 혹은 업무상의 책임자나 감독자로 상정하는 것이 타당하다. 여기에서 내적 어카운터빌리티는 미디어 내부의 규제나 표현의 자유, 자율성이라는 문제와 연계되기 때문에, 맥케일이 지적한 것처럼 자칫 자기 검열이나 조직의 이익에 봉사하게 될 수도 있다 (McQuail, 2000, 182~183). 하지만, 맥퀘일의 지적은 '어카운터빌리티가 동반되지 않은 자율규제'에 대한 우려에 가깝다. 물론, 미디어의 내적 어카운터빌리티가 자기검열이나 조직 이익에 봉사하는 자기 권력화로 빠지지 않기 위해서는 몇 가지 조건과 환경이 구비되어야 한다(Annan Report, 1977, 33~38). 미디어 조직의 대표자나 해당 업무의 관리 감독자가 미디어 제작 현장의 제작 자율성과 독립성, 내적 편집의 자유를 최대한 보장하고 각자의 책임과 권한에 관해 자유롭고 민주적으로 토론할 수 있는 조직 문화다.

미디어 어카운터빌리티라는 개념과 실천을 도입한다는 것은 기본적으로 시민사회와의 관계를 중시하면서 시민참가와 상호작용으로 구현되는 '사회적 자율규제(Social self-regulation)'를 지향한다는 것을 의미한다(Blumler & Hoffmann-Riem, 1992). 사회적 자율규제라는 메커니즘은 시민사회 구성원들의 적극적인 참여 의지와 실천이 동반되었을 때 구현될 수 있다. 따라서 미디어 어카운터빌리티의 주요 대상이 누구인지에 관한 논의는 '시민참여'라는 쟁점과 연계된다.

목적: 왜 이행해야 하는가

미디어 어카운터빌리티는 사회적 자율 규제 메커니즘을 바탕으로 미디어의 공적 사회적 책임 이행 수준을 제고하는 것에 궁극의 목적이 있다. 미디어 어카운터빌리티의 목적을 정리하면 크게 ①언론 자유와 독립 보장, ②시민사회와의 신뢰네트워크 구축, ③열린 포럼의 형성 등 세 가지를 들수 있다.

먼저, '정부권력을 포함한 외부로부터의 독립성'과 '어카운터빌리티에 의한 공개성'이라는 두 가지 요소의 개념과 범위를 명확히 해야 하는데, 이때 '누구로부터의 독립인가?', '독립과 어카운터빌리티를 어떻게 조화시킬 수 있는가?'는 중요한 쟁점이다(Price & Raboy, 2003). 미디어에 대한 공적규제나 시장규제 등 두 가지의 규제 메커니즘이 지닌 한계를 보완하고 극복하면서 미디어의 질적 개선 및 사회 공익 추구, 언론의 자유와 독립을 지향하는 새로운 미디어 규범으로 등장한 것이 미디어 어카운터빌리티다. 공중의 위임을 받아 미디어를 규제 감독하는 정부와 의회, 기타 규제감독기구에 대해 어카운터빌리티를 이행하는 방식의 '대의민주주의' 메커니즘 원리에 시민사회를 향해서 어카운터빌리티를 이행하는 '직접민주주의' 메커니즘 원리를 도입함으로써 기존의 미디어 책임 이행 메커니즘을 보완할 수 있다는 관점이다.

국가나 공권력, 대자본이나 시장권력 등 언론 자유와 독립을 침해할 소지가 있는 다양한 규제 방식과 어카운터빌리티의 관계에서 가장 중요한 것은 미디어 규제에 개입할 수 있는 권리가 시민사회 구성원들에게 있음을 의미한다는 것이다. 사회적 도덕적 관계를 구축하여 힘과 권한의 균형을 재건하기 위함이다(碓水悟史, 2001; 工藤達男, 1994; Schlossberger, 1992). 미디어 어카운터빌리티는 사회를 구성하는 시민이 미디어에 대한 '사회적 자율규제'에 직접 참여하기 위한 전제조건이며, 미디어 스스로가 자기 책임을 이행해 가기 위한 규범을 명확히 제시하고 실천하면서 시장에서의 공정한 경쟁을 도모하기 위함이기도 하다. 예를 들어, 미디어에 의한 자율규제가 민주적인 내부 조직 문화 속에서 상호 신뢰와 전문성을 바탕으로 이루어진 공정한 활동의 결과인지, 아니면 외부 권력으로부터의 개입을 회피하거나 상업적 이익을 추구하기 위한 사전 검열 혹은 자기 검열인지를 구분하기 위해 반드시 필요한 요소다. 미디어의 공개성과 투명성 부족은 실제로 미디어 조직을 지배하는 것이 누구인지, 자율규제가 이루어졌다면 그것은 무엇을 위한 것인지에 관해서 미디어 외부의 일반 시민들로서는 이해하기 어렵기 때문이다. 외적 어카운터빌리티와 내적 어카운터빌리티의 조화는 시민사회 구성원이 미디어에 대한 규제 내용과 규제 방식을 결정하고 집행하는 과정에 직접 관여할 권리를 행사함으로써 언론 자유와 독립을 훼손하는 외부로부터의 부당한 간섭이나 개입, 미디어 내부 조직에서 은밀하게 작동하는 자기 검열, 미디어 조직의 과도한 상업적 경제적 이익 추구나 자기 권력화에 대한 방어기제로 작동할 가능성이 가장 높은 사회적 도덕적 메커니즘이다.

어카운터빌리티를 매개로 성립되는 '사회적 자율 규제' 메커니즘은 미디어와 사회의 신뢰관계 구축이라는 과제로 이어진다. 신뢰는 사회적 자본(social capital)을 구성하는 핵심이다. 실버스톤에 의하면, 신뢰는 사회의 다양한 시스템과 계속적인 커뮤니케이션을 이행하기 위한 조건이자 그 결과이며, 사회의 모든 영역에서 이루어지는 커뮤니케이션의 본질이다. 사회적·

경제적 · 정치적 존재 중의 하나인 동시에 그 중심에 위치해 있는 미디어는 다른 사회 시스템이나 기술의 신뢰를 전달하는 중개자 역할 뿐 아니라, 스스로가 커뮤니케이션 과정의 주체로서 참여하고 주도하면서 신뢰를 생성해 내는 출발점이자 도착지이기도 하다(Silverstone, 1999/2003, 252-254). 더욱이, 한번 무너진 신뢰 관계는 쉽게 재건할 수 있는 성질의 것이 아니다. 일상의 활동 속에서 상호 신뢰를 축적하고 유지해 가기 위한 '신뢰 네트워크'의 구축이 필요한 이유다. '신뢰 네트워크'란 네트워크 참가자의 신뢰성에 관한 정보망인 동시에 호혜적 시스템이다. 신뢰할 수 있는 정보와 호혜성을 조합함으로써, 이기적인 일탈자를 식별해 내면서 참가자 간의 상호신뢰를 제고하는 데에 기여한다. 그리고 참가자들의 이기주의와 이타주의를 정합적으로 연결하여 사회적 갈등이나 딜레마를 완화할 수 있도록 작동하는 데에 기여한다는 특징을 지닌다(安彦一惠 · 谷本光男, 2004).

미디어와 시민사회 사이의 신뢰 네트워크를 구축하기 위해서는 ①미디어가 이행해야 할 사회적 책임의 내용과 이행 과정, ②미디어가 수행하는 업무와 활동에 대한 평가, ③미디어 관련 법제도의 본질과 실체, 그리고 관계, ④미디어가 추구하는 보편적 공익과 개개인에 미치는 사회적 영향과의 균형 등을 둘러싼 다양한 쟁점들에 관한 사회적 토론과 공유, 합의 과정을 필요로 한다. 즉, 미디어 어카운터빌리티는 시민과의 상호관계 속에서 미디어가 이행해야 할 책임의 내용과 범위의 기준 및 그 원리가 무엇인지를 설정하고 구축하기 위한 출발점으로서의 위상을 지닌다. 특히, 여론이 극단적으로 나뉘어져 갈등과 대립이라는 상황에 처해 있을 때, 혹은 미디어가 전달한 내용에 대한 사회적 동조나 찬성을 얻기 어려울 때 미디어 스스로가 어떤 답을 도출해 냈는지에 관해서, 그 결과뿐 아니라, '누가' '무엇을 위해' 그러한 답을 도출해 냈는지가 갈등과 대립 해소를 위한 중요한 쟁점이 되는 경우가 적지 않다. 이 경우, 미디어는 스스로가 전달한 정보나 프로그램 내용에 관한 근거, 거기에 이르기까지의 의사결정 과정과 경위 등을 투명하게 공개하여 사회적 동의와 납득을 구하기 위해 노력해야 한다.

미디어 어카운터빌리티의 세 번째 목적은 미디어와 시민이 구축한 신뢰 네트워크 위에서 의견과 사상의 다양성 및 차이를 발견하고 공유하며 정반합의 과정을 지향하는 열린 포럼의 장이자 그 프로세스를 제공하는 것에 있다. 물론, 민주주의 사회는 다양성과 다원성의 토대 위에서 구축될 수 있기 때문에, 미디어와 시민사회 사이에 신뢰 네트워크를 구축하는 목적은 사회 구성원 모두가 만족할 수 있는 일치된 의견을 도출하는 것에 있지 않다. 누구나 참여할 수 있고 누구나에게 열려 있는 공적 영역은 합의를 도출하는 과정인 동시에 합의되지 않는 것이 무엇인지를 발견해 내거나 새롭게 창출하는 과정이기도 하다(Arendt, 1958/1994). 그리고 성찰성이라는 태도와 문화를 바탕으로 규범과 실체의 순환 운동이 계속되는 장(場)이기도 하다(花田達朗, 1999). 무엇보다, 미디어는 명실상부한 제4의 권력으로 자리매김했다. 미디어에 부여되었던, 하지만 이제는 붕괴해 버린 도덕적 지위를 재건하기 위해서, 미디어는 스스로의 도덕적 가치와 도덕적 평가능력을 입증해내야 한다. 그리고 미디어에게 힘과 권한, 도덕적 지위를 부여한 미디어 이용자 그리고 시민사회는 미디어의 도덕적 지위를 재건하는 과정에 함께 참여해야 할 또 다른 주체다(Schlossberger, 1992). 이는 미디어의 신뢰 회복이라는 목표를 넘어, 미디어를 매개로 전달되거나 혹은 생성되는 우리 사회 전체의 신뢰 및 도덕적 지위의 회복을 위한 전제조건이기도 하다.

내용: 무엇에 대해서 이행하는가

맥퀘일은 미디어 어카운터빌리티의 유형으로 ①언어에 의한 설명, 정보, 정당화 등의 어카운터빌리티, ②재무에 관한 어카운터빌리티, ③업무이행 평가에 관한 어카운터빌리티, ④고충 처리 및 판결에 관한 어카운터빌리티, ⑤공적토론 과정에서의 어카운터빌리티, ⑥결과에 대한 법적 어카운터빌리티 등을 제시했다. 어카운터빌리티가 발생하는 상황으로는 ①측정 가능한 폐해가 발생했다는 주장이 제기된 경우, ②직접적인 인과관계가 있는 경우, ③어떤 불만이나 고충에 관해서 외부로부터 어카운터빌리티를 요구 받은 경우, ④법률적 규제가 발생한 경우 등이 있다고 설명하기도 했다(McQuail, 2003a, 199). 미디어 어카운터빌리티의 목적에 근거하여 맥퀘일의 유형 분류를 다시 정리해 보면, 미디어 어카운터빌리티의 주요 내용으로는 미디어 활동 및 업무 평가, 미디어 기업의 재무·회계·경영에 관한 사안의 공개, 고충·불만 처리나 각종 판결에 관한 문제 등으로 집약할 수 있다.

첫째, 미디어 활동이나 업무에 관한 평가다. 미디어에 의해 가공된 정보, 프로그램이나 뉴스는 다양한 가치 판단이나 인식에 의해서 만들어지는 것이기 때문에 '품질(quality)'에 대한 신뢰 및 만족도는 평가와 검증의 대상이다 (Bertrand, 2003/2003, 40~41; 渡辺武達, 2000). 하지만 품질이라는 것은 관계적이고 상대적인 개념이라는 점에서 일원적이고 보편적인 것으로 존재하기 어렵다. 따라서 품질 평가는 '좋다' '나쁘다'와 같은 이미지나 인상에 의한 평가가 아니라 해당 미디어가 추구하는 목적과 가치를 평가 기준으로 제일 먼저 명시하는 것에서 출발해야 하며, 객관적인 데이터와 관련 자료가 함께 제시되어야 한다. 그리고 목적가치와 활동 방침이자 규범에 해당하는 '정책(policy)', 정책목표를 달성하기 위한 '시책(program)', 시책 목표 달성을 위한 '사업

(project)' 등 계층적인 단계와 절차를 거쳐 이루어져야 한다(山谷淸志, 1997). 정책은 이론과 실천, 규범과 실체의 양쪽에서 발생하는 다양한 이해 관계가 결합하여 구성되는 것이기 때문에, 미디어 정책이나 시책을 평가하는 과정에서 '누가' '어떤 기준'으로 평가했을 때 최대치의 신뢰를 끌어낼 수 있을지가 중요한 쟁점 중 하나다(Silverstone, 1999/2003, 327). 미디어가 제작한 콘텐츠의 품질이나 편성·편집의 실제, 관련 업무나 활동 등을 포괄하는 구체적이고 미시적인 사안들은 '사업' 단계에서 평가될 수 있다.

미디어 정책, 시책, 사업 등을 포괄하는 품질 평가를 제도적 실천적으로 구체화한 것 중의 하나가 질적 평가다. 방송의 예를 들자면, 공익 추구와 좋은 방송(good broadcasting), 보편적 서비스와 시청자 복지라는 이념과 가치, 방송법 등 관련 규정 등에서 규정하고 있는 책임과 의무, 각 방송사가 천명하고 있는 지향점이나 약속들이 실제 방송 활동과 프로그램 속에서 어떻게 구현되고 있는지에 관한 질적 평가가 어카운터빌리티의 첫 번째 내용을 구성한다고 볼 수 있다. 〈표 6〉은 방송에 대한 질적 평가를 정책, 시책, 사업의 3단계 프로세스에 배치한 하나의 '사례'다.

〈표 6〉 방송에 대한 질적 평가 프로세스의 설계 사례

평가 기준						
정책 (policy)	좋은 방송, 공적 서비스					
시책 (program)	개인의 평등한 권리의 인식과 존중	민주주의 사회 구축과 유지 발전을 위한 과정에 공헌				문화에 대한 공헌
사업 (project)	수신기회 의 균등	다양한 관심과 취향의 반영	권력 및 각종 이익단체로 부터 독립	열린 토론의 장의 마련과 참여 기회 제공	다양한 쟁점에 대한 공정성과 다원성 확보	사회적 문화적 연대 강화	우수한 품질의 방송 문화 계발 및 확산

*출처: 石川旺(2000), 65-80의 내용을 참고로 구성

국내에 방송의 질적 평가가 도입된 것은 1990년대 들어서다. 편성의 다양성과 프로그램 품질에 대한 평가를 통해 시청률 지상주의의 폐해를 수정하고 방송 공익성과 좋은 방송을 구현하기 위함이다. 프로그램의 품질 평가과정에 시청자가 참여함으로써 시청자 주권 강화를 도모할 수 있다는 것도 질적 평가를 도입한 근거 중 하나다. 구체적으로는 KBS의 공영성지수(Public Service Index: PSI), MBC의 QI(Quality Index), SBS의 ASI(Audience Satisfaction Index) 등이 있다.[10] 각각의 질적 평가 지수는 평가 항목과 방식에서 다소 차이가 있지만, 현재의 조사방식과 유목들만으로 각 방송사가 천명하고 있는 규범적 가치와 정책적 목표의 달성 여부를 '질적으로' 평가하는 것은 어려워 보인다. 전체적으로 프로그램에 대한 인지적/정서적 만족도를 측정하는 것에서 벗어나지 않기 때문이다. '왜?', '어떻게?'라는 질문이 배제된 채 만족도 지수만을 도출하고 있기 때문에 방송의 질적 제고와 좋은 방송 구현을 위해 어떻게 활용할 수 있을지를 가늠하기도 쉽지 않다. 현재 국내 지상파 방송에서 도입하여 운영하고 있는 질적 평가가 미디어 어카운터빌리티 이행을 위한 실천으로 거듭나기 위해서는 질적 평가의 궁극적 목적은 무엇인지에 관해 보다 면밀한 논의가 요구된다. 먼저, 특정 프로그램에 대한 정서적 심리적 만족도 조사의 범주를 넘어, 공익성 추구라는 규범적 가치와 좋은 방송의 개념, 이를 구성하는 요소이자 평가 항목, 평가를 위한 기준과 척도 등은 무엇이어야 하는지에 관한 질문에서 출발해야 할 것으로 보인다. 그리고 평가 과정에 시청자들의 실질적인 참여를 보장하는 방식, 평가 과정 및

---

10 정보통신정책연구원(KISDI) 역시 시청률경쟁의 지양 및 프로그램의 질적 향상을 목적으로 시청자평가지수(KI; KCC Index)를 통한 품질평가를 시행하고 있다. 지상파 방송 4개 채널(KBS1, KBS2, MBC, SBS), 종편 4개 채널(TV조선, JTBC, 채널A, MBN)을 대상으로 한다. 미디어 외부 기관에 의한 평가라는 점에서 미디어 어카운터빌리티의 영역에 포함된다고 보기 어렵다.

결과의 공개와 활용 방식에 대한 논의와 실천도 요구된다(정수영, 2016).

하지만, 저널리즘이나 문화에 내재해 있는 질적 측면을 평가 검증하는 일은 간단한 문제가 아니다. 특히, 공정성이나 불편부당성 등이 문제가 될 때는 입장이나 관점에 따라서 그 평가 결과 역시 달라질 수 있다. 따라서 언론의 공정성이나 불편부당성, 정치적 독립 등에 관한 질적 평가에 관해서는 개개 사건이나 하나의 쟁점에 관한 보도나 논조가 아니라, 일정 기간 동안 발생한 복수의 사건 혹은 쟁점에 대해서 그것들이 어떻게 보도되어 왔는가에 대한 장기적 경향을 관찰하고 분석하여 제시할 필요가 있다(Ishikawa & Jung, 2005). 미디어가 보도하고 전달한 내용이나 가치가 민주주의 유지 및 발전을 위한 공정성에 기반한 것이었는지, 아니면 정치적 후견주의(political clientelism)[11] 혹은 정치 병행성(political parallelism)[12]에 기인한 '경향성(tendentiousness)'[13]의 발현인지를 평가할 수 있다.

둘째, 미디어 기업의 재무·회계·경영에 관한 사안의 공개다. 미디어 규범으로서 사회적 책임과 어카운터빌리티의 가장 큰 차이 중 하나가 미디어 업무와 활동의 결과물로서의 프로그램 내용이나 편성, 정보의 질 뿐 아니라, 그 배경과 절차, 미디어 조직 내부 실정 등을 미디어 종사자 스스로가 투명하게 공개한다는 것이다(水野剛也, 2001). 최종적인 결과물로서의 뉴스나

---

[11] 정치권력이 미디어의 후견인(patron)이 되어 물질적 이익이나 보호, 정치적 지위 등의 특혜를 부여하고, 그 대가로 피후견인(client)인 미디어로부터 정치적 지지와 충성, 복종 등을 제공받는 관계를 개념화한 것이다. 핼린과 만치니(Hallin & Mancini)가 『미디어 체제의 비교(Comparing Media Systems)』(2004)에서 제시한 개념이자 이론이다.

[12] 미디어가 정파성이나 사적 권력을 추구하는 정치적 행위를 직접 수행하면서 정치권력을 견인해 가는 관계를 개념화한 것이다.

[13] 이준웅에 따르면(2010, 188), "경향성이란 기사를 통해 이용자의 이해를 특정한 방향으로 몰아가는 것을 지칭"하는데, 기사의 논조나 접근방식, 특정 프레임뿐 아니라, 기사 내용의 일부를 선별적으로 강조하거나 정보원과 인용문을 선택적으로 제시함으로써 만들어질 수 있다.

정보, 프로그램 내용 안에서 정확성, 공정성, 진실성, 다양성 등을 추구하는 것이 사회적 책임이라면, 그러한 목적과 결과에 도달하기까지의 의사결정 과정과 절차, 각종 자원의 투입과 활용 여부의 적정성 등도 투명하게 공개해야 한다는 것이 미디어 어카운터빌리티가 지닌 의미다(Annan Report, 1977). 최종 결과물을 통해 세상에 공개된 내용과는 별도로, 그것이 '왜', '어떻게' 만들어졌는지까지의 과정과 근거를 설명해야 한다는 것이다. 이를 가장 잘 이해하고 있는 것이 그 과정에 직접 참여한 저널리스트나 미디어 제작 현장의 종사자다. '시장에서의 경제적 상업적 이익'과 '정치권력에 의한 공적규제'라는 두 가지 규제 메커니즘 모두에서 자유롭지 못하다는 현실적 한계 속에서, 미디어 규범을 준수하며 전문직업인으로서의 자세를 견지하기 위해서는 시민사회의 지지와 지원, 연대와 협력을 필요로 한다.

이와 관련하여 스콜닉스와 맥코이의 연구는 참고할만 하다. '경찰의 어카운터빌리티와 미디어(Police accountability and the media)'라는 제목의 논문에서 주장하고 있는 것은 크게 두 가지로 집약할 수 있다. ①경찰의 제도적 구조와 치안 유지 프로세스, 경찰조직의 복잡성과 그 능력을 미디어가 심층보도해야 한다. 미디어의 사회적 책임은 사회적으로 수호해야 할 가치를 추구하기 위해서 언론 자유를 행사하는 것에 있다. 단지 범죄뉴스만을 보도하는 데에서 그칠 것이 아니라, 일반시민들이 경찰 업무와 조직에 대한 심층적인 이해를 바탕으로 경찰조직을 판단하고 질적으로 평가할 수 있도록 기여해야 한다. ②하나의 조직이자 제도이기도 한 미디어는 보도시간과 신문지면, 제작 시간 등이 제한적이라는 한계가 실재한다. 교육이나 세미나 등을 통해서 저널리스트의 전문성을 배양하는 동시에, 미디어가 안고 있는 조직적 구조적 한계와 실제 현실에 관한 보고서를 작성하여 공개해야 한다(Skolnick & McCoy, 1984). 이 연구의 주제와 핵심 내용은 미디어의 사회적 책임, 즉 다른 사회제도와 조직의 어카운터빌리티 이행을 요구하고 감시하는 것에 초점을 맞추고 있다. 하지만 경찰이라는 조직이 미디어를 매개로 일반시민에게 이행해야 할 어카운터빌리티 내용, 그 근거와 목적으로 제시된 것은 또 다른 사회제도이자 조직인 미디어에도 해당하는 것으로 볼 수 있다. 미디어에 대한 일반시민의 이해를 구하기 위해 미디어는 무엇을 해야 하는지가 구체적으로 제시되어 있다는 점도 시사하는 바가 크다.

따라서, 미디어 관련 정책과 시책, 사업 등 당해 업무 이행에 관한 규범적 측면에서의 행위 정당화를 위한 이유와 판단 기준이 먼저 공개되어야 한다. 미디어 스스로가 설정한 목표, 사업계획, 윤리강령이나 각종 가이드라인, 관련법에 명기되어 있는 책임 등의 이행 절차와 이행 여부, 각종 현안에 대한 논의 과정, 의사록, 명확한 자기평가 등이 포함될 수 있다. 그리고 각각의 기준에 근거하여 미디어 조직의 회계를 포함한 경영 및 조직의 정당성과 효율성, 미디어의 제도적 구조, 조직의 복잡성이나 그 능력, 조직적 · 구조적 · 현실적 한계와 장점 등에 관한 내용들을 시민사회 구성원에게 공개하여 이해와 협력을 구해야 한다. 그렇지 않으면 시민사회 구성원이 미디어에 대한 적확한 평가와 판단을 내리기 어려워 열린 토론의 장에 참여하여 미디어와의 상호협력 관계를 구축하기 어렵게 만들 수 있다. 미디어 입장에서 봤을 때, 어카운터빌리티는 시민사회의 연대와 협력을 이끌어낼 수 있는 커뮤니케이션을 현실화하기 위해 필수불가결한 전제조건에 해당한다.

여기에 어카운터빌리티의 기본 속성과 본질을 추가해 보면 미디어 종사자로서 행사할 수 있는 힘과 권한을 부여하기에 앞서, 사회적 책임 이행을 위해 그 힘과 권한을 행사할 수 있을 만큼의 전문 지식이나 기능, 적성, 품성 등을 갖추고 있는지, 나아가 어카운터빌리티를 이행할 수 있는 능력을 소유하고 있는지에 관한 엄밀한 평가가 필요하다(橋場弦, 1997; Schlossberger, 1992).

이를 위한 평가 기준과 척도, 평가를 위한 과정과 절차가 어카운터빌리티를 구성하는 내용에 포함된다면, 이 역시 시민사회 구성원들의 참여 속에서 진행되어야 함을 의미한다. 예를 들어, 외적 어카운터빌리티의 경우에는 공영방송의 이사회 선임이나 사장 등의 집행부 선임 과정이 있을 수 있다. 내적 어카운터빌리티의 경우에는 편집책임자나 각 부서 책임자 등을 임명할 때 내부 종사자들이 토론하고 참여할 수 있는 실질적인 방안과 절차가 여기에 포함될 것이다.

셋째, 고충·불만 처리나 각종 판결에 관한 문제다. 민원이나 고충·불만에 대한 대응과 같이 사후적(事後的) 장치에 그치지 않고, 미디어 스스로가 추구하는 목적이나 사업계획, 윤리적 기준, 직무 기준 등이 실제로 어떻게 이행되었는지 혹은 이행할 수 없었는지를 객관적이고 단계적인 프로세스를 거쳐 평가하고 그 프로세스와 결과를 열린 토론의 장에서 선도적으로 공개하는 노력이 수반되어야 한다.

어카운터빌리티의 이행 시기별 유효성을 검증한 심리실험에서 제시된 두 가지 연구결과도 흥미롭다. 첫째, 어카운터빌리티는 취득한 사회적 정보를 보다 분석적으로 해석하여 고정관념이나 선천적 기질에서 비롯한 잘못된 믿음(fundamental attribution error)과 여기에서 기인하는 편향적 판단을 체크할 때 도움이 된다. 둘째, 편향적 판단의 결점이나 오류를 사회적으로 체크할 때, 사람들은 자신들이 내린 결론을 좀처럼 수정하려 하지 않는 경향이 있기 때문에, '사전적(事前的) 어카운터빌리티(Pre-exposure accountability)'가 '사후적 어카운터빌리티(Post-exposure accountability)'보다 유효성이 높다(Tetlock, 1985). 이 연구결과가 시사하는 것은 외부로부터 제기된 고충이나 불만, 비판에 대응하는 방식으로 해명하거나 공개하는 '사후적 장치'는 어카운터빌리티 이행을 위한 보조적 장치일 뿐이라는 점이다. 미디어 스스로가 설치한 정화장치 혹은 검증장치 등을 통해 보다 능동적이고 선도적으로 대응하는 '사전적 장치'를 어떻게 구축하고 운영해 갈 것인지에 관한 논의와 실천이 최우선 과제임을 알 수 있다.

절차와 방법: 어떻게 이행하는가

미디어의 사회적 책임이나 어카운터빌티리에 관한 규범적 논의가 단지 이상론에 그치는 것을 막기 위해서는 관련 기준과 프로세스, 실제 이행 방식과 구체적 장치에 관한 논의가 동반되어야 한다. 브럼러와 호프만은 미디어 어카운터빌리티 시스템(MAS)을 구성하는 필수요소를 제시하고 각각의 요소들의 조합과 유기적 연결을 통해 성립하는 복합체가 미디어 어카운터빌리티 시스템이라고 설명했다(Blumler & Hoffmann-Reim, 1992, 222-226).

① 사회적 가치를 지지하면서 공적 어카운터빌리티를 강화하기 위한 절차가 필요하다는 사상과 그 장치. 예를 들어, 미디어 종사자가 전문직업인으로서 조직의 정책과 편집에 관여할 수 있는 장치
② 매스커뮤니케이션에 관한 사회과학분야에서의 어카운터빌리티에 관한 연구의 촉진. 그리고 연구자와 공익의 대변인으로서 미디어와의 상호작용
③ 미디어 조직과 제도, 정책에 대한 평가를 포함하여 다양한 집단이 미디어에 관해 자유롭게 토론할 수 있는 공개적 수단
④ 미디어 간의 상호비판의 활성화
⑤ 미디어에 의한 토론이 일부 엘리트 계층에 의해 점유되는 것을 방지하기 위한 시민단체의 활동이나 참가의 활성화
⑥ 미디어의 전통적 시스템이 지닌 한계를 극복하고 광범위한 시스템 요소를 정기적으로 점검하고 통합할 수 있는 새로운 시스템

이러한 요소들을 조합하고 연계하여 미디어 어카운터빌리티를 이행하기 위한 장치로 소개되고 있는 것이 옴부즈맨이나 언론 평의회, 윤리강령 등이다. 하지만, 이들 장치에 관해서는 성공사례나 성과보다 실패사례나 그 한계에 대한 지적이 더 빈번하다. 예를 들어, 베르트랑은 언론 평의회를 비롯한 미디어 윤리제도를 모두 동원하더라도 불충분할 만큼 현재 미디어의 품질이나 윤리 수준은 신뢰하기 어렵기 때문에, 미디어 윤리를 과대평가하는 것은 이를 과소평가하는 것과 마찬가지로 위험한 일이라고 지적하기도 했다(Bertrand, 1999, 152-153). 뉴스 옴부즈맨의 실제 활동을 조사 분석한 결과, 어카운터빌리티를 이행하기 보다는 미디어의 자기 PR을 위한 장치에 가깝다는 지적도 있다(Ettema & Glasser, 1987). 이처럼, 미디어 어카운터빌리티를 이행할 목적으로 설치된 장치나 제도들이 많은 나라에서 실패한 것으로 평가받는 원인은 다양한데, 그 속에서 몇 가지 공통점도 발견할 수 있다. ①때로는 언론 자유를 침해하기도 한다, ②공권력의 개입을 회피하기 위한 수단에 불과하다, ③미디어 스스로의 적극성이나 지원이 부족하다, ④권한이나 활동에 실효성이 부족하다, ⑤일반 시민들의 인지도가 낮고 신뢰와 지원도 부족하다, ⑥윤리 위반이나 고충 처리에 편중된 활동에 머무르고 있다는 지적이다(유홍식, 2003; 최경진, 2008; 田島泰彦, 1993). 그러나 실패원인의 가장 근본적인 원인은 '미디어 어카운터빌리티에 관한 인식 부족과 실천을 위한 적극성의 결여'에서 찾을 수 있다.

먼저, 책임과 어카운터빌리티의 이행주체가 일치해야 한다는 기본원리에 따라서 외부에 설치된 옴부즈맨이나 언론평의회 등은 MAS로 보기 어렵다. 미디어의 품질이나 윤리 수준의 향상을 위해 내외부에 설치된 각종 장치와 유관 단체들은 그 스스로 역시 공적 어카운터빌리티를 이행해야 할 또 다른 이행주체에 해당한다. 이들 장치들의 공적 책임은 미디어의 책임과 윤리 수준의 제고를 지향하는 것이다. 하지만, 이들 장치와 관련 기구, 단체들이 어떤 목적 하에 어떤 형식과 내용으로 구성되어 있으며, 실제로 어떻게 활동하고 있는 지에 관한 공적 어카운터빌리티를 이행하지 않으면, 해당 조직이나 장치와 시민들 사이의 커뮤니케이션 결여가 발생할 수밖에 없고, 그 결과 일반시민들의 낮은 인지도와 낮은 신뢰도, 지지와 연대, 협력의 결여로 이어진 것은 아닌지 되돌아 볼 필요가 있다. 결국, 브럼러와 호프만이 제시한 필수요소들을 조합하여 구성되는 미디어 어카운터빌리티 시스템의 핵심 주체는 미디어 스스로가 되어야 한다. 그리고 미디어 어카운터빌리티의 본질에 관한 이해, 목적과 함의에 관한 자각과 실천이 전제되었을 때, 다양한 목적과 형식의 관련 장치들을 구현해 낼 수 있으며 이를 매개로 한 사회적 연대와 협력도 가능해 질 수 있다.

한편, 베르트랑이 '내부/사내형', '외부형', '공동형'으로 분류한 MAS 종류에는 미디어 윤리나 품질 향상과 관련된 거의 대부분의 장치와 실천들이 포함되어 있다. 이에 대해서는 어카운터빌리티 개념의 본질과 작동원리를 바탕으로 보다 촘촘하게 재검토할 필요가 있음을 앞에서 서술한 바 있다. 베르트랑은 또 다른 분류 틀을 이용하여 ①기록—문장, 방송, WEB사이트에 의한 어카운터빌리티, ②개인 및 단체에 의한 어카운터빌리티, ③경과적 장치로서의 어카운터빌리티를 제시했다.

첫째, 기록—문장, 방송 WEB사이트에 의한 MAS는 미디어의 모든 활동에 관한 검증, 자기비판, 정정, 평론 등에 관한 프로세스와 결과물을 신문지면 혹은 방송 프로그램, WEB사이트 등을 통해서 사회에 널리 공표하기 위한 장치와 활동이 포함된다(Bertrand, 2003/2003). 예를 들어, 방송프로그램은 시청자와 방송제작자가 직접 만날 수 있는 일차 통로이다.[14] 인터넷이나 SNS는 상호 커뮤니케이션 통로로써 유효성이 높은 매체이다. 이런 통로를 단지 홍보나 정보제공, 비즈니스 기회로 생각할 것이 아니라, 어카운터빌리티 이행, 열린 토론의 장과 신뢰 네트워크 구축, 미디어 이용자와 시민사회 구성원들이 정책 결정과정에 참여하거나 결정권을 행사할 수 있는 참여의 장으로 개발하고 활용하고자 하는 인식과 태도가 요구된다. 이러한 인식과 자세 그리고 실천이 결여된다면, 새로운 기술과 통로는 또 하나의 일방적 커뮤니케이션이자 상업적 도구로 전락할 수 있다.

둘째, 개인이나 단체에 의한 MAS는 미디어의 품질과 윤리, 편집 방침 등을 감시·감사, 개선을 기획하고 지지하기 위해 미디어 내부에 설치된 각종 조직이나 단체를 가리킨다(Bertrand, 2003/2003). 하지만, 이들 조직이나 단체가 실시하는 활동이나 평가 내용과 프로세스가 널리 공개되지 않으면 MAS로서의 의미는 반감되고 만다.

셋째, 경과적 장치로서의 MAS의 경우에는, 각종 연수·교육 프로그램, 실수의 종류·원인·담당자에 관한 정보 데이터베이스 구축, 미디어 리터러시 프로그램, 편집자나 기자 이름과 E메일 주소를 기사에 기입하는 것 등이 포함된다(Bertrand, 2003/2003). 이것은 미디어 어카운터빌리티를 직접 실행하기 위한 것이라기보다는 시민사회를 포함한 상호 커뮤니케이션의 실현, 전문직업인으로서의 미디어 종사자를 육성하기 위한 환경 구축을 지향하는 장기적 전망의 장치로 볼 수 있다.

어카운터빌리티의 이행방식에서 고려해야 할 또 다른 쟁점은 법률에 의

---

14 예를 들어, 국내 방송법 제69조에서 규정하고 있는 시청자평가프로그램은 미디어 어카운터 빌리티를 이행하기 위한 장치 중 하나로 유용하다. 다만, 실제 방송되고 있는 각 방송사의 시청자평가프로그램은 방송법에서 규정하고 있는 목적이나 방송사 스스로가 표방하고 있는 기획의도와 목표가 실제 프로그램 내용과 구성, 편성시간대, 시청자와의 상호작용 등의 측면에서 구현되고 있다고 보기 어려운 한계를 노출하고 있는 것이 사실이다(정수영·황하성, 2010).

해 강제적으로 설계하고 구축해야 하는가, 아니면 미디어의 자율적 장치로 설치해야 하는가에 관한 것이다. 우스이 사토시(碓水悟史, 2001)는 이행 방식이나 관련 장치가 자율적으로 설치되어 운영되는지 혹은 법제도적 근거에 의해 이루어지는 것인지에 따라서 '자율적 어카운터빌리티'와 '강제적 어카운터빌리티'로 분류했다. 어떤 방식의 어카운터빌리티를 채택할 것인지는 미디어 각각의 위상과 특징, 각 사회의 미디어관이나 미디어 제도의 고유성, 다양한 정치적·역사적·사회적 배경, 그리고 책임과 어카운터빌리티의 내용 등을 충분히 고려한 후에 사회적 합의를 거쳐 도출해 내는 것이 바람직하다. 미디어의 책임 자체가 법적이거나 도덕적이거나 혹은 사회적인 것을 모두 포괄하여 구성되기 때문이다(Lucas, 1993). 예를 들어, 인쇄 미디어와 방송 미디어, 인터넷 등은 각각의 본질적 성격이나 규제방식이 상이하다. 유럽 사회와 미국 사회 각각에서 적합하다고 여겨지는 시스템의 형식이나 방법도 동일하지 않다. 맥퀘일이 어카운터빌리티를 법적책임과 응답책임으로 분류하고 응답책임이 바람직하다고 규정한 것이 기존의 법적규제와 자율규제의 이원적 대립 관계로의 회기로 해석될 소지가 있는 것처럼(McQuail, 2003a, 2003b/2006), 어카운터빌리티의 이행 방식은 자율적이거나 강제적일 수 있으며 공식적이거나 비공식적일 수 있다. 조직적이거나 비조직적일 수도 있다. 법제도적 차원에서 부과된 책임과 의무의 경우에는 이에 부합하는 방식의 법제도적 차원에서 공식적 혹은 강제적 방식의 이행 절차와 장치가 설계되어야 한다. 다만, 미디어 이용자 또는 시민사회를 향해서 이행해야 할 어카운터빌리티를 정부나 기타 외부의 상업적 정치적 이해관계자를 대상으로 이행한다면, 혹은 사회적 책임이나 어카운터빌리티 이행을 위한 '치밀한 시스템'을 오로지 법제도적 수단에 의한 강제적 물리적 속성에만 의존하고자 한다면, 허친스 위원회(1947)가 지적한 것처럼, 정부의 간섭과 통제, 검열, 그리고 민주주의의 위험으로 이어질 수도 있다는 점을 간과해서는 안된다.

다음으로 '언제' 어카운터빌리티를 이행하는가에 관한 문제다. 미디어 조직과 경영, 활동과 업적에 관한 질적 평가는 당해 목적과 이념을 바탕으로 일정 기간을 설정하여 명확한 기준과 일관성에 의해 이루어져야 한다. 맥퀘일은 미디어 조직의 기본 활동을 구성하는 흐름과 단계를 ①새로운 메시지의 창조와 유포 개시, ②기존 커뮤니케이션 흐름의 회로(回路) 만들기와 선택, ③메시지의 유통과정에서 요구되는 중간 가공, ④유통 등의 4단계로 구분하여 제시했다(McQuail, 1983/1985, 123-126). 어카운터빌리티 이행 과정 역시 각각의 단계와 연동되는 것으로 해석할 수 있다. 각 단계의 연동성 및 인과관계를 살리면서 체계적인 검증과 평가를 실시하기 위해서는 일회성의 이벤트나 활동, 회합이 아니라 상설화된 장치와 제도 속에서 관련 데이터와 자료, 기록 등을 촘촘하게 축적해 가는 일상의 노력과 실천이 요구된다. 이는 미디어 관련 정책과 시책, 사업 등 전반에 걸쳐 사회적 책임과 의무를 어떻게 이행하고 있는지 스스로 입증하면서 도덕적 지위와 신뢰를 유지 혹은 재건하기 위한 사전적 어카운터빌리티의 성립 조건이기도 하다.

어카운터빌리티라는 규범적 개념을 제도적 장치로 구현하고자 할 때 발생하는 현실적 한계와 모순, 이해상충은 무엇인지에 관해서도 면밀하게 검증해야 한다. 이를 위해 미디어의 사회적 책임 이행 여부에 대한 질적 · 양적 평가 기준은 물론, 어카운터빌리티 이행 장치를 평가하고 검증하기 위한 구체적인 기준이 설정되어야 한다. 평가 결과 발견된 한계와 모순이 제도적 한계에서 기인하는 것인지, 운용상의 시행착오에서 비롯한 것인지를 명확히 검증하고 평가하여 수정 보완하기 위한 성찰과 실천 역시 계속되어야 한다.

6장
미디어 어카운터빌리티와 언론 자유의 패러다임 전환

1. 사회적 책임과 어카운터빌리티의 관계

　고전적 자유주의 이론에서는 미디어의 언론 활동과 공중의 언론 활동이 일치하며 미디어와 공중은 동질의 자유를 향유한다고 간주된다. 즉, '국가' vs '미디어=공중'이라는 이원적 대립 구도 속에서 미디어는 국가에 대한 감시견 역할을 수행하는 것이 원칙이고 본연의 책임으로 인식된다. 하지만, 20세기 들어서서 미디어가 행사하는 과도한 자유에 대한 의문이 제기되면서 책임 있는 언론을 요구하는 주장이 등장하기 시작했다. 올리버 웬델 홈즈(O.W.Holmes)가 '명백하고 현존하는 위험'(clear and present danger)이라는 개념을 제시한 것처럼, 자유에도 일정 정도의 제한을 둘 필요가 있다는 새로운 풍조다. 월터 리프만(Lippmann, 1922/2012)이나 허친스 위원회(1947) 등은 미디어의 사회적 책임이나 언론 자유에 관해서 새로운 시각과 사상을 주창하기에 이르렀다(Merrill, 1974). 특히, 허친스 위원회는 사회 구조적 변화 속에서 미디어 스스로가 하나의 권력 시스템이 되어 공중에 의한 언론이나 표현활동을 오히려 제약할 수 있음을 지적했다. '국가' vs '미디어' vs '공중'이라는 3주체가(大井真二, 1999, 31-32) 언론 자유와 책임, 그리고 어카운터빌리티를 매개로 상호 건전한 긴장과 균형 관계를 구축해 갈 수 있다고 보는 메커니즘이 탄생한 것이다.

현대사회에서 책임이 발생하는 곳이라면 그곳이 어디든 상관없이 책임과는 별도의 개념으로 어카운터빌리티가 도입되었다. 하지만 어카운터빌리티와 책임의 개념을 혼동하거나 혹은 동의어로 사용되는 경우가 여전히 적지않다. 명확한 것은 '무엇인가에 관한 책임'이 존재하지 않는 한, '누군가에 대한 어카운터빌리티'도 성립하지 않는다는 것이다. 따라서 '책임'과 '어카운터빌리티'는 상호 밀접한 관계 속에 놓여 있지만 동일 개념이 아니다(Day & Klein, 1987). 사회적 책임의 쟁점은 "미디어 종사자(언론인)에게 요구되는 사회적 필요(needs)는 무엇인가?", "미디어(언론)가 사회적 필요를 파악하고 있는가?", "그것을 이행하기 위한 능력을 가지고 있는가?"에 관한 현실적인 문제인 동시에 이행해야 할 내용에 관한 자기인식과 관계가 있다(Hodges, 1987, 14-15). 따라서 미디어의 '사회적 책임 이론'에 있어서는 책임의 내용이 중시된다. 그리고 언론·표현의 자유를 위해 미디어의 내부규범, 자율규제나 윤리적 차원에서 책임을 이행해야 하는 것으로 여겨진다. 언론 자유는 '독점적이고 배타적인 특권'으로 인식되고 미디어 이용자는 '타자(他者)' 혹은 '제3자'로 자리매김 된다. 타자 혹은 제3자로 자리매김된 시민은 미디어의 자율과 자유를 침해하는 존재로 인식될 수밖에 없다.

반면, 어카운터빌리티의 쟁점은 "미디어 종사자(언론인)에게 부여된 책임 이행에 관한 설명을 사회는 어떻게 요구할 수 있는가?", "미디어(언론)의 책임을 이행하도록 강제하기 위한 힘을 누가 가지고 있어야 하는가?"라는 질문과 관계가 있다(Hodges, 1987, 14-15). 허친스 위원회에 따르면, 언론의 자유와 책임은 공중과의 협력 및 상호 신뢰관계 위에서 구현될 수 있다. 이러한 관점에서 미디어가 어카운터빌리티를 이행해야 할 '대상'으로 상정한 것이 공중, 수용자(audience), 뉴스 소비자다. 언론 자유 구현을 위해 공중이 이행해야 할 책임과 역할도 함께 제시했다. 먼저 공중은 자유로운 사회를 지키기 위한 책임을 미디어에 위임하였으며, 미디어는 이에 상응하는 높은 수준의 정보 서비스를 공중에게 제공해야 한다. 그리고 사회적 어카운터빌리티의 척도에서 미디어 스스로가 합리적이고 현실적인 기준을 명확히 제시하고 이를 실현하기 위해 노력해야 하며, 공중은 미디어를 감시하고 평가하면서 언론 자유와 책임 구현을 위해 협력해야 한다고 보았다(Hutchins Report, 1947, 107-133). 이는 언론 자유를 침해하는 '외부의 간섭이나 개입'과 '공중에 의한 감시와 평가'를 명확히 구분해야 하며, 정부 권력을 포함한 외부의 '부당한' 개입과 간섭을 방지하기 위해서는 어카운터빌리티를 매개로 미디어와 공중의 상호 협력 관계가 구축되어야 한다는 것을 의미한다. 언론의 사회적 책임과 역할은 무엇이며, 그 책임을 어떻게 이행하고 있는지 등에 관한 기준을 설정하고 이를 평가하기 위한 각종 쟁점들은 미디어와 공중이 함께 참여하는 '교류의 장'에서 사회적 토론과 합의를 거쳐야 한다는 것이다.

다시 말해서, 미디어 어카운터빌리티를 중심으로 한 메커니즘에서는 미디어와 상대방과의 관계가 중요하다. 미디어를 이용하는 시민은 미디어 환경을 구성하며 사회적 토론과 사회적 자율규제에 참여하는 '주체'로 자리매김 된다. 그래서 미디어에게 요구되는 역할이나 사회적 책임은 어떤 내용인가, 미디어는 그 책임을 어떻게 이행하고 있는가 등의 쟁점들은 미디어와 시민이 참여하는 사회적 토론과 합의에 의해서 결정되어야 한다고 본다. 공중과 시민사회는 미디어와 언론이 독점적이고 배타적으로 향유해 온 '편집의 독립', '언론·표현의 자유', '자율규제' 등의 주요 쟁점에 관한 논의와 실천에 함께 참여해야 할 주체이기 때문이다.

책임의 경우 행위의무가 상정하고 있는 업무이행 정도는 최소한의 기준(minimum standard)이지만 어카운터빌리티는 이보다 훨씬 광범위하며, 요구되는 활동 및 행위기준은 최대한의 기준(maximum standard)을 지향한다. 그리고 책임을 부여 받은 자가 해당 책임의 수행 상황을 설명·해명해야 하며, 일상의 업무운영이나 정책의도 등을 가시화해 둘 필요가 있다(若井彌一, 2000, 68쪽). 사회적 책임을 이행해야 할 미디어가 어카운터빌리티를 통해서 스스로의 정책 목적이나 의도, 해당 책임의 이행 상황 등을 공개하고 해명하면서 가시화하지 않으면 책임 이행 여부가 불명확하여 시민사회와 구성원이 미디어의 책임을 묻기 곤란하기 때문이다.

결국, 어카운터빌리티는 사회적 책임 위에 부가되는 저널리즘의 실천이기도 하다. 미디어 어카운터빌리티는 미디어가 이행해야 할 사회적 책임과 역할을 이행하도록 사회적 자율규제 메커니즘을 도입하기 위한 것이다. 데니스는 미디어가 정보를 전달하고 여론을 형성함으로써 공중을 충족시켜야 하고, 공중의 관심과 비판에 귀를 기울이면서 마음을 열고자 하는 노력이 필요하다는 전제 하에, 언론 자유에 관한 미디어의 권리는 궁극적으로 시민들이 어떻게 합의하는가에 달려 있다고 주장하기도 했다(Dennes & Merrill, 1984, 169). 사회적 책임과 자유의 내용 및 형식은 각 사회나 미디어제도에 따라 달라지는데, 이는 각각의 사회에서 사회적 토론과 합의에 의해 도출된다는 알철의 주장도 유용하다(Altschull, 1995). 알철의 시각과 해석은 모든 유형의 미디어와 채널은 자유로운 언론을 지향하면서 사회적 책임 이행을 목적으로 한다는 전제에서 출발한다.

따라서 다양한 속성과 형태를 지닌 미디어 각각의 특징과 설정된 목적을 토대로, 미디어가 이행해야 할 구체적이고 현실적인 사회적 책임의 내용과 범위를 설정해야 한다. 미디어의 역할이나 사회적 책임의 내용, 이행 여부를 사회와의 상호관계 혹은 사회적 토론과 합의에 의해 결정함에 있어 선행되어야 할 것이 어카운터빌리티이다. 데니스와 알철의 주장을 차용하자면, 신문과 방송, 공영방송과 민영방송, 지상파 방송과 케이블 방송, 인터넷 포털, SNS 등 서로 다른 목적과 형태, 소유 구조 및 작동 방식을 지닌 다양한 미디어와 채널에 대해서 각각의 사회가 요구하고 기대하는 역할과 책임의 내용 및 범위, 이에 관한 정책도 상이할 수밖에 없다. 미디어와 채널 각각이 지닌 고유한 목적과 형태, 소유구조, 사회적 기대와 요구 등의 층위를 고려하여 각각의 특성과 맥락, 강점과 단점 등을 바탕으로 한 언론 자유와 사회적 책임을 해석하고 평가해야 한다. 첫째, 다양한 속성과 형태를 지닌 미디어 각각의 특징과 설정된 목적을 바탕으로 미디어가 이행해야 할 사회적 책임의 내용과 범위, 이행 여부에 관한 절차와 과정, 결과 등이 투명하게 공개되고 평가되지 않으면, 즉 어카운터빌리티가 선행되지 않으면, 사회 전체를 포괄한 의견 교환이나 심도 있는 토론이 성립될 수 없다. 둘째, 책임의 내용과 범위가 먼저 명확하게 설정되지 않으면 어카운터빌리티의 내용과 이행 방식 역시 명확해질 수 없다. 사회적 책임의 내용과 범위, 층위에 따라서 어카운터빌리티의 주체, 영역 및 대상, 목적, 내용, 절차 및 방법 등도 달라져야 한다.

미디어 어카운터빌리티의 규범적 개념이나 실천에 관해서는 보다 많은 논의를 요한다. 하지만, 미디어 어카운터빌리티에 대한 비판적 입장과 시각 속에서 사회적 책임 이론의 패러다임 안에서 논의를 진행하기 때문에 발생하는 혼란과 오해를 다수 발견할 수 있다(조항제, 2017b). 미디어 어카운터빌리티라는 규범적 개념과 실천은 사회적 책임 이론의 한계를 수정하고 보완하기 위한 것이며, 사회적 책임 이론의 패러다임을 깨는 것에서 시작될 수 있다.

2. 소극적 자유와 적극적 자유

　허친스 보고서와 사회적 책임 이론에서 제시된 언론의 자유 및 미디어의 책임에 관한 원칙과 해석에 대해 비판적 입장에 서 있는 연구자들도 적지 않다. 대표적으로 존 메릴(Merrill)을 들 수 있다. 메릴은 미디어와 개인, 그리고 사회에 관한 문제는 일부 미디어 종사자나 전문가에 국한된 문제가 아니라 사회 전체의 공적 쟁점에 해당된다고 생각했다. 그는 허친스 위원회가 제시한 다섯 가지 요청사항, 즉 미디어의 책임 중에서 '사안에 관한 해석 및 비판을 교환하기 위한 포럼의 역할'을 제외한 나머지 네 가지 모두가 현실적으로 불가능한 기준이자 내용이라고 비판했다. 실현 불가능한 기준을 내세워 미디어를 평가한다면, 미디어가 책임을 제대로 이행하지 못하고 있다는 결과가 나오는 것은 당연하다는 것이다. 첫째, 허친스 위원회가 공중에게 부여된 것으로 상정한 '정보에 대한 도덕적 권리', '미디어의 사회적 책임', '양심에 대한 의무' 등은 그 개념 자체가 추상적이고 명확하지 않을 뿐 아니라, 비현실적인 공상에 지나지 않는다. 둘째, 위원회는 새로운 전자미디어의 출현을 예측하지 못한 채 언론 자유와 미디어의 책임을 해석하고 평가했다. 셋째, 비록 '최소한의 규제'라고는 말하고 있지만, 결국 정부 통제로 이어질 수 있는 요소를 인정하고 있다. 넷째, 미디어의 책임을 의무로 규정하는 것은 민주주의 사회의 필수조건인 언론 자유를 침해하는 권위주의에 불과하기 때문에 자유주의 사상 하에서 미디어의 책임을 논하는 것 그 자체가 모순이다. 다섯째, 다원주의 사회에서 미디어의 책임을 하나의 개념으로 정리하는 것 자체가 불가능하다 등의 이유를 들어 허친스 위원회를 강력하게 비판했다(Merrill & Lowenstein, 1971; Merrill, 1974).

메릴이 허친스 위원회를 비판하면서 제기한 주장과 근거들은 1947년 보고서 발표 당시에 미디어 업계에서 제기한 비판과 마찬가지로 고전적 자유주의 이론을 바탕으로 하고 있음을 알 수 있다. 하지만, 1940년대 당시 미디어가 사회적 비판에 직면했던 가장 큰 이유가 고전적 자유주의 혹은 자유방임주의에 근거하여 언론 자유를 해석한 것에서 기인한다는 것이 허친스 위원회의 판단이었음을 상기할 필요가 있다. 즉, '자유로운 언론'만을 주장하는 당시 미디어의 비윤리적이고 비도덕적이며 무책임한 행태를 개선하고 극복하기 위해 허친스 위원회가 제시한 것이 '진실 추구와 건전한 공론장 형성을 위한 자유'라는 개념이었다. '자유롭고 책임 있는 언론'만이 언론 자유라는 도덕적·법적 권리의 정당성을 인정받을 수 있다는 진단과 해석에 기반한 것이다(Hutchins Report, 1947). 언론 자유에 대한 철학과 해석, 지향점을 둘러싸고 허친스 위원회와 메릴의 관점과 주장의 차이가 극명하게 드러난다.

또한 허친스 위원회는 언론의 '자율규제'가 지니는 한계를 지적하고, 정부와 미디어, 공중이라는 3주체의 상호관계성 속에서 언론 자유와 책임 구현이 가능하다고 보았다. 이러한 메커니즘에 반드시 필요한 도덕적 의무로 '사회적 어카운터빌리티'를 제시했다. 하지만 사회적 책임이론에서는 어카운터빌리티에 관한 논의가 배제되었다. 고전적 자유주의나 자유방임주의와 마찬가지로 언론 자유를 '배타적이고 독점적인 특권'으로 인식하는 패러다임 속에 갇혀 있다. 이러한 패러다임 속에서 미디어에 대한 공적 규제, 새로운 미디어 정보기술에 근거한 규제완화와 시장 경쟁, 이 두 가지 흐름과 메커니즘의 충돌은 여전히 해결하기 어려운 난제다. 베르트랑이 지적한 것처럼, '품질을 통제하는 시스템'이 모두 동원되도 충분하지 못할 만큼 언론의 자유와 품질은 위협받고 있다(Bertrand, 1999). 그럼에도 불구하고 언론 자유 및 미디어 책임 구현 방식으로 미디어 내부 규범이나 윤리강령, 자율규제 방식을 강조하는 것은 '외부로부터의 모든 개입은 미디어에 대한 부당한 간섭이며, 미디어는 이에 대항해야 한다'는 언설에 가깝다. 18세기~20세기초 정부권력과 인쇄미디어 중심의 이원적 대립 관계 하에서 논의되었던 소극적 자유(freedom from; negative freedom)를 바탕으로 한 것이다. 결국, 언론의 자유와 책임에 대한 메릴의 비판적 관점과 해석은(Merrill & Lowenstein, 1971; Merrill, 1974), 사회적 책임 이론보다는 허친스 보고서를 겨냥한 것으로 해석할 수 있을 듯하다.

네론 등이 지적한 것처럼, 사회적 책임 이론은 사업적 산업적 전략 아래에서 고전적 자유주의와 자유방임주의 이론을 수정한 것에 불과하며, 소극적 자유의 메커니즘을 그대로 차용함으로써 미국의 미디어 산업 발전을 옹호하고 사적 소유의 미디어 산업 모델을 세계적으로 확산하기 위한 이데올로기에 불과하다(Neron, 1984/1998, 110-113). 여기에서 비판의 대상이 된 언론 자유의 관점은 미디어의 자유와 개인의 언론 · 표현의 자유를 구별하지 않고 미국의 수정헌법 제1조를 근거로 미디어 사업자가 정부에 의한 규제와 개입을 받지 않는 무제한의 자유를 부여받았다고 보는 것이다. "하지만 자율규제나 미디어 윤리를 위한 각종 장치가 다양한 방식으로 고안되고 있으며, 비록 충분하지는 않더라도 이들 장치가 가장 발달한 국가는 미국"이다 (Bertrand, 2003/2003, 14). 자율규제나 미디어 윤리의 한계는 논외로 하더라도, 규제 완화를 옹호하는 대표적인 자유시장주의 국가에서도 미디어 공공성을 지향하는 각종 장치를 도입하기 위한 다양한 시도가 전개되고 있으며 자유

시장주의에 의한 무한의 자유와 경쟁만을 주장하고 있는 것도 아니다. 미디어의 근본적인 권리와 보편적 가치는 옹호되어야 할지라도, 미디어 기업이나 사업자의 권리와 이익만을 추구하는 언론 자유를 어디까지 옹호하고 보장해야 하는 것인가라는 문제제기는 여전히 유효하며, 현재의 미디어 환경이 단지 정부 권력으로부터의 자유, 즉 소극적 자유만으로는 포괄할 수 없을 만큼 복잡한 관계와 층위 속에 놓여 있음은 자명하다. 이러한 난제를 해결하기 위해서 대두된 것이 미디어 어카운터빌리티다. 어카운터빌리티를 매개로 한 적극적 자유(freedom for; positive freedom)의 범주에서는 언론 자유를 위한 질서 구축을 위해 시민사회와 언론의 건전한 긴장관계 및 상호관계성, 신뢰 네트워크 재건을 지향한다.

규범(norm; ought)과 실체(reality; is) 사이에는 간극이 발생할 수 밖에 없다. 규범만으로 제어할 수 없는 현실적인 문제와 다양한 이해상충이 발생하기 때문이다. 이러한 간극은 1940년대 허친스 보고서를 둘러싼 미국 사회의 논쟁에서도 확인할 수 있다. 중요한 것은 미디어와 언론의 질적 제고를 위해서는 '규범과 실체의 순환 운동' 속에서 규범을 준거점으로 하여 실체적 한계와 모순을 수정하고 개선해야 한다는 점에 있다. 동시에, 규범 역시 끊임없이 수정보완하고 재생산되어야 한다. 네론과 그의 동료들이 지적한 것처럼 (Neron, 1984/1998, 110–113), 사회적 책임이라는 규범의 생명력을 회복하기 위해서는 '저널리즘 전략'이나 '전략적 기술'을 둘러싼 책임-무책임 논쟁에서 벗어나 언론 자유의 본질과 '적극적 자유'라는 개념이 어떤 논리와 의미를 함축하고 있는 지에 초점을 맞추어야 한다. 이를 바탕으로 사회적 책임 이론에 내재해 있는 한계를 수정 보완하여 재생산할 수 있다.

다양한 이해 상충이 발생하는 취재 보도 제작 현장에서 어디에 준거점을 두고 누구의 시각과 입장에서 어떤 선택을 할 것인가? 그 선택을 위한 원칙과 기준은 누가 어떤 목적에서 어떤 내용과 방식으로 설정할 수 있는가? 사회학자 굴드너에 따르면, 도덕(moral)은 권력이나 강제력을 행사하지 않으면서 바람직한 행위가 무엇인지를 환기함으로써 사회 내에서 발생할 수 있는 다양한 이해관계의 대립을 중지시키고 신뢰관계를 구축하여 특정 행위를 선택하도록 돕거나 내적 갈등을 완화할 수 있도록 하기 위해 작동하는 메커니즘이다. 이러한 메커니즘은 욕구 충족의 상호성이라는 관계 속에서 암묵적으로 만들어진 사회적 약속을 기반으로 한다. 때문에, 개개인의 자율성이나 양심에 의존하는 윤리(ethics)적 판단처럼 특정 상황에 따라 좌우되는 것이 아니다. 도덕을 지키고 따라야 한다는 것은 권리에 상응하는 의무가 부과된다는 것을 의미한다(Gouldner, 1971/1975, 147–148). 이러한 관점에서 미디어 규범의 패러다임을 사회적 책임과 자율규제를 중심으로 한 소극적 자유에서 어카운터빌리티 개념을 매개로 작동하는 적극적 자유로 전환할 것을 제안한다. 이는 "자유롭고 책임 있는 미디어(free and responsible press)"와 "자유롭고 어카운터블한 미디어(free and accountable press)" 구현을 목적으로 한다.

첫째, 미디어와 저널리즘의 '실체적 위기'를 극복하고 재정립하는 과정에서 시민 공중이 참여하는 '숙의의 장'을 만드는 것이 중요하다. 위기 극복은 일부 미디어나 종사자들에 의해 가능한 일이 아니며, 우리 사회 전체가 미디어와 공론 영역의 가치와 존재 원칙에 대해 함께 성찰하고 이를 통해 미디어 규범과 행위 기준을 바탕으로 한 실천을 이끌어 내야 하기 때문이다(손석춘, 2006).

둘째, 언론의 자유, 편집의 독립과 자율성, 미디어와 언론의 취재 보도 활동이나 게이트키핑 과정에서 적용되는 각종 가치 판단기준의 설정과 적용을 미디어 조직의 내부에서 데스크나 기자들이 행사하는 '배타적이고 독점적인 특권'으로 인식하고 해석하는 틀에서 벗어나야 한다. 그리고 미디어의 책임은 개인의 가치 판단과 양심에 의존하는 '윤리'가 아니라, 시민 공중이 참여하는 '숙의의 장'에서 '도덕적 의무'라는 사회적 규범으로 승인받아야한다. 오보나 왜곡 조작 보도 등 기타 미디어 조직과 종사자들이 책임을 이행하는 과정에서 문제가 발생했을 때 어떤 형태로든 도덕적·도의적 책임을 져야 한다는 것을 의미한다. 개인의 선택과 동기 부여를 중심으로 하는 윤리적 틀에서 벗어나지 않는다면, 자율규제의 실효성을 제고하기 위해 강제 이행과 집행, 처벌 등을 도입하거나 외부 위원회를 설치하여 심사해야한다는 논의 자체가 무의미하다.

셋째, 미디어의 책임을 도덕적 의무라는 사회적 규범으로 전환하기 위해허친스 위원회가 제시한 어카운터빌리티를 미디어 규범의 키워드로 설정하여 관련 논의를 확장하고 재생산해야 한다. 고대 아테네의 직접민주주의와참여민주정의 메커니즘을 도입한 어카운터빌리티는 사회 전체를 포괄하는숙의의 장에서 사회적 토론, 그리고 시민사회와의 파트너십을 구현하기 위한 전제조건 중의 하나이다. 이는 공적 규제와 자율 규제 모두의 한계와 약점을 수정보완하기 위해 사회적 자율규제를 지향하기 위함이다.

거듭 강조하지만, 어카운터빌리티가 미디어 규범론으로서의 완전체 혹은완결체는 아니다. 미디어를 둘러싼 모든 문제를 해결할 수 있는 만병통치의기능을 발휘할 수 있는 것도 아니다. 미디어 윤리와 자율규제를 중심으로성립되는 사회적 책임 이론을 적극적 자유와 사회적 자율규제라는 패러다임으로 전환하기 위한 미디어 규범론의 수정 혹은 재생산의 과정일 뿐이다.미디어 어카운터빌리티라는 새로운 미디어 규범과 각종 이해가 상충하는미디어 현실 사이에 존재하는 각종 딜레마와 간극이 무엇인지를 찾아내고,'규범과 실체의 순환 운동'을 통해서 규범은 끊임없이 재생산되어야 하며 실재하는 현실은 규범을 준거점으로 개선해 가야 한다.

제3부

쟁점과 사례

7장
기간방송과 공영방송

1. 기간방송과 민주적 미디어 시스템 모델

공영방송(Public Service Broadcasting)을 한 마디로 정의내리기는 쉽지 않다. 공영방송을 사회제도 중 하나로 정착시켜 온 역사적 과정이나 맥락이 국가마다 상이하기 때문이다. 공영방송은 각각의 국가와 사회에서 자국의 미디어와 공영방송을 어떻게 인식하고 규정해 왔으며 어떤 목적과 원리 하에 어떤 역할과 책임을 부여해 왔는지 등이 종합적으로 작용하여 독자적인 형태로 발전해 왔다.

세계 20개국 공영방송의 시장점유율, 특수성, 재원 모델 등을 조사한 〈맥킨지 보고서(A Mckinsey Report for the BBC)〉에서는 공영방송을 세 가지 유형으로 분류했다(Mckinsey & Company, 1999). ①영국의 BBC, 독일의 ARD와 ZDF, 스웨덴의 SVT 등과 같이 시장점유율과 차별성의 조화를 도모하여 공영방송으로서 유효성이 가장 높은 것으로 평가되는 유형이다. ②미국의 PBS와 같이 자국 내 미디어 시장이나 국가 전체의 방송문화에 미치는 영향력이 미약한 유형이다. 시장점유율보다 차별성에 초점을 맞추기 때문이다. ③이탈리아의 RAI는 상업방송과의 광고수입 경쟁이나 시장점유율을 중시한 결과 공영방송으로서의 차별성을 잃어버린 유형으로 분류되었다.

맥킨지 보고서와 동일한 분류기준을 활용한 정용준(2005)은 네 가지 공영방송 모델을 제시했다. ①이상지향형 모델이다. 해외 방송시장에서는 상업활동을 강화하지만 자국 내에서는 공공성 개념이라는 본질을 지키고 강조하는 영국의 BBC, 캐나다의 CBC, 독일의 ARD와 ZDF 등을 들 수 있다. ②시장지향형 모델이다. 시사, 뉴스, 교양, 어린이 대상 프로그램 등 차별화된 프로그램 편성 비율이 낮고 시청점유율도 낮아지는 유형으로 이탈리아의 RAI, 프랑스의 F2 등이 있다. ③축소형 모델이다. 상업적 경쟁에 몰입하여 질 높은 프로그램 편성이 무시되고 경쟁력마저 저하된 스페인의 RTVE 등이 포함되었다. ④다원주의형 모델이다. 미국의 PBS가 대표적인데, 자국 내 시청점유율이 낮기 때문에 국가와 사회 전반에 미치는 영향력이 미약한 유형의 공영방송 모델이다.

한편, 슈에츠는 공영방송제도의 도입과 발전 과정의 역사적 사회적 배경을 바탕으로 미국형, 유럽형, 개발도상국가형, 탈공산주의국가형으로 공영방송을 분류했다(Schejter, 2003). ①미국형 공영방송의 원칙과 기준은 비상업적이고 독립적이며 공적으로 우수해야 한다는 것이다. 시장이 제공하지 못하는 질 높은 콘텐츠를 제공하고 교육매체로서의 차별성을 지향해야 한다는 책임이 부여되었다. 미국의 PBS는 상업방송의 이데올로기나 헤게모니를 보완하는 '계몽민주주의 모델'로 발전해 왔다. ②유럽형 공영방송은 상업방송이 도입되기 전까지 독점적 지위를 향유했던 '공공서비스 모델'로 볼 수 있다. 폭넓은 방송범위, 보다 많은 의무, 다원주의, 문화적 책임, 정치적 중심지, 비상업주

의 등의 속성을 공유한다. ③개발도상국가형 공영방송은 '국가 텔레비전'으로
서의 성격을 지닌다. 국가의 필요와 목적에 봉사해야 한다는 원칙 하에서
국가통치권자의 필요에 따라 접근과 콘텐츠가 통제된다. 민주주의 발전이나
언론 자유라는 원칙보다 국가 통합, 근대화와 사회 경제적 성장, 문화적 연속
성과 변화 사이의 조화 유지 등에 기여하도록 요구받는다. ④탈공산주의국가
형 공영방송은 정당이 주도해 왔던 방송이 시장 중심의 공익적 제도 형태로
이행해 가는 과정에 놓여 있다. 민주주의와 자본주의의 확장 속에서 공영방
송제도 역시 변화하고 있지만 여전히 정치 구조와 밀접한 관계 속에 놓여
있다.

국내에서 'public seivice broadcasting'를 지칭하는 용어는 '공영방송(公
營放送)'이다.[1] 정부 소속 부처나 산하 기관으로서 정부가 소유권이나 통제권
을 모두 갖는 '국영방송(國營放送)', 기업의 사적 이익 추구를 주요 목적으로
설립된 '민영방송(民營放送)'과의 차별성에 초점을 맞춘 용어다. 국내 방송법
제4장 43조는 공정하고 건전한 방송문화를 정착시키고 국내외 방송을 효율
적으로 실시하기 위해 한국방송공사(KBS)를 '국가기간방송(國家基幹放送)'으로
설립한다고 규정하고 있으며, 국내 대표 공영방송 KBS의 〈설립 목적 및 기
능〉에서도 '국가기간방송'임을 스스로 천명하고 있다.

기간방송이라는 용어의 기원은 일본 방송제도에서 찾을 수 있다. 1960년
대 공영방송 NHK가 스스로를 민방과 구별하기 위해 기간미디어 혹은 기간
방송이라는 개념을 제안한 것이 시초다(山下東子, 2000; 舟田正之·長谷部恭男, 2001; 浜

---

[1] 'Public Seivice Broadcasting'은 궁극적으로 추구하는 목적이나 지향하는 바에 초점을 맞
춘 용어다. 일본의 경우에도 NHK를 지칭하는 용어는 '공공방송(公共放送)'이다. 반면, 국내
에서 사용되는 '공영방송'이라는 용어는 소유구조에 초점을 맞춘 용어다. KBS는 1945년
해방 이후 국영방송체제로 운영되다가 1973년 유신체제 하에서 방송법이 재개정되면서 공사
화되었다.

田純一, 1997). 공영방송과 민방의 이원체제 하에서 상호 공존하고 경쟁하며 각자의 존재의의와 특성을 발휘하여 전체 방송 환경의 발전과 효용이라는 승수효과(Synergy Effect)를 제고하기 위함이다. 현재는 위성방송이나 케이블방송, 기타 뉴미디어 등과 구별되는 지상파방송을 지칭하는 용어로 확대되어 사용되고 있다. 공영방송 NHK는 국민 내 다양성을 반영하도록 제도화된 존재다. 소수자 의견을 언론 보도에 충분히 반영하고 민방이 달성하기 어려운 분야의 서비스를 실시하여 민방 프로그램의 질적 향상에도 긍정적인 영향을 미치도록 하는 역할을 부여받아 왔다. 반면, 민방의 존재이유는 다수의 자유로운 사기업으로서 각각의 방송사가 주체적이고 자율적으로 프로그램을 제작 편성하여 미디어 다원성을 도모할 것, 지역사회의 문화적 경제적 발전에 공헌하면서 방송계 전체를 활성화할 것, 광고미디어로서 경제 발전과 개개인의 소비 활동에 기여할 것 등에서 찾을 수 있다(片岡俊夫, 2001).

기간방송 혹은 기간미디어라는 정체성과 역할은 커런(Curran, 2002; Curran & Gurevitch, 1991)의 '민주적 미디어 시스템 모델(Model of Democratic Media System)'에서도 발견할 수 있다. 유럽에서 다양한 형태로 발달해 온 미디어 각각의 활동과 그 특징으로 구성된 개념이자 모델이다. 커런은 이 모델의 중심에 '핵심미디어(Core Media)'를 두고 그 주변에 '사적기업부문(Private Enterprise Sector)', '시민미디어부문(Civic Media Sector)', '전문미디어부문(Professional Media Sector)', '사회적 시장부문(Social Market Sector)' 등 네 가지 유형의 미디어를 배치했다. 소유 및 재원구조, 플랫폼 유형, 궁극의 목적과 편성 철학 등이 상이한 다양한 유형의 미디어들이 공존하면서 서로 자유롭게 경쟁하는 가운데 각자에게 부여된 차별적 위상과 역할을 수행할 수 있다는 관점을 반영한 다원적 미디어 시스템 모델이다. 각각이 지닌 강점은 살리고 약점이나 결함은 상호 보완해 가면서 미디어 전체의 다양성과 다원성, 질적 제고를 지향하는 모델로 볼 수 있다.[2] 이 중에서 핵심 미디어라는 개념과 역할이 기간 방송 혹은 기간 미디어와 유사하다. 핵심 미디어는 전체 미디어 환경의 건전한 승수효과를 주도해가는 '핵심적 공론장(The Core Public Sphere)'으로서의 역할을 수행하는 것으로 설정되었다. 핵심 미디어에게 부여된 핵심적 공론장으로서의 구체적인 역할은 ①시청자가 다양한 견해에 접할 수 있도록 사회적 액세스를 개방하고, ②뉴스나 시사 문제를 다룬 프로그램에 우선권을 주어 사회적 목적을 광범위하게 수행하기 위한 틀을 만들며, ③공적 토론의 장에서 금전적 이유로 배척받는 계층이 생기지 않도록 해야 한다는 것을 들 수 있다. 이러한 역할 수행 가능성이 가장 높은 제도적 형식으로 제시된 것이 공공서비스 방송, 즉 공영방송이다. 물론, 커런 역시 공영방송의 한계는 인정한다. 정부가 공영방송의 독립성을 훼손하거나 공적 토론에 제한을 가할 수도 있고, 소수 엘리트 계층이 공영방송 조직을 지배할 수도 있으며, 새로 등장하는 미디어 산업 영역이 공영방송의 정체성과 역할에 부정적으로 작동할 수도 있다는 것이다. 그럼에도 불구하고 커런은 공영방송을 보호하기 위해 국가적 메커니즘을 활용한다면 공영방송이 지닌 한계를 극복하고 조직의 활력을 되찾을 수 있을 것이라는 낙관적인 견해를 표명하기도 했다.

국내에 공영방송 관련 제도가 도입되고 정착해 온 역사적 과정을 돌이켜

---

2 민주적 미디어 시스템을 구성하는 다양하고 다원적인 미디어들 각각의 사회적 책임이 무엇인가를 명확하게 규정해야 한다. 신문이나 방송, 공영방송과 민영방송, 종합편성채널과 전문편성채널, 각종 인터넷 사이트와 팟캐스트, SNS와 1인 미디어 등 소유구조 및 재원구조, 플랫폼 유형, 궁극의 목적과 편성·편집 철학 등이 상이한 각종 미디어와 채널들이 치열한 경쟁 구도를 형성하고 마치 '제로섬 게임'을 벌이고 있는 것처럼 보이기도 하는 경쟁의 결과는 미디어와 저널리즘 환경의 질적 저하 그리고 사회적 신뢰의 급락으로 드러나고 있다. 앞으로 더욱 치열해질 것으로 예상되는 경쟁 구도 속에서 전체 미디어 환경의 질적 제고를 지향한다면, 각각의 미디어와 채널들이 자신의 특성과 장점에 부합하는 차별화된 위상과 역할, 이에 걸맞은 사회적 책임과 어카운터빌리티를 각각 이행하면서 '상호보완적 관계'를 지향해야 한다.

보면, 일본의 NHK와 영국의 BBC 모델을 주로 참조해 왔음을 알 수 있다. 1970~80년대 도입 초기에는 NHK의 비정치적이고 비상업적인 성격을 주로 따랐다면, 1980년대 후반부터는 BBC의 개혁적이고 비판적인 이미지를 채택한 것으로 보인다(조항제, 2014). 일본 NHK는 도입 초기부터 지금까지 공영방송의 제도적 틀이나 운영방식 등 대부분을 BBC 모델을 참고로 하여 발전해 왔다. BBC나 NHK를 주요 모델로 삼아 도입되고 정착해 온 한국 공영방송의 규범적 지향점은 '핵심적 공론장'이자 '기간 미디어'이며, '공공성 개념의 본질'을 강조하면서 '시장점유율과 차별성의 조화'를 도모하는 '이상 지향형 모델'이자 '공공서비스 모델'에 가까운 것으로 해석할 수 있을 듯 하다. 하지만 동일 지향점이나 모델을 채택하더라도 실제 현실에서 어떤 방식과 모습으로 구현되는지는 각 국가와 사회를 구성하는 다양한 맥락 속에서 달라질 수밖에 없다. 공영방송 제도의 국내 도입 배경부터 지금까지의 전개 과정을 촘촘하게 분석하고 성찰한 조항제가 정치적 후견주의나 후견적 상업주의, 수신료 인상을 가로막는 부정적 연합(negative alliances), 공영방송의 핵심 원리이자 존재 조건인 '신뢰'의 부재 등을 지적한 것처럼(조항제, 2014), 한국 공영방송의 규범적 지향점과 실체 사이의 간극은 매우 크고도 넓다. 차별성이나 시장 점유율 모두 하락하는 '축소형 모델'뿐 아니라, 국가적 필요와 목적에 봉사하는 '국가 텔레비전'으로서의 속성, 정치적 구조에서 여전히 자유롭지 못한 '탈공산주의(=탈권위주의) 국가 모델'의 그림자도 발견할 수 있다.

2. 공영방송의 사회적 책임과 어카운터빌리티

공영방송 제도를 채택하고 있는 대부분의 국가에서 공영방송 위기론은 끊임없이 제기되어 온 사회적 쟁점 중 하나다. 그 위기는 미디어 환경과 사회 구조의 변화에서 기인하는 것도 있지만, 방만한 조직 운영, 정치적 독립과 자율성 구현의 실패, 시청자 시민에 대한 투명성 부족, 공영방송으로서의 역할 수행 미흡 등에서 기인하는 바도 크다. 공영방송 무용론이나 축소론, 민영화론도 끊임없이 제기되어 왔고, 실제로 민영화를 채택한 국가도 적지 않다. 다채널에 의한 텔레비전의 확장, 인터넷의 발전, 전파 희소성의 소멸 등으로 말미암아 공영방송의 존립 근거 자체가 흔들리면서 그 미래 역시 불투명한 것이 사실이다. 그럼에도 불구하고, 비영리성과 비상업성을 제고하고 사적 권력을 최소한으로 억제하면서 방송 환경의 건전한 발전을 견인하여 민주주의 사회의 유지 발전에 기여해야 할(ought) 공영방송의 역할은 더욱 중요해 졌다는 주장이 힘을 얻고 있는 것 역시 사실이다(McChesney, 2003; Graham, 2006; Price & Raboy, 2003; 김재영·이남표·양선희, 2008; 조항제, 2014).

공영방송의 정체성을 기간방송이자 핵심적 공론장이라는 법적 사회적 지위에서 찾을 수 있다면, 지금 그리고 앞으로 공영방송이 수행해야 할 사회적 책임과 역할은 무엇인가? 그 핵심은 공익(public interest; general interest; common interest; commonweal; common good)을 추구해야 한다는 가치와 이념에서 찾을 수 있다. 공익이라는 용어 자체가 매우 추상적이며 그 스펙트럼도 넓기 때문에 공영방송의 역할과 책임이 무엇인지를 정의내리기는 쉽지 않다. 하지만 방송의 공익이나 방송 공공성에 관한 지금까지의 이론적 정책적 논의를 살펴보면, 보편성 혹은 보편적 서비스를 통해 시청자 복지 제고에 기여해야 한다는 것으로 집약할 수 있다. 공익이 공공의 이해를 우선하는 것에 초점을 맞춘 개념이라면, 보편적 서비스는 우리 사회의 모든 구성원들이 다양한 장르와 내용 그리고 다양한 사회 문화적 가치를 담은 기본 서비스를 무료 혹은 저렴한 가격으로 접근할 수 있도록 기회를 보장해야 한다는 평등적 서비스 개념으로 볼 수 있다. 정치적·경제적·지리적·기술적·사회문화적 차원에서 소외계층이 발생하지 않도록 보편적 접근을 보장해야 한다는 의미다(강형철, 2014; 안정임, 2004; 정용준, 2006; 최영묵, 1997; 鈴木秀美, 1995, 2000; 浜田純一, 1997; Graham, 2006; Price & Raboy, 2003). 디지털 융합시대를 맞이하여 시청자 복지 개념과 내용의 재정립도 요구되고 있지만, 아날로그 시대에 핵심요소로 여겨졌던 보편성, 다양성, 공평성 등은 여전히 유효한 가치다(정용준, 2006, 2011). 하지만 이러한 가치를 적용하고 유지하기 위해서는 공영방송이 디지털 공유지(digital commons)나 공공 미디어(public media)로 전환되어야 한다는 관점은 설득적이다(강형철, 2014; Murdock, 2005a/2011, 2005b/2011).

공영방송의 역할과 책임은 전체 미디어 환경의 건전한 승수효과를 지향함에 있어서도 중요한 함의를 지닌다. 특히, 공영방송의 궁극적 책임은 '국가와 사회의 중간'에 존재하는 '핵심적 공론장'으로서 국가적 임무와 구별되는 '비국가적 공공성'을 이행하고(小林宏一, 1993),[3] 좋은 방송을 통해 풍요롭고 건전한 방송문화를 견인해 가는 것에 있다고 볼 수 있다. 영국의 BBC는 칙허장과 협정서를 기반으로 특권적 지위를 향유해 왔고, 일본의 NHK

---

[3] '공공성'이라는 용어는 추상적일 뿐 아니라, 다양한 관점에서 다양하게 해석되고 적용되어 왔다. ①국가를 의미하기도 하며, ②사적이익 간의 대립에 국가권력이 개입하는 근거로 활용되던 '공공 복지'의 개념을 담고 있으며, ③국가와 사회의 중간에 존재하면서 국가적 임무와 구별되는 '비국가적 공공성'을 의미하기도 한다(石川明, 1989). 국내에서 방송 공공성의 주체는 국가행정기관 혹은 방송사업자로 국한되어 왔으며 '국가적 공공성'을 기반으로 '방송사업자의 공공성'을 구현하는 방식의 담론이 주류를 이루어 왔다.

는 기간 방송이자 일본 유일의 전국방송이라는 법적 지위를 부여받고 있다. BBC와 NHK는 다른 미디어나 채널들과는 확연히 구별되는 법적 사회적 지위와 함께 탄탄한 신뢰를 기반으로 전체 미디어 환경의 조화와 균형, 건전한 승수효과를 주도하는 역할을 담당해 왔다. 어쩌면 그러한 역할들을 충실하게 수행해 왔기 때문에 법적 사회적 지위는 물론 굳건한 신뢰 구축으로 이어졌다는 해석과 평가가 더 정확할 수도 있다.

(언론) 적폐청산이 사회적 화두로 회자되고 있는 국내 현실에서, 2017~2018년 KBS와 MBC 양대 공영방송 노조가 경영진 사퇴와 공영방송 정상화를 요구하며 총파업에 돌입했고, 시민사회의 (비판적) 지지와 연대 속에서 경영진 사퇴라는 목적을 달성할 수 있었다. 공영방송 정상화와 (언론) 적폐청산이라는 궁극의 목적 달성을 위해서는 앞으로 가야할 길이 더 멀고 험난하겠지만, 공영방송의 역할이 여전히 중요하다는 사회적 인식과 태도, 그리고 그 역할을 제대로 수행해 주길 바라는 '일말의' 기대를 읽을 수 있다. 중요한 것은 앞으로 그 기대에 부응하기 위한 책임과 역할을 '어떻게' 수행해 가는지에 있다.

공영방송이 기간방송이자 핵심적 공론장이라는 역할을 수행해야 한다는 명제와 사회적 기대가 여전히 유효하다면, 그 역할에 부합하는 사회적 책임의 내용은 구체적으로 무엇인가? 우리 사회와 방송이 걸어 온 역사적 특수성과 정치 사회 문화적 맥락 속에서 방송이 지향해야 할 역할이나 규범적 가치에 관한 사회적 토론과 합의의 산물로 만들어진 것 중에 하나가 방송법이다. 방송법에서는 시청자 권익보호(제3조), 방송편성의 자유와 독립(제4조), 방송의 공적책임(제5조), 방송의 공정성과 공익성(제6조) 등을 규정하고 있다. 제44조는 국내 대표공영방송 KBS의 공적책무에 관한 조항인데, 공정성과 공익성 실현, 지역과 주변 여건에 관계없이 양질의 방송 서비스 제공, 공익에 기여할 수 있는 새로운 프로그램과 방송 서비스, 방송 기술의 연구 개발, 민족문화 창달과 민족의 동일성 확보 등이 포함되어 있다.

공영방송 역시 스스로의 정체성과 목적을 천명하고 있다. 방송법에서 규정하고 있는 규범적 가치와 이념을 실천적으로 구현하겠다는 스스로의 다짐이자 시청자에 대한 약속이다. 공영방송이 이행해야 할 사회적 책임의 핵심을 구성하는 내용들로 볼 수 있다. KBS는 "사회 환경 감시 및 비판, 여론 형성, 민족문화창달이라는 언론의 기본적 역할을 수행함과 동시에 모든 시청자가 지역과 주변여건에 관계없이 양질의 프로그램을 제공받을 수 있도록 무료 보편적 서비스 제공을 위해 노력"하며, "내부혁신을 바탕으로 고품위 고품격 프로그램을 제작"하여 "우리 문화의 우수성"을 국내외에 널리 알리고 "한국문화의 세계화에 기여"한다고 천명하고 있다. '국가기간방송'이자 '대표 공영방송'으로서의 정체성을 바탕으로 한 것이다. MBC가 천명하고 있는 정체성은 "공익재단인 방송문화진흥회를 대주주로 두고 경영은 광고수익에 의존하는 주식회사 형태의 공영방송사"다. 방송 활동의 핵심 목적으로 제시하고 있는 것은 "방송을 통해 유익한 정보를 제공하고 재미와 감동을 창조한다는 목표 아래 공정성과 신뢰성, 창의성과 전문가 정신을 통한 고객만족이라는 핵심가치"를 추구하는 것에 있다.

방송법 조항은 물론, 공영방송 스스로가 천명하고 있는 정체성과 목적들 역시 추상적인 것이 사실이지만, 방송법에서 규정하고 있는 의무사항들이나 스스로가 천명하고 있는 정체성과 다짐, 약속들을 실제 방송 활동과 프로그램 속에서 어떻게 구체화하고 구현해 가는지가 중요하다. 공영방송으로서 지향하는 목적과 규범을 준거점으로 설정하고, 그 목적과 규범을 달성하기 위해 어떤 활동과 실천을 해 왔는가? 앞으로 어떤 활동과 실천을 해 갈 것인가? 이 질문에 답하기 위해서 세계 각국의 공영방송들은 대내외적 환경 변화에 대응하면서 공영방송의 정체성을 확립하기 위한 논의와 실천 방안을 끊임없이 강구하면서 재생산해 왔다. 기간방송 혹은 핵심적 공론장이라는 역할, 공익이라는 가치 추구, 스스로가 천명한 정책적 지향점과 목적, 약속들을 실제 현실에서 구현해 가기 위해서는 보다 구체적인 활동과 업무 내용을 명확하게 설정하여 제시할 필요가 있다. 그리고 실제로 그것들을 어떻게 실천하고 있는지에 관한 사회적 · 도덕적 평가와 검증이 수반되어야 한다.

세계 각국의 공영방송이 처한 상황이나 맥락, 사회적 기대와 요구는 다양하기 때문에, 공영방송의 위기라고 해도 그 원인이나 본질 역시 상이할 수 있다. 하지만 공통적으로 직면하고 있는 몇 가지 현실적 과제와 해결해야 할 문제들이 있다. 수많은 미디어와 채널이 난립하는 미디어 환경에서 공영방송이 설 자리가 여전히 남아 있는가? 공영방송은 상업방송의 대안적 역할을 수행해야 하는가, 아니면 스스로가 다양한 의견을 표출해야 하는가? 계몽민주주의 모델을 넘어 참여민주주의를 구현하기 위한 행위자 역할을 직접 수행해야 하는가? 공영방송의 재원모델로 가장 적절한 것은 무엇인가?[4]

공영방송이 직면한 다양한 딜레마와 해결해야 할 과제 속에서 해외 주요 공영방송이 추구해야 할 가치이자 핵심 원리로 부상하고 있는 것이 미디어 어카운터빌리티라는 개념과 실천이다. 어카운터빌리티라는 개념의 본질과 속성에서 확인할 수 있듯이, 공영방송의 정체성을 (재)정립하기 위한 사회적 토론과 실천의 중심에 서 있는 것은 다름 아닌 '공영방송 자신'이며, '국민의 방송'이나 '국민을 위한 방송'이라는 슬로건을 넘어, '국민에 의한 방송'을 지

---

4 해외 공공서비스방송의 소유 구조, 사회적 역할과 책임, 그리고 재원모델은 매우 다양하다 (정수영, 2013).

향한다는 것을 의미한다. 국내 공영방송 제도의 도입과 발전 과정에서 정책적 지향점, 각종 시책과 사업 설계 및 운영방식 등을 주로 참조해 온 영국 BBC와 일본 NHK는 그 대표적 사례이기도 하다. BBC나 NHK의 경영재원에서 수신료 수입 비중이 높다는 사실은 국내에도 잘 알려져 있다. 수신료 제도나 수신료 금액에 관한 국내 논의에서 언제나 모범사례로 등장하는 곳이기도 하다. 하지만, 두 공영방송이 수신료 중심의 경영재원 구조를 유지하기 위해 시청자와의 상호 신뢰관계 구축에 어떻게 힘을 쏟고 있는 지에 관해서는 '상대적으로' 무관심해 보인다. 두 공영방송의 자구적 노력과 고민, 실천은 여전히 현재진행형이라는 점에 주목하면서 구체적인 내용들을 들여다 볼 필요가 있다(정수영, 2013). 물론, 사회적 책임과 자유의 내용이나 제도적 형식 등은 사회적 역사적 특징과 맥락에 따라서 달라질 수 있기 때문에(Altschull, 1995), 미디어 환경 변화에 대한 진단과 전망, 관련 정책 수립이나 법제도적 개편, 문제적 현상에 대한 해법이나 규제 방식 등을 논의하고 수립하는 과정에서 BBC나 NHK 사례를 자의적으로 해석하여 무맥락적으로 도입해서는 안된다. 영국과 일본 사회의 역사적 · 정치적 · 사회적 · 문화적 상황과 맥락, 각각의 미디어 환경과 연계하여 신중하고 맥락적으로 검토해야 한다.

3. 영국 BBC와 어카운터빌리티

1970년대 영국 BBC는 프로그램의 질적 저하에 대한 비판 속에서 제도적 · 내용적 위상에 대한 변화와 성찰을 요구하는 목소리에 직면했다. BBC

개혁과 위기 극복을 위한 요건 중 하나로 1977년 애넌 위원회가 어카운터빌리티를 제시한 이후, 어카운터빌리티는 BBC가 추구해야 할 핵심 가치이자 임무 중 하나로 자리매김했다. 애넌 보고서(1977)에서 공중에 대한 어카운터빌리티 이행 수준을 제고하고 방송에 대한 시청자 참여를 확대하도록 권고한 내용은 영국 정부의 주요 방송정책에 반영되어, 〈방송프로그램 기준위원회(Broadcasting Standards Commission)〉 설치, BBC 경영위원회에 의한 포럼 개최, 시청자 의향 조사 등으로 구체화되었다. "공영방송을 감독하는 책임만을 지니고 방송서비스에 대한 책임은 지지 않는 외부 독립기구를 설립하는 것은 방송의 독립을 저해할 가능성"이 있으며 "방송사 스스로가 공중과 직접 토론할 수 있다면 공중에 대한 어카운터빌리티 이행 수준을 제고할 수 있을 것"이라는 애넌 위원회의 권고를 채택한 결과다(White Paper, 1979). 이후에도 영국 사회에서는 BBC의 어카운터빌리티 이행 수준을 강화하기 위한 제도적 장치를 끊임없이 강구하고 개혁해 왔다. 어카운터빌리티를 보다 충실하게 이행할 수 있는 방식으로 거버넌스 구조를 개편해 온 것이 대표적이다. 전통적으로는 BBC의 업무 집행을 감독하는 역할을 경영위원회가 맡아 왔지만, 칙허장 갱신과 함께 2007년 BBC 트러스트(BBC-Trust) 체제로 이행했다가 2017년부터 집행이사회(Unitary Board)가 그 역할을 담당하게 되었다. BBC 위기 극복을 위한 방안이나 개혁을 위한 제도적 장치는 범사회적 논의와 공개 협의(public consulation)의 결과라는 점도 시사하는 바가 크다.

제7차 칙허장과 협정서(1996.5~2006.12.31.)

BBC는 전통적으로 '집행기관인 이사회'의 업무 집행을 감독 평가하고 '방송을 통한 국민 이익의 수탁자' 역할을 경영위원회에 부여해 왔다. 그 구체적인 역할과 함께 책임과 어카운터빌리티 이행을 위한 '이사회-경영위원회-국민'이라는 메커니즘을 최초로 명문화한 것은 제7차 칙허장(1996.5~2006.12.31.)이다. 제7차 칙허장과 협정서 갱신을 앞두고 범사회적 논의가 전개되었는데, 먼저, 영국정부가 1992년 11월에 발표한 녹서에서 BBC는 '공공서비스의 목적' 중 하나로 어카운터빌리티를 이행해야 한다는 것을 명기했다. 그 내용은 "공영방송사업자는 스스로의 활동에 대해 상세히 설명할 의무가 있으며, 스스로가 제공할 서비스와 지켜야 할 기준을 명확히 제시해야 한다"는 것으로 압축할 수 있다(中村美子, 2000). 정부녹서 발표 이틀 후, BBC는 "보다 열린 조직이 되어 국민에게 어카운터빌리티를 이행"하겠다는 것을 천명했다. 구체적으로는 국민이익의 수탁기관 경영위원회와 업무집행기관 이사회의 역할을 명확히 구분하는 것, 경영위원회가 이사회의 업무수행목표 달성 정도와 상황을 매년 평가하여 공표하는 것, BBC 관리 및 책임 시스템을 국민에게 설명하는 문서를 작성하는 것, 시청자 불만이나 의견에 대응하기 위한 새로운 시스템을 구축하는 것 등이 포함되었다(蓑葉信弘, 2003). 정부녹서에 대한 일반국민 의견 약 6,200건과 BBC가 공표한 보고서 등을 종합하여 정책입안을 마련한 정부는 1994년 백서를 발표했다. 백서에도 BBC의 어카운터빌리티 이행수준을 제고하기 위한 구체적인 실천방안이 포함됐다. BBC로 하여금 각 채널과 프로그램에 명확한 목적을 부여하고 수신료의 효율성과 금액에 걸맞은 가치를 제공하도록 했다. 연차보고서와 회계보고서에 효율화 및 기타 시책 실시 현황에 관한 상세한 정보를 담도록 했으며, 〈시청취자에 대한 약속(Annal Statement of Promise to Audience)〉을 매년 공표하도록 했다(蓑葉信弘, 1994a, 1994b; 中村美子, 2000).

이러한 과정을 거쳐 갱신된 제7차 칙허장에서 경영위원회는 '국민의 수탁자'로서 BBC의 프로그램과 서비스에 대한 모든 활동이 국민의 요구와 이익을 반영하도록 보장해야 한다고 규정되었다. BBC의 업무집행과 감독에 관한 명확한 책임 주체, 구체적인 역할과 내용을 최초로 명문화한 것이다(Royal Charter, 1996). 함께 갱신된 협정서에서도 BBC 프로그램의 내용과 편성, 경영의 독립을 명문화하는 규정이 신설됐다. 제4조에서 칙허장에 근거하여 국내 서비스의 목표를 연차보고서에 기재하여 의회에 제출하도록 했으며, 〈시청취자에 대한 약속〉을 발행하도록 규정했다. 약속에 대한 평가 결과는 BBC 연차보고서에 기록해야 하고, 그 요지는 수신료 납부자 모두가 쉽게 손에 넣을 수 있도록 공표해야 했다(Agreement, 1996, 6-7). 예를 들어, 방송시간 수, 각 서비스 소요비용, 프로그램 제작비용 등을 정리하여 수신허가 갱신을 의뢰하는 문서에 동봉하여 발송하도록 했으며 여기에 BBC 프로그램 등에 대한 의견을 수렴할 수 있도록 주소와 전화번호 등도 함께 기재토록 했다. 물론, 약속과 목표 달성 정도를 평가하는 것은 경영위원회의 책임이다(蓑葉信弘, 1994b, 2003; 中村美子, 2000). 이에, BBC는 〈시민헌장(Citizen's Chater: Raising the Standard)〉(1991)[5]의 원칙에 준하여 스스로가 지향하는 서비스의 목표와 기준을 책정하고 그 달성을 약속하는 〈시청취자에 대한 약속〉을 매년 설정하여 공표하고 그 달성 정도를 평가하여 공개하기 시작했다.

---

5 〈시민헌장〉은 1991년 영국정부가 공표한 것으로, 정부와 공공서비스를 담당하는 기관들이 국민을 공공서비스의 소비자로 보고 새로운 책임을 재구성한 것이다. 헌장의 주요 내용은 여섯 가지다. ①기준: 서비스 기준을 명확히 설정하고 모니터하여 공개하고, 그 기준에 맞추어 실제 달성된 업적을 평가하여 공표한다. ②정보공개: 공공서비스 운영상황, 비용, 수행상황 평가, 책임자 등을 단순명쾌한 언어로 공표한다. ③선택과 협의: 공공분야에서의 선택을 최대한 인정해야 한다. 서비스 이용자와 정기적으로 협의해야 하며, 이용자 의견이나 취향이 반영되어야 한다. ④꼼꼼함과 유익함: 서비스 이용 권리가 있는 사람들은 모두 평등하며 그들이 원할 때 서비스를 제공받을 수 있어야 한다. ⑤정정: 과오가 있을 때는 사과, 충분한 설명, 신속하고 효과적인 정정이 수반되어야 한다. 독립적인 조사권을 행사하여 고충처리도 진행되어야 한다. ⑥지출에 걸맞은 가치. (山谷清志, 1997).

1998년 10월에는 문화 미디어 스포츠성(DCMS)이 BBC 온라인 서비스를 허가했다. BBC 온라인 서비스의 필수조건은 ①독창적 내용을 광범위하게 제공하는 주요자원으로 활용해야 하고, ②수신료 납부자와의 새로운 관계 구축 및 어카운터빌리티 강화를 위해 활용해야 하며, ③수신료 납부자들의 본거지이자 신뢰 가능한 안내인으로서의 역할을 담당해야 한다는 것이다(BBC, 2003a). BBC 온라인 서비스를 허가한 목적은 TV나 라디오 등 기존의 전통적인 미디어를 보조하거나 홍보하는 역할에 그치지 않고, 수신료를 납부하는 시청자에게 어카운터빌리티를 이행하면서 커뮤니케이션을 확장하여 상호성과 신뢰관계를 구축하는 것에 있음을 알 수 있다. BBC가 그 목적을 얼마만큼 달성했는지에 관한 것도 BBC가 이행해야 할 어카운터빌리티 내용에 포함되었다.[6] 2003년에는 커뮤니케이션법(Communication Act 2003)과 새로운 독립 규제기관 오프콤(Ofcom; Office of Communication) 체제에 적응해 가겠다는 것을 BBC 스스로 선언하고 경영위원회와 이사회의 역할 및 책임을 새롭게 제시하면서 경영위원회의 공적 어카운터빌리티 이행 수준을 강화하겠다는 보고서를 발표하기도 했다(BBC, 2003b).

제8차 칙허장과 협정서(2007.1.1~2016.12.31)

제7차 칙허장과 협정서의 만료 및 갱신을 앞두고, BBC 경영위원회 개혁과 어카운터빌리티 이행 수준의 강화를 요구하는 사회적 분위기가 고조되었다. 대표적으로 2003년~2004년 BBC 라디오의 뉴스토론프로그램 〈투

---

6   BBC 인터넷 온라인 서비스의 세 가지 목표가 얼마나 달성되고 있는지에 관해서는 5년마다 평가하도록 했으며, 3년에 한 번씩 중간평가도 실시하였다(BBC, 2006).

데이(Today)〉에서 비롯한 이른바 '길리건 사태'를 들 수 있다.[7] 이 사건으로 BBC와 영국 정부는 긴장과 대립 관계에 놓였고 BBC 경영위원회 위원장과 사장이 사임하는 등 BBC 저널리즘은 위기에 직면했다(蓑葉信弘, 2004; 이준웅, 2008). 영국정부에 의해 설치된 허튼조사위원회(Hutton Inquirry)는 BBC를 맹렬하게 비판하는 보고서를 발표했다. BBC는 BBCNews와 시사프로그램 담당 경력을 지닌 로널드 닐(R. Neil)에게 조사를 의뢰하였고 그 결과물로 이른바 〈닐 보고서〉(The BBC's Journalism After Hutton; The Report of the Neil Review Team)가 2004년에 발표되었다. 보고서에서는 BBC 저널리즘이 추구해야 할 핵심가치로 ①진실과 정확성, ②공익에 대한 봉사, ③공정성과 의견 다양성, ④독립성, ⑤어카운터빌리티 등이 제시됐다(BBC, 2004). 2005년 영국정부는 녹서를 발표하고 BBC의 정치적 독립성을 유지하면서 어카운터빌리티 시스템을 강화하여 BBC의 공적 역할 이행 수준을 제고하기 위해 BBC 트러스트(BBC-TRUST)라는 새로운 거버넌스 모델을 제안했다(BBC, 2006; 방송통신위원회, 2008). 같은 해 BBC는 기존의 〈프로듀서 가이드라인〉을 대폭 개정하여 〈편집가이드라인: BBC의 가치와 기준〉(EDITORIAL GUIDELINES: The BBC's Values and Standards)을 새로 발표했는데, 새로운 가이드라인에서 어카운터빌리티가 하나의 독립된 장으로 별도 구성되었으며, 편집의 독립과 어카운터빌리티는 BBC가 추구해야할 핵심 규범임을 명확히 규정했다(BBC, 2005). 1977년 애넌 위원회

---

[7] 2003년 5월 29일 아침, BBC 라디오 뉴스프로그램인 〈투데이(Today)〉에서 앤드류 길리건(A. Gilligan) 기자가 영국정부의 정보조작 의혹을 폭로한 것에서 시작되었다. 길리건 기자가 폭로한 내용은 영국정부가 발표한 〈9월문서〉(2002)에 이라크가 45분 이내에 대량살상무기를 실전 배치할 수 있다는 내용이 포함되었지만, 이는 이라크에 대한 무력행사가 필요하다는 정부 입장을 국민에게 관철시키기 위해 과장된 것이며, 영국정부는 보고서 발표 당시에 이미 그것이 사실이 아님을 알고 있었다는 것이었다. 이후, 익명의 정보원으로 알려진 국방부 고문 켈리(D. Kelly) 박사가 자살했으며, 이 사태에 대한 책임을 지고 BBC 경영위원회 위원장과 사장이 사임했다(蓑葉信弘, 2004).

가 편집의 독립과 어카운터빌리티의 조화로운 운영을 권고한 이후 BBC 내부의 조직문화나 관행의 일환으로 구현해 왔던 것을 비로소 명문화했다는 것에서 그 의의를 찾을 수 있다.

이러한 과정을 거쳐 갱신된 제8차 칙허장(2007.1.1~2016.12.31)에 근거하여 BBC는 기존의 경영위원회 체제에서 트러스트 체제로 이행했다. 경영위원회 체제 하에서 BBC에 대한 감독과 운영 각각의 기능이 명확하게 구분되지 않았다는 한계를 극복하기 위한 것으로, BBC 운영과 감독 기능을 완전히 분리하되 BBC의 자유는 보장하는 방식의 내적 통제 시스템을 유지하는 형태다. BBC 트러스트와 집행이사회 간의 관계를 보다 명확히 하기 위해서 ①어카운터빌리티, ②전략과 서비스, ③재정, 지불가치, 위기관리, ④규정과 기준, 준수사항, ⑤BBC 트러스트 업무 등 다섯 가지 분야에서 트러스트와 집행이사회의 관계를 정한 규약(Protocols)도 제정하여 공표하도록 했다 (Royal Charter, 2006, 방송통신위원회, 2008). 주목할 것은 BBC의 어카운터빌리티 이행 수준을 제고하기 위한 평가 방식이 추가보완되었다는 점이다. 기존에 이루어진 BBC 평가 방식은 '사후평가'였다. BBC가 행해야 할 구체적인 목표를 설정하고 이에 관해 BBC와 국가가 일정 기간 동안 계약을 맺는 공공서비스계약(public service contract), BBC가 수행해야 할 임무를 구체적인 수치로 측정 가능토록 하는 수행기준(performance criteria), 수행성과를 평가하는 수행분석과 통제(performance analysis or control) 등 세 가지 요소로 구성되어 있었다. 하지만 사후평가 방식만으로는 평가결과에 따른 보상이나 처벌이 쉽지 않다(강형철, 2013). 제7차 칙허장과 협정서에 의해서 프로그램 등 책임의 내용과 목적 등을 약속 형태로 매년 발표하고 이를 평가 검증하는 방식의 〈시청취자에 대한 약속〉도 사후평가에 해당한다. 사후평가의 한계를 보완하기 위해 도입된 것이 '사전평가'다.

제8차 칙허장과 협정서에서는 BBC의 목적별 임무(Purpose Remit)와 서비스면허(Service Licence)를 추가 신설하고 새로운 서비스를 제공하거나 기존의 서비스를 대폭 변경하기 전에 사전평가를 거쳐야 한다는 것을 명문화했다. 공적 가치와 시장에 미치는 부정적인 영향을 최소화하기 위해 시청자와 관련 업계의 의향을 충분히 고려하여 가부를 판단하는 '공적가치 심사(Public Value Test)'를 의무화한 것이다. 새로 추가된 사전평가 역시 BBC 트러스트가 담당해야 할 책임 중 하나다(Royal Charter, 2006). BBC 트러스트가 시청자를 대신해서 BBC의 서비스면허 발행을 승인할 수 있는 권한을 행사하는 방식의 구도로 변화시킨 것이다(中村美子, 2007). 시청자에 대한 어카운터빌리티 이행 수준을 높이고, 정부로부터의 독립성과 시청자 중심주의를 제고하기 위한 시도로 볼 수 있다.

제9차 칙허장과 협정서(2017.1.1.~2027.12.31)

2016년 12월 종료되는 칙허장과 협정서를 갱신하기 위해 2015년경부터 영국정부와 BBC 간의 협상이 다시 시작되었다. 이 시기 영국에서 BBC에 대한 여론은 최악으로 평가받고 있었다. 수신료 제도의 존폐 문제가 제기될 만큼 공영방송의 위상은 추락했고 취임 2개월만에 사장이 사퇴하는 등 BBC 구조조정이나 거버넌스 개혁을 요구하는 주장도 끊이지 않았다. 신문 여론조사 및 300여명에 이르는 전문가와 단체에 대한 조사, 19만여명의 일반의견을 반영하는 등의 공개 협의를 참조하여 2015년 7월에 정부녹서가 발표되었고, 2016년 5월에는 정부의 공식 정책 문서인 백서가 발표되었다. 주요 안건은 수신료 제도 검토, BBC 거버넌스 개혁, 공적 서비스의 적정한 범위와 규모 등이었다. 녹서에는 수신료제도를 당분간 유지하되 대안적인 재원구조를 검토할 것, 뉴스보도의 불편부당성 수준을 제고할 것, BBC 거버넌스와 규제를 위한 다양한 방안을 모색할 것, BBC 서비스의 차별성과 품질을 제고할 것 등의 내용이 담겼다. BBC 거버넌스와 규제에 관해서는 BBC의 현행 거버넌스와 규제 모델 개혁 방안, 현행 공공가치 심사와 서비스면허 제도의 개혁과 책임자 결정 방식, BBC 운영 전반에 수신료 납부자와 관련 산업 전반이 관여할 수 있도록 하기 위한 방안, 의회-정부-오프콤-감사원-BBC의 관계 재설정, 재정투명성과 예산지출 관리 등 어카운터빌리티 이행 수준을 높이기 위한 관련 장치 강구, 10년 주기로 이루어지는 칙허장 갱신 방식의 재검토 등이 포함되었다(정준희, 2015; 김지현, 2016; 정은진, 2017). 정부백서에는 BBC 트러스트 폐지안이 담겼다. 영국정부가 의뢰하여 작성된 이른바 〈클레멘티 보고서〉(A review of the governance and regulation of the BBC)를 바탕으로 한 것인데, 보고서에서는 BBC트러스트를 "완벽한 실수"로 규정했다. BBC에 대한 감독과 최고의사결정기구를 겸임해 온 트러스트를 해체하고, 관리감독 권한은 오프콤에게, 기타 의사 결정 권한은 새로운 집행이사회(Unitary Board)에게 이양하도록 한 것이다(김지현, 2016).

1927년 BBC가 공영방송으로 출범한 이후 BBC는 '정부-경영위원회-집행이사회'라는 거버넌스 구조를 채택해 왔다. 정부는 신규 서비스에 대한 인허가권을 부여하는 등 구조적 규제를 행사해 왔고, 경영위원회는 BBC 경영, 업무 집행 및 내용을 관리 감독하는 역할을 담당해 왔으며, 집행이사회는 예산의 기획과 관련 업무를 집행해 왔다. 제8차 칙허장이 발효된 2007년부터는 '집행이사회-트러스트-국민'이라는 거버넌스 구조를 기반으로 트러스트가 구조와 내용 모두 규제하는 역할을 담당하면서 BBC 경영을 관리 감독하고 수신료 납부자를 대변하는 역할을 수행했다. 그리고 제9차 칙허장 갱신을 앞두고 2016년에 발표된 정부백서에서 BBC 거버넌스 구조를 '오프콤—이사회' 방식으로 변경하고 시사보도 프로그램을 제외한 모든 내용을 방송통신규제기관인 오프콤이 규제할 수 있도록 그 권한을 이양하는 방식을 채택한 것이다(정준희, 2016).

이러한 내용을 담아 2016년 칙허장과 협정서가 갱신되었다. 핵심 내용은 BBC 트러스트를 해체하고 BBC에 대한 규제와 관리감독을 오프콤과 BBC 이사회로 이원화하는 방식을 새롭게 채택하는 것이다. BBC 이사회는 칙허장과 협정서를 기반으로 BBC의 목적과 전략의 방향성을 설정하고 공적 서비스와 월드 서비스의 예산, 성과 측정, 편집 및 서비스 기준, 불만처리, 배급 정책 등 내부 관리 감독에 관한 책임과 의무를 부여받았다. BBC 이사회가 공개성(openness)과 투명성(transparency)을 제고하고, 어카운터빌리티를 보다 충실히 이행하기 위해 설정된 기준을 준수해야 한다는 것이 새로운 칙허장에 명시되었다. 이사회 회의록을 공중에게 공개해야 하며 BBC 활동에 관한 의사결정 과정과 그 근거 등도 모두 함께 제시하도록 했다. 이와 함께, 이사회가 외부 자문을 구할 수는 있지만, BBC의 독립성을 유지 보호하면서 공적 이익을 도모해야 한다는 것도 명시되었다(정은진, 2017; 홍남희, 2018; Royal Charter, 2016).

4. 일본 NHK와 어카운터빌리티

영국의 BBC를 모델로 삼아 발전해 온 일본의 공영방송 NHK(일본방송협회; Nippon Hosou Kyoukai)는 일본 유일의 전국방송이자 기간미디어다. 전체 경영재원의 약 96%가 수신료 수입이다. 일본 국민들의 높은 신뢰와 지지를 바탕으로 안정적인 재원구조를 유지해 오던 NHK는 2004년을 전후하여 제작비 부정지출, 유력정치가의 압력에 의한 다큐멘터리 내용 수정 의혹 등으로 사회적 논란과 비판의 중심에 서게 되었다. 수신료 납부 거부 건수는 NHK 역사상 최대에 달했고, NHK 채널 축소론과 분할론, 민영화론까지 제기됐다. 사상 초유의 위기 상황에서 NHK는 시청자 신뢰 회복을 위한 각종 개혁시책을 발표하고 실천하면서 점차 신뢰도를 회복해 왔다. 개혁 시책의 중심에 있는 것이 '설명책임(説明責任)' 즉 어카운터빌리티 이행 수준을 제고하는 것이다.[8] 이 사건을 계기로 방송법도 일부개정되어 NHK 거버넌스를 강화하기 위한 조항이 추가되었다.

NHK에 대한 평가는 다양하다. 일본 유일의 공영방송이라는 독점적 지위에서 기인하는 매너리즘과 폐쇄적이고 관료적인 조직문화, 친정부적 성향의 뉴스보도 등에 대한 비판이 제기되기도 한다. 개혁시책을 공표하고 시행하는 동안에 정치적 독립성을 훼손하는 사례가 다시 발생하기도 했다. 그럼에도 불구하고 NHK가 시청자와의 상호 신뢰관계를 유지하기 위한 노력을 계속하고 있다는 것만큼은 사실이다. 전체의 약 96%를 수신료 수입으로 충당하는 경영재원 구조는 세계적으로도 유례를 찾아보기 어렵다. 일본 고유의 사회문화적 속성과 맥락을 감안하더라도 NHK의 실천적 노력과 사회적 신뢰가 뒷받침되지 않으면 성립될 수 없다. 방송사업자의 자율성을 중시하

---

8   일본에서는 어카운터빌리티를 '설명책임'으로 번역하여 사용되는 경우가 많다. 사회학자 하나다 다츠로(花田達朗, 2003)는 '설명책임이라는 오역(誤譯)'이라는 기고글에서 '설명책임'이라는 용어는 단지 '설명'이나 '공개'만으로 면책될 수 있다는 오해를 불러 일으켜 어카운터빌리티의 본질과 함의를 왜곡시킬 수 있음을 지적했다. 어카운터빌리티의 본질이 '약속'(책임)을 이행하도록 하는 것에 있다는 점에서 '이행책임(履行責任)'이라는 용어가 적절하다고 주장하기도 했다.

는 일본 방송제도의 전통과 NHK의 독점적 지위가 여전히 유지되는 가운데, NHK 거버넌스 강화를 위한 조항이 방송법 상에 신설되더라도 NHK 스스로의 노력과 실천이 수반되지 않으면 그 의미는 반감될 수밖에 없다. 거버넌스 강화 및 경영합리화 등을 위해 어카운터빌리티 개념을 도입한 각종 개혁 시책을 끊임없이 강구하고 실천하면서 시청자의 신뢰와 동의를 구하기 위해 노력하고 있다는 점에 주목할 필요가 있다.

특히, 일본 유일의 공영방송 NHK에 대한 사회적 요구와 기대는 일본의 사회 문화적 맥락은 물론, 민방, 전국일간지와 지역신문, 잡지와 서적 등 다양한 매체 각각의 고유한 속성과 특성을 발휘하면서 전체 미디어 환경을 구성하는 다원적 모델 속에서 만들어지는 것이다. 2015~2020년까지의 경영계획 속에서 NHK(2015)가 지향하는 바는 크게 두 가지로 정리할 수 있다. 하나는 일본 사회의 조건과 맥락, 미디어 환경을 구성하는 다양한 관계 속에서 요구되는 공영방송의 기본 가치와 원칙이 무엇인지에 천착하며 그 '원점'을 견지하는 것이다. 또 다른 하나는 변화하는 미디어 환경 속에서 공영방송으로서 견지해야 할 가치와 원칙을 보다 적극적이고 선도적으로 구현하기 위해 '공공미디어'로의 진화를 도모하는 것이다.

2004년도 NHK가 직면한 위기 상황 개요

2004년 7월 NHK의 일부 종사자들이 프로그램 제작비를 부정 지출했다는 사실이 발각되면서 사회적 비판에 휩싸였다.[9] 같은 해 9월 9일 중의원

---

9   정확히 말하자면, 2004년에 제작비 부정 지출 사건이 새롭게 발생한 것이 아니다. 1996년
     이후 제작비 부정 지출이 수 건 있었으며 이에 대해 NHK 내부에서 징계 처분을 이미 내리고

총무위원회는 에비사와 쇼지(海老沢 勝二) 당시 NHK 사장과 간부 7명을 참고인으로 소환하여 약 3시간에 걸친 질의를 진행하였다. NHK는 이틀 후인 11일(토) 오후 2시부터 TV 종합채널과 라디오 제1방송을 통해 약 40분 분량으로 편집하여 방영했다. 방송된 내용은 제작비 부정 지출 사건을 사과하고 조사결과와 업무 적정화 및 재발방지를 위한 장치 등을 설명한 후 중의원 총무위원회에서의 질의응답 장면을 일부 삽입한 것이었다. 중의원에서의 질의 현장을 생중계하지 않은 것에 대한 사회적 비판이 거세게 대두되었다. 이에 NHK는 〈NHK에 말하고 싶다〉(NHKに言いたい)는 제목의 특집프로그램을 긴급 편성하여 생방송으로 방영했지만, 시청자들의 비판은 잦아들지 않았다.

2005년 1월에는 NHK 교육채널에서 방영된 다큐멘터리 〈ETV2001 ~ 전쟁을 어떻게 심판할 것인가(戦争をどう裁くか)〉(2001.1.29.~2.1)의 내용 일부가 방영 직전에 수정됐다는 의혹이 제기되었다. 이 프로그램은 2000년 12월 도쿄에서 개최된 민간법정 '일본군 성노예제를 심판하는 여성 국제 전범 법정'을 취재하여 다큐멘터리로 제작한 시리즈물이다. 일본 사회에서 금기시되어 왔던 천왕의 전쟁책임을 제기하고 전쟁 성폭력과 일본군위안부 문제를 고발하는 내용이다. NHK 간부가 예결산 국회 통과 문제를 협의하기 위해 정부여당의 유력 정치인을 방문한 자리에서 "공정하게 제작하여 방영해 주길 바란다"는 여당 정치인의 언급에 따라서 제2화(2001.1.30. 방영)가 방영되기 직전에 외부 전문가 인터뷰 중 일부를 수정하여 재편집했다는 것이다.[10]

마무리한 바 있다는 내용들이 공개된 것이다. 당시 사회적으로 문제가 된 것은 부정 지출과 징계 처분을 NHK 내부에서 자체적으로 처리하고 대외적으로는 공개하지 않았다는 사실이었다.

10 방송법(제68조~제80조)에서 NHK의 재무 및 회계를 규정하고 있다. NHK는 매사업연도(4월~다음 해 3월)의 수지예산, 사업계획과 자본계획을 작성하여 총무대신에게 제출해야 한

NHK 내부 고발과 〈주간분슌(週刊文春)〉, 〈주간신쵸(週刊新潮)〉 등의 주간지 보도로 촉발된 것이었으며, 〈아사히신문(朝日新聞)〉에서 대대적으로 보도했다. 다큐멘터리 출연자와 시민단체는 NHK에 정정방송을 요구했다. 그리고 '방송인권위원회'(현, '방송과 인권 등 권리에 관한 위원회')에 권리 침해 구제 신청을 했으며 NHK 및 제작 프로덕션을 상대로 손해배상 청구를 위한 법적 소송을 진행하기도 했다.[11]

이 두 가지 사건으로 말미암아 에비사와 사장은 사임했고 재발 방지를 위한 시책도 발표했다. 그럼에도 불구하고 수신료 납부 거부 혹은 보류 건수가 NHK 역사상 최대치에 도달했고, NHK를 해체 또는 분할하거나 민영화해야 한다는 주장이 제기되기도 했다. 제작비를 부정한 방법으로 지출했다거나 정치적 압력에 의해 프로그램 내용이 수정되었다는 사실은 그 자체만으로도 공영방송의 정체성과 사회적 신뢰의 근저를 뒤흔드는 사건임에 틀림없다. 하지만, 수신료 납부 거부 움직임이 범사회적 쟁점으로 확대되고 NHK의 존립근거마저 흔들리게 된 가장 큰 원인은 사건 발생 이후에 NHK가 보인 태도와 대응방식에 있었다. 당시 NHK는 제기된 비리와 의혹에 대해 성실하고 투명하게 대응하기 보다는 자기합리화와 책임 회피에 일관했

다. 총무대신은 이를 검토하고 의견을 첨부하여 내각을 거쳐 국회에 제출하여 승인을 받게 된다. 또한 당해 사업연도 경과 후 3개월 이내에 해당 연도의 업무보고서, 재산목록, 대차대조표, 손익계산서 및 이에 관한 설명서를 작성하고 여기에 감사의 의견을 첨부하여 총무대신에게 제출해야 하며, 총무대신은 여기에 의견을 붙이고 감사의 의견을 첨부하여 역시 내각을 거쳐 국회에 보고해야 한다. 그 내용들은 모두 NHK 전국 소재 사무소에 비치하여 일반 공개해야 한다. 매년 수신료 금액은 국회가 NHK의 수지예산을 승인함으로써 결정된다.

11 '방송과 인권 등 권리에 관한 위원회'는 NHK와 민방사업자 공동으로 설치 운영하는 제3자 고충처리기구인 〈방송윤리·프로그램향상기구(BPO; Broadcasting Ethics & Program Improvement Organization)〉를 구성하는 위원회 중 하나다. BPO는 '방송윤리검증위원회', '방송과 인권 등의 권리에 관한 위원회', '청소년 위원회' 등 세 개의 위원회를 운영한다. 2015년 4월 현재 기준으로 BPO 가맹사는 NHK, 민간방송연맹과 그 회원사 등 모두 206사다. BPO 인터넷 공식 홈페이지(https://www.bpo.gr.jp/) 참조.

고, 이러한 무책임한 태도로 말미암아 시청자들의 비난과 분노가 걷잡을 수 없을 만큼 거세진 것이다. NHK 에비사와 사장은 중의원 총무위원회를 생중계하지 않고 편집 방영한 것, 다큐멘터리 〈ETV 2001〉의 내용을 수정한 것 등은 모두 방송법의 '방송프로그램 편집의 자유' 조항을 근거로 한 '편집상의 판단'이자 '편집권'의 정당한 행사라는 취지의 주장을 펼쳤다. 다큐멘터리의 정정방송 요구도 거부했다. NHK의 설명과 주장을 시청자들은 어떻게 생각하는 지를 조사한 결과, 전체 응답자 45,385명 중 77%가 '이해할 수 없다'고 응답했다(每日新聞, 2014.9.20.).[12]

NHK의 주요 개혁 시책

NHK 수신료제도에 관해 일본 방송법에서 규정하고 있는 것은 '수신계약 체결의무'다.[13] 수신료 위상이 모호하다거나 납부율이 70% 전후에 그치고 있어 공평부담의 원칙에 어긋난다는 문제제기는 오래전부터 있었지만, 수신료제도는 기본적으로 시청자들의 자발적인 납부와 NHK의 자율적인 징수에 맡기는 방식으로 운영된다.[14] 경영재원의 약 96%를 수신료 수입에 의존하고 있는 NHK 입장에서 수신료 미납 건수가 급증한다는 것은 NHK의 존립 및 경영 기반의 뿌리가 흔들리는 절대절명의 위기상황임에 틀림없다.

---

12 일본 방송법의 '방송프로그램 편집의 자유' 조항 및 '편집권'에 관해서는 이 책의 8장을 참조 바란다.

13 방송법 제64조 제1항에서 "NHK 방송 수신이 가능한 수신설비를 설치한 자는 NHK와 방송 수신계약을 체결해야 한다"고 규정하고 있다.

14 매년 수신료 금액은 국회가 NHK의 수지예산을 승인함으로써 결정된다. 2018년 현재, NHK 수신료 금액(연간)은 지상파방송 13,990엔(약 14만원), 지상파+위성방송 24,770엔(약 25만원)이다.

NHK의 재정 위기를 벗어나기 위해 방송통신행정 주관부처인 총무성은 수신료 납부의무 규정을 방송법에 신설할 것을 제안하고 나섰다. 하지만, NHK는 이 제안을 공개적으로 거절했다. 현행 수신료제도는 시청자 신뢰를 바탕으로 한 것인 만큼, 시청자의 자발적인 수신료 납부방식이 유지되어야 하며 NHK 스스로가 시청자 신뢰 회복을 위해 노력하겠다는 입장을 공식 표명한 것이다.

> 수신료 '납부의무제'는 납부 독촉이 쉬워지고 경영 경비 효율성을 높일 수 있다는 장점이 있어서, 결과적으로 공영방송의 재정기반 강화 및 충실화라는 효과가 기대된다. 사회적 비용의 공평부담이라는 공영방송의 이념에도 적합한 방책이다. 하지만, 법률 문구 하나를 변경하여 여러 가지 비리로 인해 취약해진 NHK 재정기반을 '계약의무제'에서 '납부의무제'로 변경한다고 해서 호전될 수 있는 단순한 문제가 아니다. 이것은 NHK 위기의 본질을 어떻게 받아들이는가라는 견해와도 관련 있다. 이번 NHK 위기는 금전적 비리가 끊임없이 발각되고 정치권과의 거리가 의심스럽다는 것을 계기로, 많은 시청자가 수신료 납부를 거부하고 보류함으로써 심각해진 것이다. 이것은 공영방송에 대한 시청자의 기대와 신뢰를 저버린 NHK에 대하여 '시청자주권'을 행사하는 것으로 보는 견해도 있을 것이다. 따라서 NHK가 공영방송으로서 재출발하기 위해 필요한 것은 먼저 시청자의 비판을 심각하게 받아들이고 눈에 보이는 개혁과 프로그램의 질적 향상을 통해 신뢰를 회복하는 것이다. 이러한 과정 없이 '납부의무제'를 도입한다면 시청자의 이해를 구할 수 없을 것이다(NHK, 2006).

NHK는 시청자 및 사회 각계각층의 비판을 불식하고 신뢰를 되찾기 위해 다양한 개혁 시책을 도입하여 실천하기 시작했다(NHK, 2006; 中村美子·米倉律, 2007). NHK가 주도적으로 도입하여 운영한 주요 개혁시책 사례를 정리한 것이 〈표 7〉이며, 그 핵심은 어카운터빌리티를 철저하게 이행하는 것에 있다. 자발성, 투명성, 공개성, 그리고 시청자들과의 소통을 강화하여 신뢰 네트워크를 재건하기 위한 것이다. 특히, NHK가 온라인 및 전국 소재 사무소를 통해 공개하고 있는 정보 목록과 내용은 매우 충실하다. 경영위원회 및 이사회, 프로그램심의위원회 등의 의사록은 발언자 이름과 내용 등을 꼼꼼하게 기재하여 공개하고 있으며, 수신계약 건수나 계약률, 징수금액 등은 지역별, 월별, 연도별로 집계하여 모두 공개한다. 예결산을 비롯한 각종 재무재표는 물론, 경영위원회와 임직원의 급여기준과 구체적인 금액도 공개하고 있다. 각종 강령이나 내부규약, 가이드라인 등도 촘촘하게 제정하고 공개하면서 실제 업무에 적용한다. NHK 업무 평가나 시청자와의 소통 강화를 위한 다양한 실천 방안들도 설치하여 운영하고 있다.

물론 수신료 장기 미납자에 대해서는 NHK가 직접 민사소송을 통해 수신료 납부를 독촉하는 제도가 신설되기도 했지만, NHK의 시청자 신뢰 회복을 바탕으로 수신료 납부율을 제고해 가겠다는 기본 입장과 개혁 시책 결과는 구체적인 수치로 확인할 수 있다. 2004년도 비리 발각과 각종 의혹 제기로 NHK 역사상 최대치로 하락했던 수신료 계약 건수 및 수입 금액이 2006년 이후 점차 회복세를 보이기 시작했다. 2008년도와 2009년도에 계약 건수와 수입액, 계약률 모두 비리 발각 이전인 2003년도 수준을 회복한 후 지속적으로 상승추세다. 수신료 수입이 회복되고 경영합리화 시책을 꾸준히 실행한 결과, 2012년에는 수신료 금액의 7% 인하를 단행하기도 했다. 수신료 인하는 1968년 라디오 수신료를 폐지하고 TV수신료로 일원화한 이후 최초의 일이다(NHK, 2011).

<표 7> NHK 개혁을 위한 주요 시책 사례

주요 시책	주요 내용
〈NHK 정보공개 제도〉[15]를 활성화하여 적극적으로 공개 (온라인/ 오프라인)	– 경영위원회, 이사회, 감사위원회, 프로그램심의위원회(국내, 국제) 등의 의사록, 각종 경영정보 및 활동 현황과 결과 공개 – 재무제표: 재산 목록, 대차대조표, 손익계산서, 자본 등 변동계산서/현금 흐름 계산서 및 관련 설명서, 연결재무제표, 수지예산, 사업계획 및 자금 계획 및 설명자료 등 공표 – 프로그램 예산 공표 범위를 확장하여 프로그램 장르별 전체 비용 공표. 경영위원회 및 임직원 금여액, 임원 판공비 등 공표 – 징계처분을 받은 NHK 임직원 공표 – 방송수신계약수 통계(수신료 징수금액과 징수율, 계약 건수와 계약률, 수신료 면제/할인 현황 등)를 각 유형별, 지역별, 월별, 연도별로 공표 – 기타 경영정보, NHK 설치 기구 및 위원회의 활동과 결과 공표
시청자 관점에 의한 NHK 평가위원회	외부 전문가로 구성된 위원회가 '두 개의 신뢰, 8개의 지표' 개발. 이를 토대로 NHK의 방송활동 및 경영활동을 종합적으로 평가하여 공표
기자교육개혁팀 발족, 기자 재교육 강화	– 저널리스트 육성에 주안점을 두고 보도윤리 반복 교육. – 보도 현장의 실제 사례 및 토론 중심의 연수. 현장교육(OJT) 강화 – 지역국에 중견기자 파견하여 연수 – 보도국에 배치된 기자 전원의 저널리스트 연수 참가 의무화
시청자와의 소통 강화	– 경영위원회, 사장 등 집행이사가 참석하는 전국 시청자 공청회(연 6회이상) – 시청자 서비스국, CS(고객만족) 추진위원회, NHK 하트 플라자 설치 등

* 정수영(2013), 143-144쪽의 〈표 4〉의 내용을 바탕으로 2018년도 현재 NHK에서 운영 중인 내용들을 중심으로 일부 수정

---

15 일본에서는 2001년 4월 〈행정기관이 보유하는 정보 공개에 관한 법률〉(이하, 정보공개법)이 시행되었다. '국민에 의한 행정의 감시 및 참가의 충실화를 도모'하기 위함이다. 〈정보공개법〉을 제정하기 위한 논의 과정에서 NHK를 적용 대상에 포함시킬지 여부가 쟁점 중 하나로 부상했다. NHK는 정부 행정기관이나 다른 특수법인과 동일한 법적 장치 하에서 규제를 받게 되면 언론·표현의 자유 및 정부로부터의 독립성을 침해할 소지가 있음을 이유로 적용 대상에서 제외되어야 한다고 주장했다. 그 대신 NHK는 〈정보공개법〉의 내용 및 기준에 준하여 〈NHK정보공개기준〉을 자체적으로 제정하였으며 2001년 7월부터 〈NHK정보공개 제도〉를 시행하기 시작했다.

방송법 일부 개정과 NHK 거버넌스 개혁

NHK에 대한 공적 규제는 방송법(1950년 제정, 2014년 개정)을 토대로 한다.[16] 하지만 공적규제는 최소화하고 방송사업자에 의한 자율규제를 최대화하는 원칙이 일본 방송제도의 전통이자 특징이기도 하다. 방송법에서는 포괄적인 방향성과 최소한의 기본 원칙만을 제시하고 그 해석과 적용은 각 방송사업자와 업계 자율에 맡기는 메커니즘이다. 언론·표현의 자유에 근거하여 방송사업자의 자율성을 최대한 확보할 수 있도록 배려한 것으로 평가받고 있다(片岡俊夫, 2000). 〈표 7〉의 주요 개혁시책 중 일부는 2004년을 전후하여 발생한 사건들을 계기로 2007년 일부개정되어 2008년 4월부터 시행된 방송법 조항과 연동된 것이기도 하다. 새로 시행된 개정방송법의 특징은 NHK 거버넌스를 개혁하기 위해 경영위원회의 감독 권한을 강화하면서 보다 명확하고 자세히 제시했다는 점이다. 경영위원회 위원 중 일부를 상근하도록 했으며, 경영위원으로 구성되는 감사위원회를 별도로 설치하도록 규정하기도 했다. 현재, NHK 거버넌스를 구성하는 주요 기구는 최고의결기구인 경영위원회, 집행부인 이사회, 감사위원회 등이다.

경영위원회는 NHK 경영을 관리 감독하기 위해 설치된 자율기구의 핵심으로 방송법 제28조에 근거하여 설치된 최고의결기구이자 감독기구다.[17]

---

[16] 전체 193개 조항 중 제3장(제15조~재87조)이 NHK를 별도로 규정한 조항이다. 통칙(제15조~제19조), 업무(제20조~제27조), 경영위원회(제28조~제41조), 감사위원회(제42조~제48조), 임원 및 직원(제49조~제63조), 수신료(제64조~제67조), 재무 및 회계(제68조~제80조), 방송프로그램편집 등에 관한 특례(제81조~제84조), 잡칙(제85조~제87조) 등이다.

[17] NHK 경영위원회에 관한 방송법 조항은 경영위원회 설치(제28조), 경영위원회 권한(제29조), 경영위원회 조직(제30조), 경영위원회 임명(제31조), 위원 권한(제32조), 임기(제33조), 퇴직(제34조), 파면(제35조~제37조), 위원 겸직금지(제38조), 경영위원회 운영(제39조), 의결 방법(제40조), 의사록 공표(제41조) 등이다.

교육, 문화, 과학, 산업, 기타 각 분야를 대표하는 4명, 일본 전국의 8개 지역을 대표하는 8명 등 모두 12명으로 구성된다. 중의원과 참의원 양 의원의 동의를 얻어 내각총리대신이 임명한다. NHK 경영에 관한 기본 방침, 내부통제를 위한 체제 정비, 연도별 예산과 사업 계획 및 프로그램 편집 기본계획 결정, 임직원의 업무집행 감독을 책임진다. 특히, 개정방송법이 시행되면서 회장 이하 임직원의 목표 관리 및 업적 평가를 실시하여 그 결과를 임직원 처우에 반영하는 등 집행 이사회에 대한 관리감독을 강화하는 방향으로 경영위원회의 역할과 권한이 강화되었으며, 집행이사회와의 역할구분과 관계 설정 역시 보다 명확해졌다. 시청자와의 소통을 확대하기 위해 전국 각지에서 매년 6회 이상의 '공청회'도 개최한다. '공청회'에는 경영위원은 물론, 회장과 부회장, 이사도 참석한다. 방송법과는 별도로 경영위원회의 권한과 업무 등을 명확히 하기 위해 NHK 자체적으로 〈경영위원회규정〉(2008년 시행, 2011년 개정), 〈경영위원회 위원의 복무에 관한 준칙〉(2008년 시행, 2011년 개정), 〈경영위원회 위원 보수지급기준〉 등을 별도 제정하여 운영하고 있다.

NHK 집행이사회는 회장과 부회장 각 1인, 이사 7인 이상 10인 이내로 구성된다. 회장은 경영위원회 위원 중 9인(2/3) 이상의 의결로 임명되며, 부회장과 이사는 경영위원회의 동의를 얻어 회장이 임명한다.[18] 이사회에서는 방송프로그램 편집 기본계획, 예산과 사업계획 등 경영위원회에 자문을 구해야 할 안건과 기타 주요 안건을 심의하고, 각 부국의 업무수행상황 등을

---

18 NHK 집행이사회에 관한 방송법 조항은 임원(제49조), 이사회(제50조), 회장(제51조~제55조), 회장 등의 대표권 제한(제56조), 임시이사(제57조), 이익에 상반되는 행위(제58조), 임시이사 또는 특별대리인 선임 관할(제59조), 회장 등 겸직금지(제60조), 급여지급기준(제61조), 복무준칙(제62조), 일반사단법인 및 일반재단법인 관련 법률 준용(제63조) 등이다.

검토한다. NHK 내규에 따라서 이사회 의사록에 개최일시, 출석자 명단, 안건, 의사개요 등을 상세히 기록하고 모두 공개한다.

감사위원회는 개정방송법이 시행되면서 새로 설치되었다.[19] 감사위원회는 경영위원 중에서 임명된 3인 이상의 감사위원으로 구성되며 경영위원을 포함한 NHK 임직원의 직무 집행을 감사하는 권한을 지닌다. 감사위원회가 선정하는 감사위원(선정감사위원)은 임직원에게 직무집행관련 사항을 보고하도록 요청할 수 있고 NHK 업무나 재산 현황 등도 직접 조사할 수 있다. 임직원의 부정행위가 발생하면 경영위원회에 보고해야 하며, 임직원이 NHK 목적이나 업무 범위를 넘어서는 행위를 하여 현저한 손해 발생의 우려가 있을 경우에는 그 행위를 금지시킬 수 있다. NHK는 감사위원회 설치 및 운영에 관한 사항을 담은 〈감사위원회규정〉(2008년 제정, 2017년 개정)을 제정하여 운영하고 있다. 2018년 현재, 감사위원회는 상근 1인, 비상근 2인 등 모두 3인으로 구성되어 있다.

---

19 감사위원회에 관한 방송법 조항은 설치(제42조), 감사위원회 권한(제43조), 감사위원회에 의한 조사(제44조), 경영위원회에 대한 보고의무(제45조), 감사위원회에 의한 임원 행위 금지(제46조), 감사위원회 소집(제47조), 감사위원회 의결 방법(제48조) 등이다.

8장
언론 자유와 편집의 독립

1. '편집권'이란 용어 및 개념의 본질

민주주의 사회에서 언론·표현의 자유라는 가치와 목적은 헌법에 의해 제도적으로 보장받고 있으며, 국내에서도 편집·편성의 독립은 〈방송법〉[1]과 〈신문법〉[2]에 의해 보장받고 있는 규범적 가치다. 그럼에도 불구하고 실제 미디어 현실에서는 다양한 층위의 이해와 가치들이 끊임없이 상충하면서 개념적 해석이나 적용 상의 갈등을 빚어 온 것도 사실이다. 다양한 관점

---

[1] 〈방송법〉 제4조(방송편성의 자유와 독립) ① 방송편성의 자유와 독립은 보장된다. ② 누구든지 방송편성에 관하여 이 법 또는 다른 법률에 의하지 아니하고는 어떠한 규제나 간섭도 할 수 없다. ③ 방송사업자는 방송편성책임자를 선임하고, 그 성명을 방송시간 내에 매일 1회 이상 공표하여야 하며, 방송편성책임자의 자율적인 방송편성을 보장하여야 한다. ④ 종합편성 또는 보도에 관한 전문편성을 행하는 방송사업자는 방송프로그램 제작의 자율성을 보장하기 위하여 취재 및 제작 종사자의 의견을 들어 방송편성규약을 제정하고 이를 공표하여야 한다.

[2] 〈신문법〉 제4조(편집의 자유와 독립) ① 신문 및 인터넷신문의 편집의 자유와 독립은 보장된다. ② 신문사업자 및 인터넷신문사업자는 편집인의 자율적인 편집을 보장하여야 한다.

과 이해 상충 과정에서 어김없이 등장해 온 것 중 하나가 바로 '편집권(編輯權)'이라는 용어다.[3] 애넌 보고서(1977)에서 공영방송의 원칙 중 하나로 제시한 '편집의 독립(editorial independence)'과 국내에서 통용되는 '편집권'의 독립이라는 의미는 엄밀하게 구별하여 해석할 필요가 있다.

'편집권'이라는 용어가 공식적으로 등장한 것은 제2차 세계대전 이후 GHQ 연합군 점령 하에 있던 일본에서 발표된 〈일본신문협회의 편집권 성명(日本新聞協会の編集権声明)〉(1948.3.16.), 이른바 〈편집권 성명〉이다. 1945년 일본 패전 직후, 맥아더 총사령관을 중심으로 한 연합군은 간접통치 방식을 채택하고 천왕제를 비롯하여 기존의 관료조직과 의회조직, 주류 미디어 대부분을 존속시켰다. 공영방송 NHK를 비롯하여 대다수 주류 신문들이 군부의 전쟁 수행을 위한 도구이자 협력자 역할을 수행했음에도 불구하고 부분적 조직 개편을 제외하고 그대로 존속시킨 이유는 신문과 방송을 홍보수단으로 활용하여 자신들의 통치 전략을 실현하기 위함이었다.

하지만 〈요미우리신문(読売新聞)〉, 〈아사히신문(朝日新聞)〉, 〈마이니치신문(毎日新聞)〉 등 주류 신문사 소속 노동자(저널리스트 등)들은 언론 노동자가 신문제작의 주도권을 갖고 민중의 편에 서야한다는 것을 주장하고 나섰다(山本文雄·時野谷浩·山田実, 1998). 그리고 사설이나 논설기사를 통해 스스로의 전쟁 책임에 대해 국민에게 사과하는 동시에, 군부에 편승하여 전쟁을 미화하고 선전하는 기관이자 도구 역할을 충실하게 수행했던 경영진과 간부들의 총사퇴를 요구했다. 동시에 사내 민주화를 위한 조직 개편 등 언론민주화운동을 개시

---

3   국내 〈방송법〉이나 〈신문법〉 조항에서도 확인할 수 있듯이, '편집권' 혹은 '편성권'이라는 용어의 법적 근거는 발견하기 어렵다. 이 글에서는 '편집권'이라는 용어의 위험성을 지적하는 동시에 '편집권'이라는 용어의 폐기, 그 속에 내재해 있는 '불순'하고 '위험'한 개념 및 담론의 해체를 주장한다. 이에, ' '를 사용하여 표기한다.

했다. 〈요미우리신문〉 노조(종업원 조합)는 사내기구 민주화와 편집제일주의 확립을 요구하는 제1차 쟁의(1945.10.24.~12.11)에서 편집과 공무를 포함한 일체의 경영을 노조가 관리한다는 요구를 거의 관철시키기도 했다. 사장과 종업원 대표 수 명이 참여하는 경영협의회가 탄생했으며, 신문 편집 방침은 편집회의에서 결정되었다(大石泰彦, 2013).

언론 노동자들이 주도한 언론민주화운동은 노동운동과 호응하면서 정치과정으로 확장되었다. 언론을 반소·반공정책의 일환으로 편입시키고자 했던 연합군의 통치 목적이나 전략과 충돌할 수밖에 없었다. 연합군은 "정확한 뉴스를 보도할 책임은 사주, 사장, 편집국장에게 있으며 결코 다른 자에게 맡겨서는 안된다"는 취지의 성명서를 수차례 발표하고 신문사 사주 및 경영자들에게 편집의 주도권을 되돌려주기 위한 공식·비공식 정책을 펼치기 시작했다(石崎正博, 1974). 1946년 언론사 사주 및 경영자들을 중심으로 한 〈일본신문협회〉의 설립을 주도하고 지원하면서 언론사 경영진의 권한 강화를 시도했다. '편집권'이라는 용어와 개념은 언론민주화를 지향하는 노조 책임자를 해고하는 근거로 활용되면서 확장되었고, 제1차 쟁의에서 승리했던 〈요미우리신문〉 노조 역시 제2차 쟁의(1946.6.14.~10.16)에서는 패배할 수밖에 없었다.

이후, 연합군 총사령부의 지지와 지원 속에서 언론민주화 운동을 탄압하기 위해 일본신문협회가 1948년 3월 16일에 발표한 것이 이른바 〈편집권 성명〉이다. 이 성명에서는 편집권을 "신문의 편집 방침을 결정하고 시행하여 보도의 사실 및 평론의 공정함과 공표 방식의 적정성을 유지하는 등 신문 편집에 필요한 일체를 관리하는 권능"으로 규정했다. 편집권을 행사할 수 있는 자는 "경영관리자 및 그 위임을 받은 편집관리자"로 제한하였으며, 편집권을 확보하기 위해서 "신문의 경영 및 편집 관리자는 편집권 확보를 위해 필요한 수단을 상시적으로 강구함과 동시에 … 외부로부터의 침해에 대해서는 어디까지나 이것을 거부한다. 내부에서도 … 그 누구라도 편집권을 침해하는 것은 배제한다. 편집 내용을 이유로 인쇄나 배포를 방해하는 행위는 편집권의 침해에 해당한다"고 규정하였다. "법인 조직의 경우에는 이사회 등이 경영관리자로서" '편집권'을 행사할 수 있는 전권을 부여받았다 (日本新聞協会, 1948)

'편집권' 조항은 연합군 총사령부의 지지와 지도 하에 각 신문사 노동규약이나 취업규정에도 포함되었다. 편집방침은 신문사 사주나 경영관리자만이 결정할 수 있는 '배타적 권리'로 해석되었고 편집방침을 비판하거나 따르지 않는 자는 그 누구라도 '편집권'을 침해하는 것으로 규정되었다. '편집권' 침해를 이유로 징계를 받아도 이를 구제할 수 있는 규정도 없었다. 노동규약 안에서 '편집권' 침해를 근거로 일방적인 해고나 징계가 가능해졌을 뿐 아니라, 편집 방침에 대한 비판이나 '편집권' 관련 조항을 개정하고자 시도하는 것 자체도 '편집권'을 침해하는 것으로 해석되었다(右崎正博, 1974). 스스로의 자금과 의사에 의해 그 사업을 실시하는 자, 즉 사주나 경영 관리자만이 '편집권'을 행사할 수 있는 것으로 규정되었으며 저널리스트나 신문노동자가 편집 과정에 관여할 수 있는 여지를 원천적으로 배제하고자 한 것이다. '편집권' 개념은 신문 논조나 주장, 지면 내용, 보도 등 개별 기사에 대한 비판의 자유를 일체 인정하지 않는 것이다. 언론사 사주 및 경영자들은 편집방침을 결정하고 시행하는 과정에서 언론 노동자들을 배제하면서 스스로의 영향력을 강화하는 데에 성공했다. 미디어 기업 내에서 노동조합 운동이나 쟁의를 억압하기 위한 이론적 무기로 이용되었으며 편집 및 제작 현장에서 자유로운 사상과 의견, 표현활동을 억압하고 통제하여 소속 기업이나 조직의 견해와 이익에 종속되고 충성하게 만드는 내부통제 기제로 활용되었다(石村善治編,

1979; 稲葉三千男・新井直之編, 1998; 片岡俊夫, 2001).

1950년대 들어서 '편집권' 개념은 언론민주화운동을 주도했던 노동자들의 영향력을 불식시키고 영구 추방하기 위한 이른바 '적색분자 추방(red purge)'을 단행하는 데에도 활용되었다. '공산주의자 또는 그 동조자'라는 낙인을 찍어 언론사에서 해고한 것이다. 일본 노동성 자료에 따르면, 1950년 5월부터 9월까지 4개월 동안, 신문과 통신, 방송사 등 50여개 언론사에서 704명, 공영방송 NHK에서 119명, 인쇄 출판 업계 13사에서 160명, 3개 영화사에서 113명 등이 해고되었다(石崎正博, 1974; 松田浩, 2005). 공영방송 NHK의 경우, "방송기자는 결국 좌익"이라는 이유로 1947년부터 1950년까지 기자 신규채용도 하지 않았다. '좌익'이라는 낙인이 찍히면 지방으로 좌천되거나 신분을 보장받을 수 있는 모든 수단을 박탈당했다. NHK 보도 제작 현장은 크게 위축되었으며 저널리즘 정신은 쇠락했고, 신문자본을 배경으로 개국한 민방과의 취재 보도 경쟁에서 큰 타격을 입게 되었다(松田浩, 2005).

언론민주화운동을 억압하고 탄압하기 위한 정치적 의도에 의해 등장하여 신문업계에서 정착해 온 '편집권' 개념은 1950년 제정된 방송법 관련 조항에도 반영되었다.[4] 물론 배타적 권리로 해석되는 '편집권' 개념에 대한 비판은 일본 내에서도 꾸준히 제기되고 있다(美ノ谷和成, 1998; 浜田純一, 1993; 花田達朗, 1999; 松田浩, 2012). 하지만 신문사는 물론, NHK와 주요 민방들 대부분이 〈편집권성명〉을 제정한 일본신문협회 회원이다. 〈편집권성명〉과 '편집권' 개념, '편집권'이라는 배타적 권한을 행사할 수 있는 주체와 관련 내용들은 신문과 방송을 포괄하면서 일본 미디어 전체를 규율하는 핵심 규범이자 가치로 인식되고 있다.

---

4 〈방송법〉 제4조 (방송프로그램 편집의 자유) 방송프로그램은 법률에 정하는 권한에 근거하지 않는 한, 그 누구로부터도 간섭받거나 규율되지 않는다.

2. '편집권'이란 용어와 개념의 국내 도입

일본의 '편집권' 개념이 국내에 도입된 것은 1960년대다. 일본의 '편집권' 개념은 서구 사회에서 불문율적 관행으로 인정받아 온 것이며, 일본신문협회가 발표한 〈편집권 성명〉은 서구사회에서 불문율로 인정받아 온 관행의 "제도적 완성의 세계적 효시"라는 평가와 함께 도입되었다(임근수, 1964). '편집권' 개념은 다음과 같이 정의되었다.

> 신문의 편집방침(상시로 발생하는 뉴스의 취급에 관한 개별적 구체적 방침까지 포함)을 결정하여 이를 시행, 집행하고, 뿐만 아니라 보도의 진실, 논평의 공정 및 그 공표방법의 적정성을 유지하는 등에 속하는 신문 편집에 필요한 일체의 관리를 행사하는 권능을 말한다(임근수, 1964).

임근수(1964)는 "이론상으로는 편집권의 본래 소유자 또는 최고권자는 그 신문의 자본주이나, 신문의 오랫동안의 관행과 사회적 공기로서의 본질상 요구에 따라서 그 권능의 실제적 행사자는 경영관리인 및 그 위임을 받은 편집 관리인이며, 경영관리인은 자본주 자신이 직접 이를 담당할 수도 있고 혹은 유능하고 책임 있는 신문 경험자를 선임 임명하여 이를 담당하게 할 수 있다"고 설명했다. 그리고 "편집권의 완전한 독립이란 자본과 완전히 분리된 신문 경영권 아래에서 이를 침해할 우려가 있는 모든 내부적 요소까지도 예방 방지할 수 있는 경영원칙 제도를 확립하여 부당한 인사권 발동 같은 것을 못하도록 하는 하나의 내부적 제도화에 있다"고 주장하면서, '내부적 제도화'를 위한 여섯 가지 방안을 제시하기도 했다.

첫째, 대신문은 반드시 주식회사와 같은 법인조직이라야 한다. 둘째, 그 자본 구성이 순수한 민간경영자본이라야 한다. 셋째, 자본과 경영을 완전히 분리하되, 넷째, 경영층의 구성조직은 편집/업무/공무 출신의 유능하고 경험 있는 자를 망라한다. 다섯째, 편집권에 대하여는 주주라 하여도 개입할 수 없도록 제도화한다. 여섯째, 경영 관리인 및 편집 관리인과 관련되는 일체의 인사권은 경영층 회의의 의결사항으로 제도화한다(임근수, 1964).

국내에 일본의 '편집권' 개념이 도입된 배경과 관련 주장에 대해서, 정진석(1988)은 당시 국내의 많은 미디어가 주식회사 법인이 아니라 개인기업의 형태였기 때문에 언론인의 신분이 보장되지 않았을 뿐 아니라, 경영층의 인사권 전횡이나 신문자본의 경영 참여 등과 같은 내부 원인으로 인해 주필이나 편집국장 등 편집 관리인들이 직업적 가치관에 따라 신문을 제작하기 어려운 상황이었기 때문이라고 설명했다. 당시 '편집권'이라는 개념을 도입한 이유와 배경의 핵심은 '편집권'을 행사하는 발행인 또는 편집인, 그 위임을 받은 편집 관리인이 협력하여 외부로부터의 부당한 개입을 막고자 하는 것에 있었다는 분석이다. 임근수(1964)가 일본의 '편집권'을 국내에 소개하면서 '부당한 인사권'을 방지하기 위한 '경영원칙'과 '내부적 제도화'를 함께 주장한 것에서도 확인할 수 있다.

하지만, 1970년대 들어서면서 '편집권' 개념은 언론자유수호운동을 비롯하여 한국 언론의 민주화를 위한 실천이나 권력비판적 언론을 억압하고 탄압하기 위한 근거로 활용되기 시작했고, 언론 자유와 독립을 지향하는 각종 논의와 제도적 실천을 무력화시켜 왔다. 1974년 10월 24일 동아일보와 동아방송 기자들이 발표한 〈자유언론실천선언〉에 대해 〈동아일보〉 경영진은 "회사의 인사 · 편집 및 편집 방침 등에 대한 집단적인 항의, 항명으로 인한 위계 질서의 문란과 외부의 광고 탄압으로 인한 경영 위기"로 규정하고 "소수 과격분자들"에 의한 "집단적 폭력 행위"에 의해 "발행인으로부터 위임받은 편집인(주필)의 신문·출판·방송의 제작·편집·편성에 관한 권한"을 침해받았다는 이유로 기자와 PD, 아나운서 등 150여명을 해고했다(박지동, 2000). 1987년 10월에 〈한국일보〉 기자들이 노조를 결성하였고, 1988년 3월부터는 〈동아일보〉와 〈한국일보〉 등을 시작으로 '편집권' 독립을 요구하는 단체교섭과 단체 행동이 활발하게 진행되었다. 1988년 〈부산일보〉 노조는 신문사 전면 파업에 돌입하고 '편집권'의 법적 제도적 보장과 편집국장 추천제 도입을 요구하기도 했다(강명구, 1993). 하지만, 한국 신문 발행인 모임인 〈한국신문협회〉는 "편집권이 편집의 방침 결정, 시행 및 보도와 논평의 적정성 유지 등 편집 제작에 관련된 일체의 권능이라고 본다면, 이러한 권능의 행사와 책임은 최종적으로 신문 발행인 및 이사회, 구체적으로는 편집을 위임받은 편집인에게 마땅히 귀속되어야 한다"고 주장하면서, 신문 기업이 법인체의 경우에는 이사회가 편집권을 행사하는 주체라고 못을 박았다(한겨레신문, 1988.7.15). 2006년에 발생했던 이른바 시사저널 사태에서 기자들은 경영진의 기사 삭제를 거부하고 항의하며 '편집권' 확보를 위한 파업을 벌였지만, 노조 참여 기자들이 퇴사하여 〈시사IN〉을 창간하는 것으로 막을 내렸다. '편집권' 개념은 2012년에 있었던 KBS, MBC, YTN, 연합뉴스 등의 방송사 파업을 무력화시키고 경영진이 강력한 인사권을 행사하면서 파업 참가 노조원들을 징계하는 데에 공식·비공식적으로 활용된 근거이기도 했다. 2017~2018년 공영방송 KBS와 MBC가 언론적폐 청산을 주장하면서 파업에 돌입한 것 역시 지난 9년 동안 경영진에 의한 내부검열과 통제로 정치적 독립성과 내적 자율성이 침해되었기 때문이다(PD저널, 2017.10.19). 친정부 성향의 공영방송 경영진이 무기로 내세운 것 역시 '편집권'과 '인사권'이었다.[5]

이처럼, 1960년대에 '편집권'이라는 용어와 개념이 도입된 배경과 목적,

한국 사회의 특수성, 언론자유실천선언 등을 통한 언론 개혁과 민주화를 위한 움직임 등에도 불구하고, 일본신문협회의 '편집권' 개념은 언론 자유와 독립을 둘러싼 국내에서의 논의 과정에서 한 축을 담당해 온 것이 사실이다.

'편집권'을 소유하고 행사할 수 있는 '주체'가 누구인지에 대해서는 경영진이라는 주장, 편집국 종사자들의 자율적이고 독립적인 영역이라는 주장, 경영진과 편집진이 공유하는 것이라는 주장이 제기되고 있다. '편집권'의 '목적'과 '내용'에 관해서는 외부로부터의 부당한 간섭과 개입을 막기 위한 장치라는 관점과 언론사 내부 혹은 저널리스트의 '내적 자유'로 해석하는 관점이 혼재하고 있다(이승선, 2000, 2009).

무엇보다, '편집권'을 둘러싸고 일본과 국내에서 전개되어 온 가장 중요한 쟁점은 '편집권'을 소유하고 행사할 수 있는 주체가 누구인지에 관한 것이었다. 〈편집권성명〉에 따르면 '편집권'은 경영진 혹은 경영진의 위임을 받은 편집책임자가 소유하고 행사하는 '배타적 권리'라는 것을 전제로 한다. 물론, 국내에서는 '편집권'을 행사해야 할 주체가 누구이며, 그 목적과 내용이 무엇인지에 관해서 다양한 해석과 주장이 존재한다. 편집과 제작 현장의 종사자들이 행사하는 권한이라거나 외부로부터의 개입과 간섭에 대항하기 위해 경영진과 편집진이 공유하는 것이라는 주장도 있다. 하지만 이러한 주장 역시 소유 및 행사 권리의 주체가 일부 확장되었을지언정, 스스로가 '편집

---

5 국내에서 민주적인 방송법을 제정하기 위한 오랜 시도와 노력 끝에 2000년 통합방송법이 제정되었다. 동법에서는 방송의 자유와 독립을 보장하고 시청자의 권익을 보호하기 위한 목적이 추가되었고, 방송편성의 자유를 보장하는 조항이 보강되는 등의 성과를 거두기도 했다. 하지만, 해당 조항의 주체가 누구인지 모호할 뿐 아니라, 방송사업자와 편성책임자, 방송 실무자와 시청자의 자유가 중첩되거나 대립이 발생할 여지가 남아 있다. 또한, 김서중의 지적처럼(2018.7.18.), 해당 조항들은 실질적으로 "법으로 보장하기 보다는 방송사 이사진과 경영진의 선의에 기반을 둔 제도"에 가깝다. '편집권' 개념의 위험성과 방송법 제4조(방송편성의 자유와 독립) 등 관련 조항의 한계에 관한 구체적인 내용은 정수영(2012b) 참조.

권'을 행사할 주체라고 주장하는 측에서는 '편집권'을 누군가가 소유하고 행사해야 할 '배타적 권리'로 인식하고 있다는 것은 동일하다. 이러한 인식과 태도 속에 시민과 시민사회의 존재는 없다. 시민과 시민사회는 미디어 환경을 구성하면서 언론의 자유를 구현해가기 위한 주체가 아니라 타자이자 객체로 자리매김될 뿐이다.

김정기(1989)의 지적처럼, 편집의 내적 자유를 주장하면서 '편집권'의 독립이나 '편집권'의 존중이라는 표현을 쓰는 것은 '편집권'의 등장 및 형성 과정이나 용어 속에 뿌리깊이 내재되어 있는 본질에 대한 무관심이나 오해, 혹은 의도적 외면에 가깝다(우승용, 2001 재인용).[6] 언어는 인간의 사고와 현실을 규

---

6 국내에서 '편집권'이라는 용어의 개념을 어떻게 규정하고 있는지 몇 가지 사례를 들면 다음과 같다. 일본의 〈편집권성명〉에서 규정하고 있는 내용들과 대동소이함을 확인할 수 있다.

표준국어대사전 (2018)	편집에 대한 모든 일을 간섭받지 않고 할 수 있는 권리. 신문·잡지·서적 따위의 편집 방침을 결정하여 실행하고, 필요한 모든 관리를 하는 권리
두산백과 (2018)	신문과 관계되는 개념상에서 사용되고 있다. 현실적으로 이러한 권한이 어느 범위의 문제에까지 미치며, 결국 누구에게 귀속되느냐가 중요한 문제로 되어 있다……(중략)…. 미국과 일본은 서로 차이점은 있으나, 유럽제국과는 대조적으로 대체로 포괄적·일원적(一元的)인 사고방식을 가지고 있다. 즉, 이들 나라에서 신문의 편집권은 '신문편집에 필요한 일체의 관리를 담당하는 권한'이라는 광범위한 권능을 의미한다고 규정하고 있다. 그리고 권한의 행사자는 '경영관리자 또는 그 위탁을 받은 편집관리자에 한한다'고 하여, 그 전권을 경영책임자에게 일원화하고 있다. 그리하여 이러한 편집권에 대한 외부로부터의 침해 내지 압력에 대하여 끝까지 거부함은 물론, 내부에서도 정해진 편집방침에 따르지 않는 사람은 편집권을 침해하는 것으로 인정, 이를 배제하고 있다. 한국의 경우, 저널리즘의 편집방침을 결정하는 권한은 경영권의 하나로 되어 있으며, 대체로 미국·일본의 그것과 비슷하다.
매일경제 용어사전 (2018)	일반적으로 신문사의 신문편집에 필요한 일체의 관리를 행하는 기능. 즉, 신문의 편집방침을 결정하고, 이를 실행하여 보도의 진실을 확보하며, 논평의 공정을 꾀하고, 적정하게 공표한다는 신문으로서의 공공적 목적을 달성하는 데 필요한 일체의 관리적 기능을 말한다. 일반적으로 편집권을 행사하는 권리는 경영관리자 또는 그 위임을 받은 편집관리자에게 있는 것
한국언론재단 미디어가온 매스컴 용어 사전 (2012)	신문사의 신문편집에 필요한 일체의 관리를 행하는 기능. 즉, 신문의 편집방침을 결정하고, 이를 실행하여 보도의 진실을 확보하며, 논평의 공정성을 꾀하고, 적정하게 공표한다는 신문으로서의 공공적 목적을 달성하는 데 필요한 일체의 관리적 기능을 말한다. 일반적으로 편집권을 행사하는 권리는 경영 관리자, 또는 그 위임을 받은 편집관리자에게 있는 것으로 본다.

정하고 제한하면서 현실 세계의 다양한 구성요소들과 그 관계를 규정하기도 한다. 사상이나 철학, 특정 대상을 어떤 언어로 어떻게 표현하느냐에 따라서 관련 요소들의 성격이나 관계는 물론 현실세계 전반에 대한 인식에 영향을 미치면서 특정 이데올로기를 형성하기도 한다. '편집권'이라는 용어와 형성 과정에는 이미 '배타적 권리'로서의 의미가 뿌리깊이 내재되어 있으며, 언론 자유와 독립을 말살하고 억압하고자 하는 기제가 강하게 담겨져 있다. '편집권'이라는 용어를 언론 자유와 독립, 언론민주화를 구현하기 위한 목적으로 사용한다고 해도, 언론 자유와 독립을 억압하는 배타적 권리로서의 속성이나 그 속에 뿌리깊이 내재해 있는 이데올로기와 관계성에서 자유로울 수 없다. 미디어 종사자들의 내적 자유를 주장하면서 '편집권'의 독립을 주장하지만, 내적 자유와 독립을 억압하고자 하는 경영진의 관점과 주장을 뒷받침하는 논리로 활용되어 온 것 역시 '편집권'의 독립이다. '편집권'이라는 하나의 용어 속에서 상반된 시각과 담론이 충돌하는 형국이지만, 그 과정에서 일본식 '편집권' 개념을 고수하는 경영진이 주도권을 쥐고 언론 자유와 독립을 억압하는 기제로 활용되어 온 것도 주지의 사실이다(정수영, 2012).

'편집권'을 소유하고 행사할 수 있는 주체, 즉 귀속 주체가 누구인지를 중심으로 한 논쟁과 첨예한 갈등이 끊이지 않는 원인은 불순한 의도를 안고 등장한 '편집권' 개념의 태생적 한계와 그 속에 내재해 있는 담론 속에 갇혀 있기 때문은 아닌지 냉철하게 되돌아 볼 필요가 있다. 언론의 자유와 독립이라는 추상적인 용어 속에서 충돌하고 있는 다양한 가치와 담론들의 실체는 무엇이며, '편집권'의 독립이라는 담론 속에 담겨져 있는 태생적 모순과 한계가 한국의 미디어 환경에서 어떻게 내재화되어 재현되고 있는지에 대한 보다 구체적인 분석과 성찰이 요구된다. 여기에서 요구되는 것이 '내적 편집의 자유'라는 요소다.

3. 내적 편집의 자유와 어카운터빌리티

'편집권'이라는 용어와 개념은 일본과 국내에서만 통용되는 독특한 용어이자 개념이다. 서구에서는 편집의 독립(editorial independence), 편집의 자유(edition freedom), 저널리즘의 자유(journalistic freedom), 편집의 자율성(editorial autono-my), 언론의 내적 자유(internal freedom of the press) 등의 용어를 사용하고 있으며, '내적 편집의 자유(internal editorial freedom)'라는 측면에 초점을 맞추는 것이 일반적이다.

영국정부는 칙허장 및 협정서를 갱신하고 개정함으로써 BBC의 조직 형태나 운영·재원·인사 문제를 결정하고, 긴급 사태가 발생했을 때에는 정부 고지사항 방송이나 방송 정지 명령을 내릴 수 있는 권한도 가지고 있다. BBC가 정부에 의한 규제나 관리감독에 흔들릴 수 있는 구조에 가까워 보이기까지 한다. BBC가 언론 자유와 정치적 독립을 표방하고 있지만, 경영위원회가 정치적 자율성과 불편부당성을 훼손하기 쉬운 중앙집권적 조직이며 정부통제에서도 자유롭지 못하다는 비판이 제기되기도 한다. BBC의 역사 속에서 정치적 독립이 훼손되거나 사회적 신뢰가 추락하면서 공영방송으로서의 위상이 흔들리는 위기 상황에 직면해 온 것도 사실이다(정용준, 2018). 그럼에도 불구하고, BBC는 여전히 공영방송의 메카이자 이상적 모델로 평가받고 있다. 정부나 정치권력으로부터 독립성을 관철하고 언론 자유를 구현하기 위한 메커니즘과 제도적 장치를 모색하고 구현하기 위한 노력을 경주해 왔기 때문이다. 이를 대표하는 것이 편집의 독립과 어카운터빌리티의 조화와 균형을 지향하는 메커니즘이다.

애넌 보고서는 1970년대 당시에 BBC를 향한 사회적 비판과 개혁을 요구하는 다양한 제안들을 검토한 끝에, 정부는 물론 특정 이익단체와 압력단체가 BBC를 통제하거나 지배권을 행사해서는 안된다는 결론을 내렸다. "방송의 자유를 옹호하는 많은 사람들이 왜 방송사업자에 대한 간섭을 축소하기보다 강화하는 것에 찬성 의사를 표명하면서 방송평의회와 같이 간섭할 수밖에 없는 새로운 기구 설립을 요구하는 것일까?"(Annan Report, 1977, 32)라며 반문하기도 했다.

> 정부와 의회, 방송기관과의 관계는 간단한 문제가 아니지만, 공중은 방송이 정부에 소속된 하나의 기관처럼 작동하거나 간접적으로라도 정치적 통제의 대상이 되는 것은 반대한다. BBC나 IBA, 방송 현장의 종사자 모두를 대표하는 조직뿐 아니라, 각 정당, 공중을 대표하는 조직, 공중 개개인들도 여기에 동의한다. 공중이 일반적으로 생각하는 것은 이익집단이나 압력단체가 행사하는 통제는 정부의 간접적인 감독 감시와 동일하게 나쁘다는 것이다(Annan Report, 1977, 31-32).

애넌 위원회는 경영위원회가 의회 및 공중에 대한 어카운터빌리티를 제대로 이행한다면 외부의 부당한 간섭과 개입을 막아내면서 편집의 독립을 지킬 수 있다는 입장에 서 있었다. 어카운터빌리티가 방송의 자유와 독립을 침해하는 것이 아니라 국가 권력이나 모든 이익단체로부터 방송의 독립을 보호하고 육성하기 위해 가장 유용한 수단이라는 관점이기도 하다. 프로그램이나 공공 서비스의 내용과 형식, 제공방식에 대한 선택과 결정은 BBC의 책임이며, 편집의 독립을 보장하는 것은 정부의 책임이자 방송정책의 핵심 중 하나라는 것도 명확히 했다. 여기서 편집의 독립은 전문직업인으로서 방송인에게 부여된 자유로운 방송 활동에 관한 것이다. 주체는 경영위원회가 아니라 방송인이다. '편집의 독립'에 관한 문제를 '내적 편집의 자유' 또는 '언론의 내적 자유'로서의 속성에 초점을 맞추고 있음을 알 수 있다. 무엇보다, 정부로부터의 독립(independent of Government)은 BBC 즉 경영위원회의 배타적이고 독점적인 '권리'가 아니라 공영방송으로서 수행해야 할 '책임'에 해당한다. 칙허장이나 협정서 상의 규정을 근거로 '의회, 정부, 방송기관 사이에서 이루어지는 각종 인허가, 관리감독을 위한 장치들은 방송이라는 매체적 속성에서 기인하는 정당한 규제이며 그 외의 불합리한 통제나 규제는 공중에 대한 어카운터빌리티를 이행함으로써 방어할 수 있다고 보는 견해다.

편집의 자유와 독립은 미디어 활동, 특히 저널리즘 활동의 첫 번째 원칙이라고 해도 과언이 아닌데, 외부로부터의 자유와 독립, 내부에서의 자유라는 두 가지 의미를 지닌다. 내적 자유는 대외적인 언론 자유에 대응하여 미디어 기업에 종사하는 편집자 혹은 언론인에게 부여된 자유를 의미한다. 제2차 세계대전 이후, 미디어에 내재되어 있는 '자본의 논리'와 '저널리즘 또는 공공성의 논리'의 상충에서 기인하는 모순을 해결하기 위한 대안으로 부상하기 시작한 것이다. 미디어 기업이 거대해지고 조직화 및 전문화되면서 경제적 이해관계를 우선시하는 경영진과 취재 보도 편집 제작 현장의 종사자들이 대립하는 상황에서 발생할 수 있는 문제를 해결하기 위한 시도로 압축할 수 있다. 미디어 현장에서 자유롭게 논의할 수 있는 장을 보장하는 동시에 미디어 종사자 개인의 내적 자유나 자기 양심이라는 의미를 포괄한다. 한 사람 한 사람이 경영자들의 편집이나 편성 방침을 비판할 수 있는 자유, 사회적 책임에 반하는 취재 보도 제작 활동에 대해 양심에 따라 거부할 수 있는 자유, 직종 선택이나 저널리즘 교육 등 전문직 종사자로서의 이익을 요구할 수 있는 권리 등 다양한 의미를 포괄하는 것으로 해석되고 있다(石村 善治編, 1979; 浜田純一, 1993).

프랑스 노동법에는 '양심조항(clause de conscience; conscience clause)'이 있다. 프랑스에서 양심조항에 대한 논의와 실천의 역사는 100여년에 이른다. 넓게는 미디어 기업에 근무하는 저널리스트들의 정신적 자유, 즉 내적 자유를 보장하기 위한 법률, 강령, 노동협약 등을 포괄하여 양심조항이라고 일컫기도 한다. 좁게는 미디어 기업의 경영이나 편집방침에 큰 변화가 발생하여 소속 저널리스트들이 양심(정신적 이익)을 훼손당하는 상황에 직면했을 때, 각자의 자유의지에 기반하여 퇴직수당을 지급받고 퇴직할 수 있도록 하는 내용의 프랑스 노동법 L.761-7조를 양심조항으로 지칭한다. 이 규정에 따르면, 미디어 기업의 경영이나 편집 방침 변화에 조우한 저널리스트는 '재직기간 1년마다, …… 최종급여 1개월분에 미치지 않는' 금액의 해고수당을 받을 수 있도록 하고 있다. 저널리스트 개인의 입장에서 보면 약간의 해고수당이 동반된 실업에 지나지 않기 때문에 저널리스트의 정신적 자유를 보호하기 위한 법규정으로는 너무 빈약하다는 비판도 가능하다. 하지만, 이 규정이 저널리스트 집단에 의해 조직적으로 활용되면 내적 자유를 보호하기 위한 강력한 무기로 활용할 수 있다는 가능성이 있다. 실제로 제2차 세계대전 후에 프랑스의 많은 미디어 기업 내부에서 '기자회(société des rédacteurs)'라는 이름의 저널리스트 집단이 조직되어 편집방침 결정에 참가하거나 미디어 기업의 비영리화를 요구하는 활동을 수행하기도 했다. 기자회는 스스로의 주장과 운동의 정당성을 지탱해 주는 근거를 양심조항에서 찾는다. 이 외에도 노동법 및 노동협약에서는 저널리스트 양성과 연수를 위한 교육기관의 설치와 운영(노동협약 10조~12조), 정신적 자유를 보장하기 위한 선전

광고 활동 거부권이나 사외 표현활동권(노동협약 5조~7조) 등을 인정하고 있다.

독일에서는 편집에 관한 언론인의 권한을 보장하기 위해 각 조직별로 설치된 '편집강령'을 제정하여 운영해 왔다. 1985년 서부독일방송협회(WDR)에 관해 개정된 법률은 프로그램 제작자(=프로그램 노동자)의 자율성을 확대하기 위한 대표기관의 조직 근거를 규정한 최초의 실정법으로 평가받고 있다. 프로그램 노동자의 대표기관 및 조정위원회 설치, 방송협회장과 노동자 대표기관의 합의에 의한 편집강령 제정, 프로그램 제작 과정에서 프로그램 노동자와 조직 내 상급자 사이에 발생하는 분쟁 조정 등을 규정하고 있다. 특히 제32조는 프로그램 노동자의 역할과 책임, 자율성에 관한 조항이다. '프로그램 노동자의 임무는 계약상의 권리와 의무 내에서 방송법이 정하는 역할 수행에 협조하는 것이다. 개개인의 프로그램 노동자는 방송협회의 전체적인 책임 안에서 프로그램 제작 책임을 수행한다. 이 조항에 근거하여 프로그램 노동자는 상급자의 지시나 계약상의 결정에 의해 영향 받지 않는다'는 내용이다(石川明, 1989).

1980년대 들어서 독일을 비롯한 유럽의 내적 자유 개념, 편집의 자율성 확보를 위한 이론적 근거, 편집규약이나 편집자 총회, 기자대의원위원회 등 실제 적용사례나 제도적 장치들이 국내에도 소개되었다(방정배, 1988, 2003; 유일상, 1988). 〈방송법〉 4조는 '방송편성의 자유와 독립'을 규정하고 있으며, '방송편성규약'을 제정하도록 하고 있다. 방송사별로 편성위원회를 설치하여 운영하기도 한다. 그럼에도 불구하고 '편집의 독립과 자유'를 둘러싼 갈등이 계속되는 것은 방송법 조항이나 관련 제도 및 실천에 대한 인식과 태도가 '편집권'이라는 개념 그리고 그 속에 내재해 있는 뿌리 깊은 담론에서 여전히 자유로울 수 없기 때문이다.

언론 자유와 편집의 독립에 관한 논의에서 중요한 것은 '정부권력을 포함한 외부세력으로부터의 독립성'과 '어카운터빌리티에 의한 공개성'이라는 요소 각각의 개념과 범위를 어떻게 설정하는가에 있다. '누구로부터의 독립인가?', '독립과 어카운터빌리티를 어떻게 조화시킬 수 있는가?'라는 것이 핵심 쟁점이다(Price & Raboy, 2003, 21). 정치권력과 각종 이익집단 등 외부로부터의 영향을 받지 않는 독립된 경영기반과 제작 현장에서의 내적 자유를 동시에 확보하는 것은 결코 간단한 문제가 아니다. 하지만 내적 편집의 자유와 어카운터빌리티가 조화와 균형을 이루지 못한 상황에서는 미디어 내부에서 비공식적인 통제 방식으로 이루어지는 은밀한 자기검열(self-cencership)이 발생할 가능성이 존재한다(정필모, 2012; 조항제, 2017). '공익에 봉사한다는 선언이나 슬로건' 혹은 '스스로 책임을 이행하는 자율규제나 내부규범'만으로는 편집의 자유와 독립을 구현하는 일은 지난할 수밖에 없다. '편집권'의 독립과 자율규제라는 미명 하에 자기통제 혹은 자기검열이 이루어진다면, 혹은 시민사회가 아니라 정치권력을 어카운터빌리티의 대상으로 상정하는 잘못을 범하고 만다면 시민사회는 미디어가 주장하는 언론·표현의 자유와 독립을 지지하고 연대하기 위한 우군이 되기를 주저하게 될 것이다.

편집의 독립에 관한 문제는 단순히 미디어 내부에서 편집 권한을 어떻게 배분할 것인지, 귀속주체는 누구인지에 관한 논의로 한정하는 틀을 벗어나서 언론 자유의 관점에서 접근할 필요가 있다. 공정하고 진실한 보도를 통해 국민의 알권리를 실현하고 건전한 여론형성을 통해 민주주의에 기여해야 한다는 미디어의 공적 사회적 책임과 직결되는 문제이기 때문이다(박홍원, 2011). 언론 자유와 편집의 독립이라는 가치를 구현하기 위해 선행되어야 할 가장 시급한 과제는 '편집권'이라는 용어와 개념의 한계, 오독에 대한 범사회적 성찰과 논의다. 그리고 "'편집권'의 귀속주체는 누구인가?"에 초점을 맞추어 온 기존 논의의 패러다임에서, '소극적 자유'(=누구/무엇으로부터의 자유인가?)와 '적극적 자유'(=누구/무엇을 위한 자유인가?)의 조화를 지향하는 논의의 패러다임으로 전환하는 것이다.

9장
전문직주의와 저널리즘

1. 전문직주의와 미디어

전문직주의

16세기 이후 사용되기 시작한 전문직(professional)이라는 용어는 본래 대학 교육을 받고 출신성분이 좋은 사람들이 종사하는 사회적 지위를 나타내는 개념이었다. 19세기에서 20세기 들어서는 산업화와 근대화가 진행되면서 해당 직업 활동에 필요한 전문적 지식과 기능 훈련이 보다 중요시 되었다. 특정 직종의 종사자는 높은 수준의 업적을 유지하거나 사회적으로 책임 있는 행위를 하도록 요구받았는데, 국가와 분리된 상태에서 스스로 형성된 자기 규제적 조직을 지닌다는 특징을 지닌다(長尾周矢, 1989). 전문직의 등장과 전개과정을 역사적으로 고찰한 아마르크에 따르면, 초기 자본주의 발전과 함께 세 가지 유형의 직업군이 등장했다. 구체적으로는 ①내과의사 등과 같이 종래의 전문직이 현대사회의 과학적 직종으로 발전한 것, ②외과의사, 약제사, 수의사, 치과의사 등 이전에는 기술 중심의 도제식에 의해 전수되던 직종이 전문적인 전략이나 교육내용, 지식적 차원으로 확장된 것, ③저널리스트, 사회학자, 심리학자 등과 같이 역사적 관련성을 찾기 어려운 새로운 직종 등이 있다(Amark, 1990, 101).

무어는 특정 직종의 전문직 여부를 판단하기 위한 여섯 가지 요소를 제시했다. ①주요 수입원이 되는 상근직(full-time occupation), ②규범이나 행동에 관한 영구적인 자격 혹은 소명의식(calling)에 대한 헌신, ③초보자나 문외한과 구별될 만큼의 비교적 높은 지위의 조직체, ④교육이나 훈련을 바탕으로 한 유용한 지식과 기술 소유, ⑤고객의 요구(needs)에 대한 자각과 명시적인 서비스, ⑥판단이나 권한 상의 책임과 자율성 등이다(Moore, 1970, 5-6). 미국노동통계국(The Bureau of Labor Statistics)이 제시한 전문직의 조건은 ①정해진 교육기준(prescribed educational standards), ②면허제(Licensing), ③직종별로 시행되는 업적기준(enforcement of performance standards by the profession itself) 등이다(Dennis & Merrill, 1984, 151). 맥퀘일이 생각하는 전문직은 해당 분야의 전문적 기술을 습득하고 자율적 판단에 관한 훈련을 받아야 하며, 고객에 대한 사회적 공적 의무를 이행해야 한다. 독립적인 단체를 구성하고 그 구성원을 모니터하고 유지하기 위한 기준도 갖추고 있어야 한다(McQuail, 2003a, 191).

전문직으로서 지향하는 목적이나 사회에 대한 책임과 의무의 내용, 각각의 사안이 차지하는 비중, 그리고 그 평가 기준 등은 시대적 배경이나 사회적 상황과 맥락에 따라서 달라질 수 있다. 그렇다면, 전문직주의(professionalism)에 관해 논의할 때 몇 가지 전제조건이 필요하다. 첫째, 전문직의 특성으로 알려져 있는 요소들 중에서 기본적이고 본질적인 특성과 그 특성에 부가되거나 혹은 결과적으로 수반되는 요소를 구분해야 한다. 예를 들어, 직업훈련학교나 면허제, 해당 업무에 관한 통일된 기준을 설정하여 가지고 있더라도, 해당 직종의 종사자가 '독점적이고 기술적인 능력', '서비스 관념과 이를 지탱하는 행동 규범'에 동화되지 않으면 전문직주의를 충분히 달성하고 있다고 보기 어렵다. 둘째, 전문직을 구성하는 요소의 구현 정도를 판단하기 위한 기준이 객관적으로 파악할 수 있는 내용으로 설정되어야 한다. 전문직으로서의 지위는 개별 직종 종사자의 노력이나 주장으로 성립되는 것이 아니기 때문이다. 고유한 지식체계가 존재하며 그 지식이 사회적으로 유용하다는 것을 '공중이 인정하고 신뢰'할 때 전문직으로서 사회적 승인을 획득할 수 있다(長尾周矢, 1989, 51-55).

전문직주의에 관한 논의를 살펴보면, 전문교육이나 면허제와 같은 구체적인 장치와 함께, 봉사정신이나 소명의식에 대한 자각, 권위나 자율성, 일반인과 구별되는 지식과 같이 추상적이고 정신적인 속성, 주관적인 판단, 사회성 등이 요구된다는 것을 발견할 수 있다. 따라서 어떤 직종이 전문직인지를 결정하는 것은 쉬운 일이 아니다. 근대화 및 산업화 과정을 거치면서 새롭게 등장한 직업 중 하나로 분류된 언론인 혹은 미디어 종사자가 전문직종에 포함되는지 여부에 관한 논쟁도 끊이지 않는다.

전문직주의와 미디어

1940년대 영미권에서 언론 자유는 심각한 위기 상황을 맞이했다. 위기를 타개하기 위해 미국에서는 허친스 위원회가, 영국에서는 로스 위원회가 각각 설치되었다. 1947년 출판된 허친스 보고서와 1949년에 출판된 로스 보고서에서는 위기 타개를 위한 방안 중 하나로 전문직주의를 제시했다. 허친스 위원회(1947)는 전문직을 '공적 서비스를 수행하기 위해 조직된 집단'으로 보고, 공적 서비스 중에서 커뮤니케이션 서비스가 가장 중요하다고 설명했다. 하지만, 당시 미디어 분야에는 의사나 법률가 등 다른 전문직 집단이 가지고 있는 '양심과 공익에 대한 책임'이 제도화되지 못한 상태이며, 저널리즘 학교에서도 전문직에 상응하는 수준의 교육이 이루어지지 못하고 있다는 이유를 들어, 미디어 종사자를 전문직업인으로 규정하기는 어렵다는 견해를 표명했다. 하지만 언론 자유와 책임 구현을 위해 '비영리독립기구'가 수행해야 할 핵심 업무 중 하나로 허친스 위원회가 권고한 것이 전문직업인으로서의 능력과 자질을 향상하기 위한 '충실한 저널리즘 교육'이다. 자율규제 조직이나 윤리 강령 등을 갖추고 있는 신문이나 라디오의 책임 이행 수준은 미약한 반면, 자율규제 조직을 갖추고 있지 않은 서적이나 잡지 업계의 책임 이행 수준이 상대적으로 높은 이유가 전문직업화(professionalization)에서 기인하는 것으로 평가했기 때문이다. 로스 위원회(1949)는 미디어의 도덕적 권위를 결정함에 있어 그 어떤 법적 제도보다 중요한 것이 전문직주의의 수준이라고 판단했다. 사회적 비판에 직면해 있던 당시 영국의 인쇄 미디어 현실을 개선하기 위해 '언론총평의회'가 수행해야 할 가장 중요한 역할로 권고한 것 역시 신규 채용과 함께 교육과 직업 훈련 방법을 개선하는 것이었다. 공영방송의 책임과 어카운터빌리티 이행에 관해 애넌위원회(1977)가 제시한 메커니즘 속에서 '편집의 독립'의 주체로 규정한 것은 '전문직업인'으로서 활동하는 방송제작 현장의 종사자들이다. 각각의 보고서에서 당시 미디어 종사자들의 전문직업화 수준에 대한 평가는 조금씩 다르지만, 미디어 종사자의 책임 이행 수준을 제고하기 위한 해법을 전문직업화 수준을 제고하는 것에서 찾고자 했다는 공통점을 발견할 수 있다.

이처럼, 사회적 책임 이론과 함께 미디어 규범론의 또 다른 축을 지탱해 온 것이 전문직주의다(McQuail, 2003a). 미디어 규범론은 전문직주의와 사회적 책임을 중심으로 논의되어 왔으며, 미디어 종사자와 저널리스트는 전문직 업인으로서의 사회적 책임을 이행해야 한다는 관점과 해석이다. 하지만, 전문직 개념이나 구성요소들을 기준으로 판단해 보자면, 저널리스트나 미디어 종사자를 전문직업인으로 볼 수 있는지 여부는 여전히 논쟁적이다. 대표적으로 데니스와 메릴에 의한 토론이 있다(Dennis & Merrill, 1984, 149-160). 저널리즘 분야를 전문직에 포함시키는 것에 부정적인 입장을 표명한 메릴은 전문직의 특징으로 여덟 가지 항목을 제시했다. 그리고 미디어 종사자는 이 여덟 가지 요소 모두를 충족하지 못하기 때문에 전문직업인으로 보기 어렵다고 주장한다.

① 지적 탐구를 제한하는 통설이나 의견으로 받아들이기 어려운 대상에 대해 객관적인 사고가 가능하다
② 일반인들은 가지고 있지 않은 확고한 전문지식을 지니고 있다고 신뢰 받는다
③ 외부에서 인정할 만큼의 동업자 간 연대의식을 지닌다
④ 학위나 면허 등 해당 직종에 진입하기 위한 최소한의 기준이 있다
⑤ 전문직으로서의 기준을 실천하지 못할 경우 인증이나 면허가 박탈된다
⑥ 스스로의 활동을 규정하는 윤리강령이 있으며 집단 내 통제를 받아들인다
⑦ 스스로 규정한 윤리강령을 훌륭하게 실천한 자에게 보상이 돌아가도록 한다
⑧ 해당 직종에 도움이 되는 지식의 실질적 체계를 공유한다

반면, 미디어 종사자는 헌법에서 보장하는 자유와 가치 속에서 공적 서비스 분야에 종사하고 있으며, 전문직 여부를 판단하는 여덟 가지 요소 중 다수를 충족한다는 점을 들어 전문직에 해당한다는 것이 데니스의 해석이다.
이러한 논쟁과 별도로 저널리즘 영역을 전문직으로 간주하는 것은 단지

엘리트주의에 지나지 않는다는 주장도 있다(Neron, 1985/1998). 전통적인 매스 커뮤니케이션 과정과 달리, 디지털 미디어 환경에서는 과거 수용자로 고착되어 있던 일반시민들이 프로그램을 직접 제작하거나 기사를 작성하여 공개하고 소통하면서 제작자나 송신자로서의 역할 수행이 수월해졌다는 점에서 전문직과 아마추어를 구별하는 것 자체가 점차 무의미해지고 있는 것도 사실이다. 하지만 전문직이라는 용어와 개념이 아마추어라는 개념과 상호 대립적 관계로 존재하는 것이 아니라, "사회에 봉사한다는 이념과 높은 수준의 사회적 책임을 이행하기 위한 일종의 시스템을 갖춘 직업"을 지칭하는 것으로 해석하는 관점은 미디어와 전문직주의를 고찰하는 데에 유용하다(別府三奈子, 2006, 45).

　미디어 환경의 급속한 변화와 디지털 미디어 환경이 일반화 되는 가운데 미디어와 전문직주의를 바라보는 관점과 해석은 더욱 다양해졌지만, 이에 관한 논의들이 미디어와 언론의 책임과 의무, 도덕과 윤리에 관한 사회적 관심을 환기시키면서 관련 문제를 공식화했으며, 저널리즘 교육, 윤리강령이나 각종 지침 등을 갖추도록 요구하는 일종의 사회적 압력으로 작용해 왔다는 점에서 의의를 찾을 수 있다(최영묵, 1997, 75). 한 가지 주의해야 할 것은, 미디어와 전문직주의에 관한 기존 논의들이 주로 저널리즘 영역이나 저널리스트에 초점을 맞추는 경향을 보여 왔다는 점이다. 미디어가 저널리즘 기구로서의 역할을 수행함으로써 민주주의 사회의 유지 발전에 기여해야 한다는 것은 주지의 사실이지만, 현대사회에서 미디어가 수행하는 활동이나 책임을 저널리즘 영역으로 제한하기는 어렵다. 예를 들어, 산업적 경제적 차원에서의 기여나 오락 제공을 목적으로 전개되는 미디어 활동 역시 현대사회에서 미디어가 수행해야 할 사회적 책임의 내용을 구성한다. 더욱이, 이들 영역에서의 미디어 활동 과정이나 결과 속에 저널리즘적 속성이 수반되는 경우도 기하급수적으로 확산되고 있다. 사회적 영향력 역시 막대하다. 미디어 소유주나 경영인, 경영위원회나 이사회 등의 의결기구 역시 전문직으로서의 도덕적 권위를 필요로 하며(Ross Report, 1949), 스스로에게 부여된 사회적 역할과 책임, 미디어 분야 종사자로서 지니고 있는 가치관과 도덕 수준이 사회적으로 막대한 영향력을 발휘할 수 있다는 것에 대한 자각도 필요하다(Pilkington Report, 1962). 따라서 미디어와 전문직주의에 관한 논의 속에서 사회적 책임이나 윤리적 도덕적 기준을 설정하고 적용하는 문제, 각종 교육과 연수 과정을 도입하고 그 내용을 구성하여 실천하는 문제 등은 미디어 조직과 활동 영역 전반을 포괄하는 논의와 실천으로 확장해 갈 필요가 있다.[1]

예를 들어, 캐나다의 공영방송 CBC는 2004년부터 공영방송 종사자의 전문적 능력과 지식 수준을 제고하기 위해 캐나다 공영방송 교육기관(The Canadian Institute for Training on Public Broadcasting)을 설치하여 운영하기 시작했는데, 주요 교육 영역은 크게 네 가지다. ①방송관리(Broadcasting management) 영역이다. 프로그램 스케줄 디자인, 저널리즘 윤리와 편집 방침(policy), 조직 커뮤니케이션 전략과 설계, 경영 방침 등에 관한 내용으로 구성되었다. ②저널리즘 영역이다. 인터뷰 기술(technic), 뉴스 보도, 저널리즘윤리 등을 교육한다. ③기술적 기량(skill) 영역이다. 프로그램 진행자 지도와 프로그램 편집 등에 관한 교육이 포함된다. ④인터넷과 뉴미디어에 관한 교육이다. 인터넷 웹사이트 디자인, 온라인에서의 TV와 라디오 프로그램, 뉴스와 인터넷, 프로그램 제작과정에 신기술 도입하기 등이다(CBC, 2004).

---

[1] 이 책의 3장에서 살펴 본 것처럼, 미디어의 활동을 포괄하는 사회적 기능은 사회적 책임을 구성하는 내용과 대동소이하다.

2. 미디어의 사회적 책임과 전문직주의

미디어가 책임을 이행하는 구체적인 방식으로 슈람이 제시한 것은 '자율규제'와 '전문직업화'다. 허친스 위원회(1947)가 지적한 바와 같이 미디어 단독에 의한 자율규제 방식이 지닌 한계를 극복하기 위해서 전문직으로서의 책임(professional responsibility)을 바탕으로 자기비판 및 토론이 활성화되었을 때 사회 발전에 기여할 수 있다는 설명이다(Schramm, 1957/1968, 319). 즉, 슈람이 제시한 자율규제 방식은 전문직업인으로서 자기비판과 토론이 활성화되는 것을 전제로 한 것이다. 반대로 생각하면, 전문직업인으로서의 요건이 전제되지 않은 자율규제는 성립될 수 없다는 해석이 가능하다. 맥퀘일에 따르면, 언론 자유에서 파생되는 언론의 특권은 사회적 비판이라는 책임과 역할을 '전문적으로' 수행하기 위한 활동에 부여되는 것이다. 이를 위해 대외적으로는 다양한 사회집단의 요구와 비평에 대응할 수 있어야 하며, 대내적으로는 자율강령이나 보도기준 등을 스스로 제정하고 공표하여 이를 실천해야 한다. 그리고 전문직업인으로서의 양심을 토대로 시장의 압력에 대항했을 때 스스로의 고유한 전문 영역을 지켜낼 수 있다는 것도 강조되었다(McQuail, 1983/1985, 42). '양심의 자유'는 '양심에 대한 책임과 의무'를 수반한다(Hutchins Report, 1947). 결국 미디어 내부의 윤리강령이나 행동기준은 정치 혹은 시장에 대한 과도한 의존이나 압력으로부터 균형을 유지하면서 사회적 책임을 전문적으로 이행해 가기 위해 스스로가 만들어 낸 것으로 해석할 수 있다(Bardoel & Bardoel, 2004, 173).

국내 미디어 윤리강령을 대표하는 것이 1957년 신문편집인협회가 제정하고 1996년에 한국신문협회, 한국신문방송편집인협회, 한국기자협회가 개정한 〈신문윤리강령〉이다. 신문윤리강령을 구체적으로 실천하기 위한 지침으로 만들어진 〈신문윤리실천요강〉도 있다. 〈신문윤리강령〉은 전문에서 '자유롭고 책임있는 언론'의 실현을 '사명'으로 천명하고 있다. "자유롭고 책임 있는 언론"은 1947년 허친스 위원회가 발표한 보고서의 원제(A Free and Responsible Press)에서 기인한다. 〈신문윤리강령〉 제4조(보도와 평론)에서 "우리 언론인은 사실의 전모를 정확하게, 객관적으로, 공정하게 보도할 것을 다짐한다. 우리는 또한 진실을 바탕으로 공정하고 바르게 평론할 것을 다짐하며, 사회의 다양한 의견을 폭넓게 수용함으로써 건전한 여론형성에 기여할 것을 결의한다"고 천명하였다. 〈신문윤리실천요강〉의 제3조(보도준칙)에서는 "보도기사(해설기사 포함)는 사실의 전모를 충실하게 전달함을 원칙으로 하며 출처 및 내용을 정확히 확인해야 한다. 또한 기자는 사회정의와 공익을 실현하기 위해 진실을 적극적으로 추적 보도해야 한다"고 규정하고 있다. 정확한 보도를 통해 진실을 적극적으로 추적하여 보도함으로써 사회 정의와 공익을 실현하고 건전한 여론을 형성하는 것이 미디어와 언론의 가장 중요한 책임으로 규정하고 있음을 확인할 수 있다.

한편, "오보, 부정확한 보도, 왜곡보도, 그리고 공익과 무관한 사실보도 등으로 개인이나 단체의 명예나 신용을 훼손"해서는 안되며(〈신문윤리실천요강〉 제11조), 비의도적 오보를 방지하기 위해 "출처 및 내용을 정확히 확인"해야 한다(〈신문윤리실천요강〉 제3조). "객관적 사실에 입각한 진실보도"를 위해 "확증을 갖지 않는 내용에 대한 추측보도를 지양"해야 하고(〈한국기자협회 실천요강〉 2. 취재 및 보도), "보도사진은 기사의 실체적 내용과 직접적으로 관련을 가져야 하며 그것을 사진설명"으로 밝혀야 한다(〈신문윤리실천요강〉 제10조). "기사내용을 과장하거나 왜곡하는 등 선정적인 편집"이나 "보도사진의 실체적 내용을 삭제, 첨가, 변형"하는 행위(〈신문윤리실천요강〉 제10조), "사진이나 영상의 이미지 조작을 통해 사실관계를 왜곡"하는 행위(《인터넷신문윤리강령》제6조)도 금지사항이다. 오보가 발생했을 때는 "사실의 오류를 발견하거나 독자가 잘못된 사실의 정정을 요구할 경우 그 내용을 신속히 그리고 뚜렷하게 게재"해야 하며(《신문윤리실천요강》제10조 ⑤기사의 정정), "잘못된 보도에 대해서는 솔직하게 시인하고 신속하게 바로 잡는다"고 규정하고 있다(《한국기자협회윤리강령》8.오보의 정정). "기사의 수정이 필요하다고 판단되면 최대한 신속하게 조치"하고 "당사자의 소명 등에 의해 오보임이 확인된 경우 최대한 신속하게 기사 내용을 수정"해야 한다(《인터넷신문윤리강령》제9조).

오보란 사실과 다르거나 진실이 결여된 보도를 말한다. 무엇이 진실인지 판단하는 것은 쉬운 문제가 아니기 때문에 확실한 취재원이나 복수의 취재원을 활용하여 확인 검증, 즉 팩트 체크(fact check)를 거쳐야 한다. 맥락을 놓쳐서도 안 된다. 하지만 미디어 간의 속보 경쟁, 기사 작성과 제작 시간의 시차, 마감시간 등과 같은 현실적 물리적 제약으로 말미암아 최소한의 팩트 체크 과정이 누락되어 '오보'가 발생할 수 있다. 이른바 '비의도적 오보'다. 윤리강령에 비추어 보면, 비의도적 오보 역시 전문직업인으로서 이행해야 할 책임 기준에 부합하지 않는다. 책임 이행에 실패한 것으로 볼 수 있다. 왜곡과 조작 의혹을 불러일으키는 '의도적 오보'는 더욱 심각한 문제다. 특정 사건이나 사고 현장은 그 자체가 보도대상이기 때문에 짜 맞추기식 영상 편집이나 변형, 기사 내용과 상관없는 자료화면 사용, 사진의 위치 이동이나 화면내용의 가감을 통한 새로운 이미지 창출, 합성과 색깔 변경, 잘못된 사진 설명 등은 모두 왜곡이나 조작 보도의 범주에 포함된다(김옥조, 2004). 진실을 추구하기 위한 정확한 보도와 맥락적 해설은 물론, 오보 발생 가능성을 최대한 방지하면서 오보가 발생했을 시에는 이를 정확하게 바로잡는 것 역시 미디어가 전문성을 발휘하여 수행해야 할 가장 중요한 사회적 책임 중의 하나임에 틀림없다.

그렇다면, 미디어의 사회적 책임과 전문직주의에 관한 문제는 페이크 뉴스(fake news), 이른바 '가짜 뉴스' 문제와 직결된다. 국내에서 페이크 뉴스가 심각한 문제적 현상으로 본격적으로 대두되기 시작한 것은 2017년 5월 조기대선을 거치면서다. 페이크 뉴스의 해법으로 팩트 체크, 뉴스 리터러시(news literacy) 교육이나 디지털 리터러시(digital literacy) 교육 등이 제시되고 있고, 법제도적 규제 방안도 논의되기 시작했다. 그럼에도 불구하고 페이크 뉴스가 사라지기는커녕 오히려 확산 일로에 있다.

문제는 페이크 뉴스가 무엇을 지칭하는 지에 대한 해석마저 분분하다는 것에 있다. 페이크 뉴스를 생산하고 유포하는 주체, 그 내용과 형식, 책임 소재도 불분명하다. 세월호 언론보도 대참사와 기레기라는 비판을 불러 올 만큼 비윤리적이고 비도덕적이며 무책임했던 취재 보도 제작 관행, 그 속에서 양산된 오보와 왜곡 조작 보도들은 페이크 뉴스와 어떻게 다른가? 설령 거짓말의 주체가 유력 정치인이라 하더라도, 설령 인터넷 사이트나 SNS 등을 매개로 거짓 정보가 생산되고 확산된다 하더라도, 신문과 방송 등 이른바 주류 미디어와 기자들은 페이크 뉴스의 생산과 유포 확산의 책임에서 자유로울 수 있는가? 팩트 체크의 책임은 과연 누구에게 있는가?

페이크 뉴스에 대한 우려가 세계적 화두로 등장한 계기는 2016년 미국 대선이었다. 이후 미국이나 기타 다른 국가들에서도 페이크 뉴스는 심각한 문제적 현상으로 인식되고 있지만 국내에서 회자되고 있는 페이크 뉴스의 실질적인 양태나 그 맥락은 좀 다르다. 'fake news'를 '가짜 뉴스'로 번역하는 것에 대한 이견도 적지 않다. 페이크 뉴스를 방지하고 규제하기 위한 법제도적 장치를 도입하는 문제도 논의되고 있지만 이 역시 다양한 주장과 해석이 충돌하고 있다. 페이크 뉴스와 오보는 전혀 다른 것이기 때문에 이

둘을 분리하여 사고하고 평가하며 대응해야 한다는 주장도 있다. 그렇다면, 주류 뉴스 미디어의 정확성과 공정성에 대한 평가가 상대적으로 높은 해외 국가에서의 페이크 뉴스와 뉴스 미디어의 정확성과 공정성에 대한 평가가 세계 최하위를 벗어나지 못하고 있는 국내에서의 이른바 '가짜 뉴스'는 어떻게 다르고 어떻게 같은가? '가짜'와 '뉴스'라는 용어의 조합은 가능한가? '가짜 뉴스'의 반대편에 있는 것이 '진짜 뉴스'인가? 그렇다면 '진짜 뉴스'는 무엇인가? 뉴스 미디어와 전문직업인으로서 저널리스트가 생산하여 공식적인 뉴스 매체를 통해 유통되는 뉴스가 '진짜'인가? 일반인들이 생산하여 SNS나 인터넷, 유튜브 등 비공식 뉴스 매체를 통해 유포되는 정보는 '가짜'인가? 인터넷이나 SNS를 통해 유포되는 것이 '가짜 뉴스'라면 그것들을 뉴스 미디어와 전문직업인으로서의 저널리스트들은 어떻게 다루고 있는가? 댓글이나 SNS등에서 허위 정보나 가짜 뉴스의 배포 확산(퍼나르기)이 법적 도덕적 책임에 위배되는 것이라면, 주류 미디어와 전문직업인으로서의 저널리스트가 일상적인 취재보도관행으로 채택하고 있는 받아쓰기 저널리즘에 의해 양산되는 오보는 페이크 뉴스 혹은 이른바 '가짜 뉴스'와 어떻게 다르고 어떻게 같은가? 비의도적 오보와 의도적 오보, 페이크 뉴스와 거짓 정보의 차이점을 '목적과 의도'에서 찾을 수 있다면, 이는 누가 어떤 기준에서 확인하고 검증할 수 있는가?

세월호 언론보도가 '세월호 언론보도 대참사'로 비판받은 가장 큰 이유 중 하나가 아니면 말고 식의 비의도적 오보와 왜곡조작 의혹을 불러일으키는 의도적 오보의 양산이었다(정수영, 2015b). 이러한 보도들은 우익 성향의 인터넷 게시판 사이트 일간베스트저장소(일베)의 혐오언설(hate speech)이 생산 유포 확산되는 과정에서 일베리언들이 '신뢰하는' 유용한 정보자원으로 적극적으로 활용되고 있으며, 그 결과 국내 주류 미디어와 뉴스보도들이 혐오언설을 조장하는 자양분이 되고 있다는 연구결과도 있다(정수영·이영주, 2015). 한국언론진흥재단의 조사결과에 따르면(2018), 일반시민들은 오보와 페이크 뉴스를 동일한 것으로 간주하거나 혹은 이 둘을 분리하여 사고할 때는 오보가 페이크 뉴스보다 더 위험한 것으로 인식하기도 한다.

대선 후보나 유력 정치인들의 발언 혹은 SNS 게시글이나 미디어에 보도된 일부 뉴스에 대한 팩트 체크 활동, 예를 들어, '언론사들이 검증한 공적 관심사를 국민들에게 알리기 위한 정보서비스'로 운영되고 있는 〈SNU 팩트체크〉(http://factcheck.snu.ac.kr)의 활동이나 JTBC를 비롯한 언론사별 팩트 체크 활동은 언론 보도의 정확성과 신뢰를 제고해 가기 위한 매우 중요하고 유의미한 활동이자 실천이다. 향후 더욱 확장되어야 할 것임에 틀림없다. 그럼에도 불구하고, 독점적이고 배타적이며 폐쇄적인 기자실·기자단 문화 속에서 전개되는 '받아쓰기 저널리즘', 객관주의 저널리즘이라는 이름으로 포장되고 있는 '따옴표 저널리즘', 각종 SNS 게시글이나 댓글 내용을 그대로 전달하는 '베껴쓰기 저널리즘' 등 최소한의 합리적 의심이나 질문, 팩트 체크가 결여된 취재보도관행에서 기인하는 폐해는 한국 저널리즘의 공정성과 정확성, 신뢰도를 세계 최하위 수준으로 추락시키면서 페이크 뉴스를 양산시키는 원인 중의 하나다.

사회 구성원들이 기대하는 역할을 어떻게 수행하는가에 따라서 특정 제도에 대한 신뢰가 형성될 수 있다(Tsfati & Arieli, 2014). 실버스톤이 강조한 것처럼, 미디어는 다른 기관이나 주체들을 재현하고 전달하면서 그들의 신뢰를 매개 할 뿐 아니라 스스로가 신뢰를 생산해 내는 사회 제도이자 핵심 주체다. 더욱이 전혀 새로운 것처럼 등장하는 기술이나 미디어들은 복잡하고 영속적인 과정(process) 속에서 끊임없이 변화하고 있지만, 궁극적으로는 기존의 것들을 기초로 하여 세워지고 만들어진다. 단지, 사회, 경제, 정치, 문화적 맥락 등을 바탕으로 인간이 개입함으로써 사회적 영향력과 능력을 부여받을 뿐이다(Silverstone, 1999/2003).

인류 역사에서 가장 오래된 미디어는 소문(rumor)이다. 소문은 사회적 불안이나 불신 속에서 괴담이나 유언비어, 흑색선전, 차별이나 혐오 감정을 조장하는 언설로 확산되기도 하지만, 우리 사회의 '불편한 진실'을 폭로하고 공감과 연대의 끈을 만들어 내는 역할을 담당하기도 한다(松田美佐, 2014/2016). 주류 미디어에 대한 불신 속에서 2011년 국내 10대 뉴스 중 하나로 선정된 것이 "나는 꼼수다" 열풍이었다. 2014년 세월호 언론보도 대참사 속에서 기레기라는 비판이 확산되는 가운데, 세월호 대참사의 실체적 진실에 천착한 것은 인터넷 대안미디어나 블로그였다. 2016년 가을에 본격화된 촛불민주주의와 촛불민심을 생생하게 전달한 것 역시 인터넷이나 SNS 등을 매개로 유통된 정보였으며, 이를 바탕으로 공감과 분노라는 감정들의 연대가 가능했다. 이율배반적이지만, 모두 주류 미디어에 대한 극도의 사회적 불신이 만들어 낸 긍정적인 역동이었다. 국내 저널리즘 지형 속에서 뉴스와 정보, 진짜 뉴스와 가짜 뉴스, 오보와 페이크 뉴스의 경계를 명확히 하는 것이 결코 간단한 문제가 아니며, 법제도적 규제와 처벌을 도입하는 데에 보다 신중을 기해야 할 이유다.

윤리강령 등에서 규정하고 있는 미디어의 사회적 책임은 진실추구와 사회정의 및 공익 실현, 건전한 여론 형성에 기여하는 것에서 출발한다. 그렇다면 팩트 체크 역시 게이트키핑 과정에 참여하는 미디어 종사자와 저널리스트 스스로가 일상적으로 수행해야 할 가장 중요하고 기본적인 사회적 책임에 포함된다. 이에 대한 자각과 실천이 결여된 상태에서 '오보'와 '페이크 뉴스'는 전혀 다른 것이라는 주장만을 펼친다면, 혹은 페이크 뉴스의 해법으로 디지털 리터러시 교육이나 뉴스 리터러시 교육만을 강조한다면, 이는 미디어가 이행해야 할 사회적 책임을 미디어 이용자에게 전가하는 것에 다름 아니다.

무엇보다 소문이나 유언비어는 사안의 중요성(importance)과 그 사안에 대한 정보나 논거의 애매함(ambiguity)의 곱셈에 비례하여 증폭된다.[2] 오늘날과 같은 인터넷 환경 속에서 특정 사안에 대한 중요성 혹은 중요하다는 인식과 태도를 인위적으로 통제하는 것은 불가능에 가깝다. 소문이나 유언비어, 허위 정보나 페이크 뉴스를 억제하고 방지하기 위해서는 뉴스와 정보의 불확실성 그리고 논거의 애매함을 최소한으로 줄여나가는 수밖에 없다. 결국, 저신뢰 사회이자 불통의 사회로 일컬어지고 있는 한국 사회에서 이른바 페이크 뉴스 혹은 진실과 거짓의 줄타기를 하면서 차별과 혐오언설을 조장하는 각종 허위 정보를 방지하기 위한 최선의 방책은 뉴스 미디어의 전문성과 신뢰도, 뉴스 보도의 정확성과 공정성을 제고하기 위한 실천이다. 그것이 언론 자유라는 특권을 용인받기 위해 전문직업인으로서 저널리스트가 이행해야 할 사회적 책임의 핵심이며, 우후죽순 양산되고 있는 페이크 뉴스나 차별과 혐오를 조장하는 각종 정보와 언설에 대응하기 위한 출발점이기도 하다.

3. 전문직주의와 어카운터빌리티

미디어 혹은 미디어 종사자에게 부여된 '특권'을 어떻게 인지하고 해석할 것인지는 사회적 상식과 합의에 근거하여 미디어 활동의 과정과 달성도를

2　미국의 심리학자 고든 올포트(Allport)와 레오 포스트맨(Postman)이 『소문의 심리학(The Psychology of Rumor)』(1975)에서 제시한 소문의 공식이다.

평가한 결과에 따라서 달라질 수 있다(花田達朗, 1999). 전문직주의에 입각하여 미디어가 사회적 책임을 이행해야 한다는 관점과 해석에 동의한다면, 전문직으로서의 책임과 의무, 사회에 대한 봉사와 윤리적 도덕적 실천에 대해 어떻게 인식하고 있으며 실천하고 있는지에 대한 평가 검증 과정이 수반되어야 한다. 앞서 소개한 각종 강령이나 가이드라인의 내용들은 평가 검증을 위한 기준과 척도 중 하나로 유용하다. 이를 바탕으로 일상적 취재보도 과정에서 경험하게 될 다양한 시행착오를 기록하고 복기하면서 규범적 원칙과 기준들을 체질화하고 내재화해 가야 한다. 그렇지 않으면 〈신문윤리강령〉을 비롯하여 각종 윤리강령이나 취재보도준칙에 기재된 조항들을 빠짐없이 암기하고 있다고 하더라도, 미디어 현장의 복잡한 이해 상충 속에서 이를 어떻게 해석하고 적용해야 할 지 길을 잃고 말 것이다.

한편, 어카운터빌리티 이행 방식 중에서 가장 바람직한 유형으로 평가 받고 있는 것이 전문직 어카운터빌리티다. 관료적 어카운터빌리티나 정치적 어카운터빌리티에 의존할 경우 발생할 수 있는 조직 기능의 마비, 각종 편견에서 기인하는 비리 등의 현실적인 폐해를 예방하고 해결하기 위함이다 (Romzek & Dubnick, 1987). 어카운터빌리티를 "직무 및 행위에 관해 면책 받기 위해 정당성과 사실성을 고려한 설명을 제공하고 응답해야 할 의무"로 정의 내린 우스이 사토시는 'accountability'라는 단어를 직역하면 '설명하는 능력'이라는 의미가 된다고 해석한다(碓氷悟史, 2001, 278-280). 해당 업무에 관한 전문적 지식이나 기능 뿐 아니라, 미디어 혹은 그 종사자에게 부과된 업무가 사회 공익에 봉사해야 한다는 법적 도덕적 책임에 관한 인식과 태도를 함양하는 것에 출발하여, 스스로의 활동과 그 결과가 사회적 책임 및 사회 공익에 어떻게 부합하는지 자기 평가하고 논리적으로 입증하면서 사회적 도덕적 정당성과 권위를 획득할 수 있는 자질과 능력을 의미한다. 이러한 능력과 자질, 가치는 미디어 어카운터빌리티 이행 수준을 제고하기 위한 교육과 연수를 통해 배양될 수 있다.

바로 저널리즘 교육의 내실화 및 제도적 실천이다(Hutchins Report, 1947; Ross Report, 1949; Annan Report, 1977). 저널리즘 교육은 전문직주의에 입각하여 사회적 책임 이행에 필요한 미디어 종사자와 언론(인)의 전문적 능력과 자질을 배양하기 위해 실시되는 교육 연수 훈련을 말한다. 전문 지식이나 실무 기능을 습득하기 위한 교육도 물론 중요하다. 하지만, 이에 앞서 스스로가 이행해야 할 책임과 어카운터빌리티에 대한 인식과 태도, 스스로의 가치관과 도덕 수준이 사회적으로 미치는 영향력에 대한 자각과 성찰에 초점을 맞출 필요가 있다. 각종 윤리강령이나 가이드라인, 심의제도나 고충처리 제도 등의 자율규제 장치들은 그 유효성을 의심받고 있다. 각종 비리나 비윤리적 행위의 폐해를 제어하는 데 한계가 있을 뿐 아니라, 외부로부터의 정당한 비판에 대한 자기방어수단 혹은 은밀한 자기검열 기제로 작동할 가능성도 크기 때문이다. 각종 윤리강령이나 가이드라인 등에서 정하고 있는 기준과 정책에 대한 심도 있는 토론과 숙지, 자신이 수행하는 업무와 활동의 본질 및 그 근거와 절차에 대한 명확한 인식, 자신의 업무와 활동을 평가하고 논리적으로 해명할 수 있는 능력 배양 등이 모두 저널리즘 교육의 가장 중요한 축이다. 그리고 저널리즘 교육의 내실화 및 제도적 실천 역시 미디어의 사회적 책임 이행에 수반되는 도덕적 의무에 포함되어야 한다(정수영, 2015a, 2015b).

언론 자유라는 사회적 도덕적 특권을 향유하기 위한 전문직업인으로서의 책임과 전문직인 어카운터빌리티, 그리고 팩트 체크 각각의 함의와 관계에 대한 성찰 및 실천적 노력은 미디어와 언론 보도에 대한 신뢰를 재건하기 위한 필수 조건이다. 사회적 책임과 어카운터빌리티의 이행 주체가 동일해야 한다는 기본원리를 상기하면, 정확성과 공정성을 제고하여 진실 보도라는 궁극의 목적을 달성하기 위한 '사전적 장치'로서의 팩트 체크는 사회적 책임의 내용을 구성한다. 그리고 스스로가 수행한 업무와 활동의 사회적 도덕적 정당성을 획득하기 위한 '사후적 장치'로서 팩트 체크의 핵심 내용은 미디어 종사자가 이행해야 할 어카운터빌리티를 구성하는 또 다른 의무에 해당한다. 예를 들어, 전통적으로 미디어와 언론이 이행해야 할 사회적 책임의 핵심이 '진실과 정의를 추구하는 것'과 '독립성을 구현하는 것에 있었다면, 디지털 시대의 저널리즘에 요구되는 새로운 원칙과 기준으로 제시되고 있는 것이 '투명성'과 '소통'이다(McBride & Rosenstiel, 2014/2015). 특정 이슈의 선택과 강조, 배제와 축소 등 이슈 선택과 뉴스 가치 판단을 둘러싼 게이트키핑 과정 및 그 결과의 정당성, 취재원(정보원)의 선택과 활용 방식의 정당성, 뉴스 조직 구성과 운영 방식 등에 대한 평가와 검증 등이 디지털 미디어 시대에 요구되는 어카운터빌리티의 핵심 내용을 구성한다. 물론 이러한 내용들은 전문직업화 수준을 제고하기 위한 저널리즘 교육을 통해 배양되어야 하며 취재 보도 제작 과정의 일상적 관행과 습관으로 체득되어야 한다.

10장
시민참여와 사회적 자율규제

1. 참여민주주의와 미디어

참여민주주의

집단적 결정에 권위를 부여하는 것이 누구인지에 관한 '주체'의 문제, 어떤 과정을 거쳐서 결정을 내리는지에 관한 '절차'의 문제를 어떻게 조합하고 해석하는지에 따라서 민주주의제도에 대한 해석과 평가는 달라질 수 있다 (Keane, 1991, 168). 민주주의라는 것이 국민 혹은 시민에 '의한' 의사결정과정을 거쳐 공익을 추구하는 것이라면, 이는 국민 혹은 시민을 '위한' 것과는 다소 구별할 필요가 있다. 사회적 쟁점에 관해 집단적 결정을 내리고 그 결정에 권위를 부여하는 주체는 '시민'이며, 그 결정은 '시민사회'에서 폭넓은 토론 과정을 거듭하여 사회적 합의라는 이름으로 구체화되어야 하기 때문이다.

국민 혹은 시민에 '의한' 의사결정과정에는 '시민참여'가 필수요건이다.

'참여민주주의(participatory democracy)' 메커니즘이다. 헌팅턴과 넬슨은 참여민주주의 이론의 핵심으로 볼 수 있는 '정치참여'를 '정부의 의사결정에 영향을 미치기 위해 일반시민(private citizens)이 기획한 활동'으로 규정하고 그 핵심을 다섯 가지로 설명했다(Huntington & Nelson, 1976, 4-7) ①태도가 아니라 활동이다. 정치에 관한 지식이나 관심, 정치적 경쟁이나 유효성에 관한 감각 등은 정치 참여와 밀접한 관계가 있지만 정치참여 그 자체는 아니다. ②일반 시민에 의한 활동이다. 정치 관료나 정치인, 정치 후보자나 로비스트 등 정치를 업으로 하는 자의 활동은 포함되지 않는다. ③정부의 의사결정에 영향을 미치기 위한 의도적 활동이다. 정부 당국에 대한 항의, 폭동(riots), 데모 등은 정치참여에 해당되지만, 민간노동자들의 임금 인상 요구를 위한 데모는 포함되지 않는다. ④정부의 의사결정에 영향을 미치기 위한 행동은 실제로 효과가 있는지 여부와 상관없이 모두 포함된다. ⑤정부의 의사결정에 영향을 미치기 위한 것이라면, 스스로의 의사에 따라 기획된 행동은 물론 다른 사람이 기획한 활동에 동원되는 경우도 포함된다.

'참여'라는 용어는 정치적으로 혹은 특정 목적 하에서 왜곡될 가능성도 있다. 보드나베(Bordenabe, 1994, 46)는 왜곡된 '참여'의 대표적 사례로 AIDS에 관한 캠페인에 돈을 기부하는 것이나 방송사에 좋아하는 음악을 신청하는 것을 제시하고, 참여의 의미는 "스스로가 결정한 공통의(common) 목적을 달성하기 위해 사람들이 서로 협력하는 것"에 있다고 설명했다. 화이트는 '진정한 참여(geniune participation)'와 '의사 참여(pseudo-participation)'를 구분하기도 했다. '의사 참여'에 포함되는 것은 ①정보제공, 조작, 치료 등을 통한 길들이기(domestication)와 ②회유나 상담 등에 의한 원조(assistancialism)다. '진정한 참여'는 ①상호협조나 권한 위임 등을 통한 협동(cooperation), ②시민에게 권한을 부여하는 의미의 시민통제(citizen control) 등을 의미한다(White & Ascroft, 1994, 16-18). 참여민주주의에서 '시민참여'의 핵심은 중요한 정책에 관한 의사결정과정에 영향력을 행사하기 위해 일반시민이 상호 협력하여 결정권을 행사해 가는 실제 활동에 있음을 알 수 있다.

민주주의를 표방하더라도 정책 결정 과정에 대한 시민참여가 늘 환영받는 것은 아니다. 대표적으로 엘리트 민주주의 이론(Elitist Democratic Theory)이 있다. ①구현해야 할 공익의 내용이나 지향점에 관한 일치된 합의는 존재하지 않고, ②개개인의 의견이나 의사에서 비롯한 정치적 결정이 반드시 시민 전체의 의견이나 뜻을 대표하는 것은 아니며, ③시민은 정치 문제에 대해서 초합리적이거나 비합리적 행동을 취하기 쉽다는 등의 이유를 들어 민주정치의 안정과 효율적 운영은 엘리트에게 위임해야 한다는 주장이다. 참여민주주의를 거부하는 또 다른 논리는 대의민주주의를 유일무이한 절대적 제도로 간주하는 것이다. 정책을 생산하는 주체는 직업정치인이어야 하며, 시민은 스스로가 정책을 만드는 것이 아니라 선거를 통해 정치 전문가를 선택할 권리를 가질 뿐이라고 보는 관점이다(蒲島郁夫, 1988).

대의민주주의 혹은 엘리트민주주의의가 지닌 한계를 비판하면서 시민 스스로가 책임과 도덕성을 자각하고 토론과 논쟁을 통해 공공정책을 결정해야 한다고 보는 고대 아테네의 고전적 민주주의(=직접민주주의) 이론을 도입한 것이 참여민주주의다. 워커(Walker, 1966)는 고전적 민주주의와 엘리트민주주의의 차이점을 다음과 같이 설명했다. ①고전적 민주주의에서는 시민참여를 통해 인간의 잠재성과 창조성을 창출해 가는 것을 이상적인 정치시스템으로 설계하고 있지만, 엘리트민주주의에서는 통치의 안정과 효율성을 강조하는 정치시스템을 최우선의 목적으로 삼는다. ②고전적 민주주의에서 도덕적으로 지향하는 목표는 정치 커뮤니티의 범위를 확대하고 참여의 장을 제공함으로써 정치과정에서 시민이 담당할 역할과 이해의 기반을 확립하는 것에 있지만, 엘리트민주주의에서는 시민의 정치적 무관심이 정치적 안정을 유지하기 위한 필요조건 중 하나로 간주되기도 한다. 하지만 정치적 무관심은 개인 능력이나 정치 쟁점에 대한 관심 결여 등 개개인의 속성에서 기인하기보다 사회시스템 그 자체가 원인이 되어 발생하는 경우도 많다. ③ 엘리트민주주의에서는 정치시스템의 지도자 역할을 강조하면서 시민참여에 의한 사회운동이 역기능을 유발할 뿐이라고 주장하지만, 이는 현실추인주의에 빠지기 쉽다.[1]

결국, 참여민주주의에 관한 인식과 태도는 크게 두 가지 문제로 분류할 수 있다. 하나는 실현 가능성이 있는지에 관한 문제이고, 또 다른 하나는 그것이 바람직한 지에 관한 문제다. 실현 가능성에 관해서는 일반시민 모두가 반드시 '참여'를 원한다고 볼 수 없다는 주장이 있다. 이에 관해서는 현재의 시스템이 일반시민의 참가를 곤란하게 만드는 것뿐이라는 의견과 현대 사회의 규모나 복잡성 때문에 소수 엘리트에 의한 정치가 불가피하다는 의견으로 나뉜다. 그것이 바람직한 것인지에 관한 문제에서는 일반시민 모두가 늘 참여를 원한다고 보기 어렵고 그렇다면 참여를 강제하거나 참여를 원하는 일부 소수에 의한 지배에 맡기는 것과 같다는 해석이 있다. 참여에 소요되는 비용을 들어 참여민주주의의 효율성에 문제를 제기하는 입장도 있다(山口定, 1989). 그럼에도 불구하고, 정치참여는 다양한 측면에서 긍정적 가능성이 기대되고 있다. 시민의 입장에서 보면, 정치참여를 통해 자기자신의

---

1   현실추인주의란 현실을 한없이 추인하는 패턴을 말한다. 기성사실에 굴복하는 현실관이며 기존의 권력관계에 현실을 환원하는 사고방식이기도 하다. 현실을 추인한다는 것은 때때로 '현실적이고 구체적인 시각'이라는 인상을 주기도 한다. 하지만, 기성사실을 전제로 한 현실 추인적 논의는 방향전환을 하기 어렵게 만들 수 있다. 방향 전환이 곤란해지면 관련 논의는 추진파와 저지파의 대립 속에서 추진파가 힘을 가지게 될 가능성이 높다. 사회개혁이나 변화의 길이 차단될 수도 있다(石川旺, 2004). 현실추인주의는 기자회견이나 보도자료에 대해 비판이나 의문을 제기하지 않는 뉴스 취재 보도 과정에서도 발견되는 관행 중의 하나다.

정치적 역할이나 관용의 정신을 배울 수 있고 정치에 대한 관심을 바탕으로 정치에 대한 신뢰와 귀속감을 느낄 수 있으며 자신의 정치적 역할에 대한 충족감을 체득할 수 있다는 것이다. 정치의 관점에서 보면, 정부가 정치참여를 통해 전달되는 시민의 선택과 결정에 적극적으로 반응하고 시민이 참여를 통해 국가와 일체감을 갖게 될 때 정치 시스템은 비로소 안정될 수 있다. 정부는 정치 참여를 위한 통로를 확대하여 시민들의 다양한 혹은 상이한 선택과 결정을 효과적으로 조정하는 상황을 경험함으로써 통치능력을 배양할 수도 있다. 하지만, 정부는 시민의 정치참여를 억제하기 위해 정보공개를 최소화하거나 기존의 정치 시스템에 의존하면서 효율성을 선택하고자 하는 경향도 강하다(蒲島郁夫, 1988).

　시민참여를 어떤 관점에서 바라볼 것인지는 민주주의를 바라보는 관점과도 관계된다. '자유주의'와 '민주주의'라는 상반된 두 개의 요소로 구성된 '자유민주주의'의 경우에 더욱 그렇다. 민주주의를 중시하는 입장에서 바라보는 '정치참여'는 시민 스스로가 자신에게 영향을 미치는 의사결정 과정에 참여하기 위한 수단이며, 자신을 둘러싸고 있는 정치 공동체의 속성이나 중요성, 공동체 안에서 자신이 어떤 위치에 있는 지를 학습할 수 있는 장을 제공해 준다. 반면, 자유주의를 중시하는 입장에서는 선거로 선택된 엘리트에게 통치를 맡기고 유권자는 정책의 선택이 아니라 그 정책을 결정할 인간을 선택해야 하며, 개인의 정치참여보다 정치 시스템 전체의 안정과 효율성을 중시한다. 때문에 엘리트에게 정치를 위임하는 것이 바람직하다는 것을 주장을 펼친다(蒲島郁夫, 1988; 山口定, 1989). 엘리트민주주의라고도 일컬어지는 대의민주주의제에서 자유와 효율성이 중시된다면, 고대아테네의 직접민주주의를 사상적 기원으로 하는 참여민주주의제도에서는 평등과 민주적 수법이 중시된다.

미디어와 시민참여

참여민주주의 혹은 시민의 정치참여에 관한 사상과 철학, 실천방식 등에 관한 해석은 미디어와 시민참여의 문제를 이야기할 때도 매우 유용하다. 참여민주주의라는 개념을 바탕으로 미디어와 시민참여에 관한 문제를 생각해 보면 몇 가지 쟁점이 떠오른다.

첫째, 최근 한국사회에 도입된 '공론화위원회'에 관한 문제다. 사회적으로 중요한 정책을 결정하는 과정에 일반시민들이 직접 참여하여 토론과 숙고를 거쳐 사회적 합의를 도출하고자 하는 방식은 참여민주주의와 숙의민주주의(deliverative democracy)를 구현하기 위한 유의미한 활동이자 정치과정이다. 여기에서 주목하고 싶은 것은 미디어의 역할이다. 대의민주주의 과정에서 미디어는 시민과 정치를 연결하고 매개하는 역할을 담당한다. 사회에서 발생하는 사건이나 변화에 관해 정확한 정보를 미디어가 제대로 매개했을 때, 일반시민들이 이를 바탕으로 사회적 계획에 참가하거나 다양한 유형의 갈등과 대립을 조정하는 도덕적 사회적 관계가 유지될 수 있다. 따라서 언론 자유라는 법적 도덕적 특권이 사회적 정당성을 획득하기 위해서 미디어는 우리 사회의 중요하고 가치있는 정보와 사상을 알리고 공공의 장과 공적 토론을 성립시키기 위한 포럼의 역할을 수행해야 한다. 미디어가 이행해야 할 사회적 책임의 핵심은 다양한 쟁점들에 대한 뉴스 이용자의 이해를 돕기 위해 사실에 충실한 정보를 종합적이고 지적으로 설명해야 하며 해설과 비판이 교환되는 포럼 역할에서 찾을 수 있다(Hutchins Report, 1947). 그렇다면, 각종 여론조사 방식 자체에 내재해 있는 물리적 한계와 이로 인해 발생하는 어쩔 수 없는 오차는 논외로 하더라도, '공론화위원회'를 별도로 설치하여 운영해야 한다는 것은 미디어와 여론조사 모두가 제 역할을 수행하지 못하고 있음을 반증하는 것일 수도 있다는 점이다. 사회적 쟁점을 다루는 정확한 정보와 뉴스, 심층적이고 맥락적인 해설이 제대로 제공되지 못한 결과, 일상적 판단과 숙의에 근거한 일상적 참여를 불가능하게 만들었으며, 결국 '공론화위원회'라는 별도의 시민참여 장치를 마련할 수밖에 없게 된 것은 아닌지에 관한 성찰이다.

둘째, 퍼블릭 액세스 채널이나 대안미디어, 1인미디어, SNS 등을 중심으로 한 시민참여 방식이다. 정보 발신 욕구를 지닌 일반시민들이 주류 미디어가 아닌 별도의 미디어나 채널을 통해 정보를 생산하고 발신하는 방식의 시민참여다. 수동적 수용자의 지위에 머물러 있던 시민 스스로가 적극적으로 정보를 생산하고 발신하는 방식은 앞으로도 질적 양적 확대가 기대되는 의미있는 실천이다. 다만, 여기에서의 액세스와 참여의 속성은 일반시민이 미디어에 관한 정책결정과정에 직접 참여하여 영향력을 행사한다는 의미와는 사뭇 다르다. 인터넷이나 SNS, 유튜브 등 새로운 미디어나 채널을 통해 정보를 발신할 수 있는 기회와 방법이 확장되더라도 기존 미디어의 영향력이나 힘은 여전히 중요하고 막강하다. 각종 정보나 콘텐츠를 직접 제작하고 생산하여 유포 확산하는 방식을 중심으로 '시민참여'를 논의한다면, 여전히 막강한 힘을 발휘하고 있는 신문이나 방송 등 주류 미디어의 존재의의와 가치를 평가절하하거나 혹은 수정보완과 개혁 필요성에 대한 관심이나 실천이 소외될 가능성도 있다.

셋째, '공개'와 '참여'로 미디어 콘텐츠를 제작한다고 일컬어지는 방식의 활동에 관한 것이다. 메일이나 문자, 인터넷 게시판 게시글이나 댓글, SNS 등을 통해 의견이나 감상 보내기, 방청객이나 독자, 이용자로서 제작 현장에 참여하기, 퀴즈나 각종 이벤트에 응모하기 등의 방식은 제한적인 공개이자 참여다. '좋아요'나 '추천' 클릭하기, SNS 등을 통해 링크하거나 공유하기 등 역시 마찬가지다. 화이트가 분류한 시민참여 유형에 적용해 보면, 의사참여에 가깝다(White & Ascroft, 1984, 46). 이것만으로 진정한 공개와 참여가 구현되었다고 보기 어렵다. 참여민주주의와 시민참여라는 개념이 지니는 함의가 미디어와의 관계에서 보다 충실하고 종합적으로 구현되기 위해서는 단순한 정보 제공이나 공유, 관심이나 태도의 경쟁적 표출을 넘어, 미디어의 공공성 추구 및 신뢰 제고를 지향하는 시민참여방식이 추가되어야 한다. 누가 어떤 근거로 미디어를 규제하는지에 관한 문제를 중심에 놓고 보면, 미디어의 자율적 판단과 시민참여의 적절한 긴장관계가 맞물리는 지점에서 사회적 자율규제 및 사회적 토론의 장이 형성될 수 있다.

이러한 관점과 해석을 바탕으로 했을 때, 한국 사회와 미디어는 시민참여와 연대의 역사적 경험을 공유해 왔다(鄭壽泳, 2018). 첫째, 1970년대 〈동아일보〉의 "자유언론실천선언"을 지지하고 격려하는 시민들의 자발적인 격려광고다. 1974년 12월 30일 격려광고를 모집하는 〈동아일보〉 광고국장 명의의 광고가 게재된 후 1975년 5월까지 총 1만 352건의 격려광고가 게재되었다(한국신문방송편집인협회, 2007). 1970년대 언론자유수호운동, 시민참여와 연대가 성공에는 이르지 못했지만 그 속에 담긴 정신, 시민참여와 연대의 경험은 한국의 언론민주화 및 개혁을 위한 자양분이자 토대다. 둘째, 1980년대 독재정권에 대한 저항과 언론 민주화를 갈망하는 풀뿌리 시민운동을 들 수 있다. 1985년 민주·민족·민중 언론을 지향하며 창간된 〈말〉지는 이른바 '불법 미디어'였음에도 불구하고 배포 하루 만에 창간호가 매진되었다. 1986년 전국적으로 확산된 KBS 시청료 거부운동과 KBS 안보기 운동은 1987년 6월 민주항쟁의 밑거름이자 '국민주 방식'의 〈한겨레신문〉 창간을 가능케 하는 원동력이기도 했다(민주언론시민연합, 2017). 셋째, 2000년 2월 '모든 시민이 기자다'라는 슬로건을 내세우며 창간된 인터넷 신문 〈오마이뉴스〉

의 급성장은 시민참여저널리즘을 표방하는 시민기자제도에서 기인한다. 시민참여저널리즘의 관점에서 봤을 때, 〈오마이뉴스〉의 가장 큰 매력은 두 가지다(홍성구, 2003). 하나는 '시민기자 참여'를 활성화하기 위해 다양한 방식을 채용해 왔다는 것이며, 또 다른 하나는 '독자 참여'를 활성화하기 위해 인터넷의 기술적 특성을 적절하게 활용해 왔다는 점이다. 〈오마이뉴스〉가 급속도로 성장할 수 있었던 배경에는 기존의 주류 미디어에 대한 불신, 진보정권의 탄생, 정치참여에 대한 시민들의 열망이 있었다. 이러한 배경 속에서 기존의 특권화된 직업기자들과 거대 미디어가 장악해 왔던 뉴스의 생산─유통─소비 구조와 문화를 시민참여형으로 바꾸기 위한 노력과 실천이 종합적으로 작용하여, 이른바 '뉴스게릴라들의 뉴스연대'를 가능케 한 것으로 평가할 수 있다. 넷째, 2012년 1월 27일 첫 방송을 내보낸 한국탐사저널리즘센터 〈뉴스타파〉다. 비영리탐사보도 저널리즘을 표방하는 〈뉴스타파〉는 광고나 정부 또는 이익단체의 지원을 일체 배제하고 시민들의 자발적인 후원만으로 운영된다. 2016년 개봉한 〈자백〉에 이어 2017년 8월에 개봉된 다큐멘터리영화 〈공범자들〉은 2017년 9월 시작된 공영방송 KBS와 MBC 노조의 총파업에 대한 시민사회의 이해와 지지, 연대와 협력을 확장하고 촛불민주주의 과정에서도 크게 기여한 것으로 평가받고 있다. 다섯째, 공영방송 거버넌스 개혁, 이사회 구성 및 사장 선임 과정에 시민참여를 확대하기 위한 논의와 실천이다. 2017년과 2018년 MBC와 KBS의 신임 사장 선임 과정에 정책발표회와 시민자문단회의 등이 도입되었다. 아직은 '제한적'이지만 공영방송 이사회나 사장 추천 및 선임과정에 공론화위원회의 성격을 지닌 시민검증단이나 사장추천위원회를 설치 운용하는 방안을 요구하는 주장도 지속적으로 제기되고 있다.

2. 미디어 윤리와 자율규제의 한계

다양한 집단 사이에서 발생할 수 있는 대립이나 갈등을 해결하는 것은 지난한 과제이며, 일반시민의 참여를 확대하기 위한 제도적 장치가 먼저 구축되어야 한다는 현실적 어려움에도 불구하고, 1960년대 이후 참여민주주의를 구현해 가기 위한 다양한 시도가 전 세계적인 조류로 등장하여 확산되고 있다(蒲島郁夫, 1988: 山口定, 1989). 하지만 사회적 책임 이론을 근거로 한 미디어 규범론에서 미디어에 대한 시민 참여는 제한적이다. 특히 언론 자유를 구현하기 위해서 미디어를 규제하거나 통제하는 방식은 자율규제와 미디어 윤리에 맡겨야 한다는 것이 통설이다. 이러한 관점과 해석의 방식에서 미디어 이용자나 시민사회 구성원들은 미디어 환경을 구성하는 객체 혹은 제3자로서의 범주를 넘어서기 어렵다.

'규제'를 '자유에 대한 개입'으로 바라볼 것인지, '자유를 위한 질서 구축'의 관점에서 바라볼 것인지에 따라 언론 규제에 대한 입장은 달라진다. 규제의 목적, 대상, 주체, 원리, 이유, 방법을 어떻게 설정하고 실천하는가에 따라서 규제 방식과 내용의 정당성이 부여되는데, 언론의 자유와 규제에 관한 문제는 여전히 논쟁거리 중 하나다(花田達朗, 1999; McQuail, 1997). 이러한 논쟁 속에서 언론·표현의 자유가 외부로부터의 '부당한' 개입이나 간섭을 받지 않도록 하기 위해 만들어진 것이 자율규제 장치다. 하나다에 의하면 자율규제 장치는 '국가(정부)', '시민사회', '미디어' 간의 권력관계의 재현이다. '국가(정부)'는 언론의 자유를 보장하기 위한 헌법적 정책, 미디어의 기술적·산업적 발전을 유도하고 미디어 시장을 조정하는 산업 정책을 함께 수행한다. '시민사회'는 미디어에 대한 비판이나 사회적 필요의 조정과 관철을 국가(정부)의 힘을 빌려 처리하고자 한다. '미디어'는 언론 · 표현의 자유와 독립성, 자율성을 표방하면서 자정 기능의 작동 부재에서 기인하는 시민사회의 비판마저 외부의 '부당한' 개입으로 규정하는 경향을 보이기도 한다. 이러한 3자 간의 권력 구도에서 만들어진 것이 자율규제 장치다(花田達朗, 1996, 1999). 자율규제 장치의 대표적인 것이 각종 윤리강령과 가이드라인이다. 미디어 '스스로가' 자정 및 자율규제 기능을 강화하겠다고 약속하고 선언한 각종 윤리강령과 기준을 바탕으로 미디어와 언론의 법적 · 도덕적 책임을 이행하도록 하고 있다. 이들 윤리강령과 보도준칙, 각종 기준들은 미디어와 그 종사자들이 지켜야 할 직업윤리와 행동기준 중에서 가장 중요하고 대표적인 것만을 추려서 명문화한 것으로 미디어 규범의 핵심적 토대다(김옥조, 2014). 이론적 규범적 토대는 사회적 책임 이론이다.

국내 미디어 윤리강령의 대표격은 〈신문윤리강령〉(1957년 제정, 1996년 개정)이다. 신문윤리강령의 구체적인 실천지침이 〈신문윤리실천요강〉이다. 신문사별로도 윤리강령이나 취재보도준칙을 제정하고 있으며 방송사 역시 방송강령이나 윤리강령을 별도로 가지고 있다. 미디어 뉴스보도 내용이나 취재 방식에 대한 사회적 비판이 고조될 때 제정된 것들도 있다. 2014년 세월호 대참사 발생 이후 '기레기'라는 호칭이 확산되고 '세월호 언론보도 대참사'라고 일컬어지면서 〈'세월호' 참사 보도 가이드라인〉과 〈재난보도준칙〉이 제정되었다.[2]

---

2   한국언론진흥재단(2014)이 발행한 〈언론인이 알아야 할 취재보도 가이드〉에는 모두 17개의 준칙과 가이드라인이 수록되어 있다. 재난보도준칙(한국신문협회, 한국방송협회, 한국신문방송편집인협회, 한국기자협회, 한국신문윤리위원회), 국가안보 위기시 군 취재 · 보도 기준(한국기자협회, 국방부), 자살보도 윤리강령(한국기자협회, 한국자살예방협회), 자살보도 권고기준(한국기자협회, 한국자살예방협회), 인권보도준칙(한국기자협회, 국가인권위원회), 성폭력 범죄 보도 세부 권고 기준(한국기자협회, 국가인권위원회), 성폭력 사건 보도 가이드라인(한국기자협회, 여성가족부), 성폭력 사건 보도 실천요강(한국기자협회, 여성가족부),

허친스 위원회는 언론에 의한 자율심의나 자율규제 장치를 부정적으로 평가했다. 당시 미디어 업계에서 설치된 자율규제 관련 장치와 단체는 실효성이 거의 없고 윤리 강령은 최소한의 책임기준을 제시하는데 그치고 있다는 한계 때문이었다. 윤리강령 등 내부규범과 자율규제에 대한 불신은 허친스 보고서에서 어카운터빌리티 이행을 권고한 주된 요인이기도 하다 (Hutchins Report, 1947, 69–76). 국내에서도 미디어 자율규제 장치의 실효성과 유효성에 대한 사회적 평가나 신뢰는 높지 않다. 미디어 종사자 스스로에 의한 평가도 마찬가지다. 윤리강령을 구성하는 대부분의 조항들이 감성적 정서나 선언적 내용만으로 구성되어 구체적 실천을 촉구하거나 윤리 위반에 대해 제재를 내리기 어렵다는 한계에서 기인한다는 분석이 일반적이다(최경진, 2008).

미디어 윤리에 관한 명확한 기준을 설정하고 평가하는 일 역시 간단하지 않다. "국민의 알권리에 봉사하는 공적 사명"과 "물적 기반을 마련하기 위한 이윤 창출"이라는 이해가 상충하기 때문이다. 미디어 종사자의 경우에는 "전문직으로서의 공적 개체"와 "평범한 생활인으로서의 사적 개체"라는 이해가 상충하는 현실에 직면하는 경우가 적지 않다(김옥조, 2004, 240). 여기에 특정 취재원의 권리, 공중의 알권리, 보도대상의 인권과 권리, 민주주의와 건

취재현장에서의 포토라인 시행준칙(한국사진기자협회, 한국방송카메라기자협회, 한국인터넷기자협회), 신문윤리강령(한국신문협회, 한국신문방송편집인협회, 한국기자협회, 한국신문윤리위원회), 신문윤리실천요강(한국신문협회, 한국신문방송편집인협회, 한국기자협회, 한국신문윤리위원회), 신문광고윤리강령(한국신문협회, 한국신문방송편집인협회, 한국신문윤리위원회), 신문광고윤리실천요강(한국신문협회, 한국신문방송편집인협회, 한국신문윤리위원회), 인터넷신문윤리강령(한국인터넷신문협회, 한국온라인신문협회), 인터넷신문광고 자율규제 가이드라인(한국인터넷신문협회, 한국온라인신문협회), 인터넷신문광고 자율규약(인터넷신문위원회, 한국온라인광고협회), 방송심의에 관한 규정(방송통신심의위원회) 등이다.

전한 사회의 유지 발전 등 다양한 이해가 더해진다. 이처럼 다양한 이해관계가 끊임없이 그리고 복잡하게 상충하는 미디어 현장에서 미디어 조직이나 개인의 이해를 추구하는 내부검열이나 자기검열이 자율규제라는 이름으로 포장될 수도 있다. 전문직업인으로서의 저널리스트보다 미디어 기업에 소속된 샐러리맨으로서의 역할을 요구받고 있는 미디어 환경 속에서 기자 개인의 심정이나 동기부여에 근거한 윤리적 자율적 판단은 미디어 기업 조직이 요구하는 방침에 종속되기 쉽다. 시민사회의 도덕적·사회적 요구와 미디어 조직의 기업적 이해관계가 충돌했을 때, 미디어 조직의 이해는 '윤리'라는 이름으로 포장되어 자신의 이해를 정당화하는 수단으로 전락할 수도 있다(花田達朗, 1996, 1999). 윤리 강령이나 가이드라인 등을 중심으로 책임을 수행하도록 한다는 것은 개인에 의한 선택성이나 동기 부여에 의존하는 것이기 때문에, 상황논리나 가변성이라는 속성에 갇히게 만들 수 있다. 도덕적 규범이나 사회적 의무로서 이행해야 할 책임에 내재되어야 할 사회성과 규범성, 절대성 등의 속성이 약화되거나 무시될 수 있음을 의미한다. 민주주의 사회에서 언론 자유 침해를 방지하기 위해 법적 규제나 통제는 최소화하는 것이 마땅하다. 하지만, 책임 수행을 위한 절차와 방식, 각종 실천적 노력을 모두 윤리적 차원에서만 접근한다면, 그리고 자율규제에만 의존한다면, 사회적 도덕적 규범이나 미디어 규범을 벗어난 행위나 상황이 발생해도 도덕적(도의적) 책임을 묻기 어렵다.

3. 시민참여와 어카운터빌리티

참여민주주의 메커니즘을 작동시킬 수 있는 핵심 요소 중 하나가 어카운터빌리티다(碪氷悟史, 2001; 橋場弦, 1997; Day & Klein, 1987). 미디어의 사회적 책임을 강조하는 것이 민주주의를 중시하는 입장에 서 있고 언론·표현의 자유를 강조하는 것이 자유를 중시하는 입장에 서 있다면, 두 입장 역시 긴장관계에 놓일 수밖에 없으며, 그 실체 역시 끊임없이 검증받아야만 한다. 사회적 책임이라는 규범의 이행 여부에 대한 실체는 고려하지 않고, 언론·표현의 자유라는 고전적 자유주의 규범만을 강조해 온 결과, 오히려 미디어에 대한 신뢰가 추락하고 언론 자유는 위기 상황에 직면했다는 진단과 평가는 1940년대 허친스 보고서 이후 지금까지도 유효하다.

정보환경이 급격하게 파편화되고 있는 상황 속에서 미디어에 대한 질적 평가를 미디어와 시민 사이의 풍요로운 커뮤니케이션에 관한 논의로 확장시켜야 한다고 지적한 실버스톤의 말처럼(Silverstone, 1999/2003), 사회적 책임과 언론·표현의 자유의 실체를 검증해야 할 주체가 누구이며, 검증의 방향성을 설정하는 것은 누구인지를 결정할 때 시민참여와 어카운터빌리티가 접합된다. 미디어가 그 책임을 수행함에 있어서의 일상 업무, 정책 결정과 운영에 관한 상황을 투명하게 공개(=accountability)하지 않으면, 책임 수행 여부를 정확하게 확인할 수 없으며 시민참여의 통로 자체가 닫히고 만다. 이러한 관점에서 미디어 어카운터빌리티는 일반 시민들이 미디어 환경을 구축하는 주체로서 미디어의 정책 결정 과정이나 각종 평가 과정에 '진정한 참여'를 확대하기 위한 선행 조건에 해당한다. 어카운터빌리티는 사회 전체를 포괄하는 숙의의 장에서 사회적 합의, 그리고 시민사회와의 동반 관계를 구현하기 위한 전제조건 중의 하나다. '배타적이고 독점적인 특권'으로 여겨져 왔던 미디어의 언론 자유 개념을 넘어, 미디어와 시민의 상호 동반자적 관계 그리고 신뢰 네트워크를 구축하기 위한 안정적인 회로를 지향한다. 이는 어카운터빌리티가 추구하는 궁극의 목적이자 사회적 책임 및 언론·표현의 자유라는 궁극의 가치를 구현하기 위한 조건이자 관계를 설정하기 위한 것이기도 하다.

미디어 시장에서의 경쟁이 격화되는 가운데 미디어 윤리나 자율규제 방식이 각종 비리나 비윤리적 행위의 폐해를 제어하는 데에 한계를 드러내고 있는 현실을 넘어서기 위해 '전문직'으로서의 미디어(언론)와 '주권자'로서의 시민 간의 상호 관계성을 바탕으로 사회적 자율규제로의 이행을 지향하는 관점에서 등장한 것이 미디어 어카운터빌리티이다(Bertrand, 2003/2003; Blumler & Hoffmann-Riem, 1992). 이러한 관점에서 사회적 자율규제는 세 가지 속성과 의미를 지닌다(花田達郎, 1999, 173-174). ①사회규제다. 사회 혹은 사회를 구성하는 행위자는 아래로부터의 운동을 조직해야 하며 제도화된 '사회규제'의 틀을 구상해야 한다. 사회에 의한 미디어 규제란 사회를 구성하는 행위자의 참가와 비용부담에 의해서 유지될 수 있으며 안정성과 지속성을 위해서는 일정 정도의 법제화도 필요하다. ②시장규제다. 시장은 규제의 진공 상태나 부재를 의미하지 않는다. 시장주의 이념의 본질은 자유와 자기 책임을 바탕으로 타자와의 공정한 경쟁을 지향하는 것에 있으며 자기와 타자와의 관계 규칙을 내재하고 있다. 시장에서의 행위자들은 시장주의 이념을 도덕적 차원에서 충실하게 구현하도록 요구받는다. ③자기규제다. 이는 자율규제와는 구별되는 개념이다. 자율규제가 외부로부터 강제된 타율적 '자숙'이라면, 자기규제는 자율적 자기제어이며 내부 구성원의 연대와 신뢰관계를 전제로 한다.

플라이상스는 미디어의 책임을 둘러싼 기존의 많은 논의가 자율성을 주장하는 입장과 책임 이행을 요구하는 목소리 사이의 긴장감과 딜레마를 중화하는 것에 무게중심을 두고 있었다면, 미디어 어카운터빌리티는 양자 간의 건전한 긴장관계를 유지하고 관리하기 위한 것이라고 설명한다. 미디어가 생산하고 발신하는 메시지와 이를 통해 일련의 의미와 가치를 만들어내는 수용자 사이에서 역동적이고 유동적인 상호작용을 성립시키기 위한 것이라는 해석이다(Plaisance, 2000). 그렇다면 미디어 어카운터빌리티를 미디어에 대항하는 힘(counter power)으로 설정하고 이용자가 미디어를 엄격하게 감시하거나 취재 보도 결과의 시시비비를 가리기 위한 방책으로 바라보는 관점은 재고의 여지가 있다. 물론, 미디어 어카운터빌리티는 미디어의 독단이나 권력 남용을 방지하고 그 막대한 영향력을 바람직한 방향으로 발휘할 수 있도록 한다는 목적에서 논의되기도 한다. 하지만 미디어를 포함하여 사회의 대부분 영역에서 도입하여 실천하고 있는 어카운터빌리티의 근본 원리는 다양한 이해로 얽혀 있는 각 영역의 당사자들의 관계를 '대립'이 아니라, 투명성과 공개성을 바탕으로 한 이해와 신뢰, 사회적 도덕적 관계를 구축해 가는 것에 초점을 맞추고 있다. 상호 커뮤니케이션의 실천과 역학 관계의 조화를 지향하는 발상의 전환이다.

미디어 어카운터빌리티는 시민참여 메커니즘을 통해 미디어 스스로가 책임을 실현하고 그 품질을 향상시켜 가기 위한 수단이자 과정이며, 일방적 커뮤니케이션을 상호 커뮤니케이션 흐름으로 재건하기 위한 기본조건이기도 하다. 허친스 위원회에서 제시한 공중과 미디어와의 관계, 고대 아테네 민주정의 참여민주주의 메커니즘을 구성하는 공직자와 시민과의 관계에서 알 수 있듯이, 사회적 자율규제가 성립하기 위해서는 미디어 환경을 구성하는 주체로서 시민의 '진정한 참여'가 필수불가결한 요소다.

따라서 '저널리즘 교육'과 함께 반드시 수반되어야 할 것이 '미디어 교육'

이다. 미디어 기술이나 환경이 끊임없이 변화하는 가운데 요구되는 미디어 리터러시 능력은 다양할 수 있다. 최근 페이크 뉴스의 범람을 계기로 디지털 리터러시 교육이나 뉴스 리터러시 교육에 대한 사회적 관심과 논의가 높아지고 있는 것도 대표적 사례다. 하지만 미디어 환경과 기술의 변화, 다양한 리터러시 능력을 관통하는 미디어 교육의 핵심이자 토대는 미디어 환경을 구성하는 주체로서 미디어에 대한 사회적 자율규제에 참여하고 미디어와 시민사회의 상호 동반자적 관계 및 신뢰 네트워크를 구축해 갈 수 있는 '능력'과 '의지'를 함양하는 것에서 찾을 수 있다.

참고문헌

강명구(1993). 『한국언론전문직의 사회학』. 서울: 나남신서.

강형철(2004). 『공영방송론』. 파주: 나남출판.

강형철(2007a). 공영방송의 책무와 독립성; 공공기관 운영법 적용 논란에 즈음하여. 『KBI 포커스』, 07-08(통권27호), 2~29.

강형철(2007b). 공영방송의 새로운 정체성. 《방송연구》, 여름호, 7~33.

강형철(2013). 융합미디어 환경에서의 공영방송의 사회적 책임. 한국언론학회, 한국방송학회, 한국언론정보학회, KBS방송문화연구소 공동기획. 『공영방송 재원의 현실과 전망』(26~74). 서울: KBS방송문화연구소.

강형철(2014). 융합미디어 시대 보편적 서비스와 공영방송. 《한국언론정보학보》, 가을호(통권 67호), 35~61.

김서중 (2018.7.18.). 공영방송 독립성, 사회적 토론과 합의가 필요하다. 《민주언론시민연합 언론포커스》

김선호 · 김위근(2017). 《미디어이슈: 2017년 한국 뉴스생태계의 현주소를 보여주는 7가지 지표》, 제3-6호. 서울: 한국언론진흥재단. http://www.kpf.or.kr/site/kpf/ex/board/View.do?cbIdx=246&bcIdx=18471

김세은(2013). 현대 자본주의 사회에서 민주주의를 위한 미디어를 사유하다. 위르겐 하버마스 『공론장의 구조 변동』. 한국방송학회 엮음. 『명저로 읽는 텔레비전의 과거, 현재, 미래: 책, 텔레비전을 말하다』(323~351). 서울: 컬처룩.

김옥조(2004). 『미디어윤리-개정증보판』. 서울: 커뮤니케이션북스.

김재영 · 이남표 · 양선희(2008). 공영방송의 정체성 탐색과 이명박 정부의 방송정책에 대한 비판적 고찰. 《방송문화연구》, 제20-1호, 69~95.

김지현(2016). BBC와 영국 정부의 칙허장 갱신 협상 과정: 수신료 · 거버넌스 · 서비스 둘러싸고 밀당. 《신문과 방송》, 8월호, 28~33.

민주언론시민연합(2017). 『민주언론시민연합30년사 I 민주언론, 새로운 도전미디어 공공성』. 서울: 검둥소.

민주화를 위한 전국교수협의회(2016). 『신자유주의와 세월호 이후 가야 할 나라』. 서울: 도서출판 앨피.

박용규(2011). 미디어의 발달과 사회의 변화. 한국언론정보학회 편. 『현대사회와 매스커뮤니케이션』(85~123). 서울: 한울아카데미.

박지동(2000). 1970년대 유신 독재와 민주 언론의 말살. 송건호 외 지음. 『한국언론 바로보기 100년』(340~486). 서울: 다섯수레.

박홍원(2004). 미디어 어카운터빌리티 개념을 통한 사회책임이론의 재조명. 《언론과 사회》, 제12-3호(여름호), 8~54.

박홍원 외(2005). 『변화하는 미디어의 사회적 책임: 미디어 어카운터빌리티와 수용자 복지를 중심으로』. 서울: 한국언론재단.

박홍원(2011). 편집권 독립과 언론의 자유. 《언론과학연구》, 제11-1호, 123~156.

방송통신위원회(2008). 『방송통신융합시대 공영방송규제 제도화 방안: 거브넌스 및 책무성 시스템 논의를 중심으로』.(자유 2008-2). 방송통신위원회.

방정배(1988). 편집권 독립의 이상과 현실. 《신문과 방송》, 11월호, 126~127.

방정배(2003). 편집권 독립과 언론인의 신분보장: 노무현시대 언론개혁정책의 관점에서. 『편집권 독립과 언론인 신분보장』. 동아자유언론수호투쟁위원회 제28주년 기념 세미나 자료집.

손석춘(2006). 저널리즘 위기의 실체와 극복방안에 관한 연구. 《한국언론정보학보》, 통권 36호(겨울호), 42~77.

안정임(2004). 방송 소외계층과 수용자 복지. 《방송문화연구》, 제16-1호, 205~232.

우병동(1994). 경영권과 편집권의 갈등. 《신문과 방송》, 8월호, 110~111.

우승용(2001). 『편집권 독립, 반세기의 고민: 인식, 쟁점, 제도화 방안』. (연구서 2001-12). 서울: 한국언론재단

유일상(1988). 편집권 귀속에 관한 구미 각국 언론의 사례. 《신문과 방송》, 9월호, 20~26.

유일상(1993). 한국 공영방송 종사자의 편집 · 편성권 의식에 관한 연구. 《한국방송학보》, 통권 제4호, 33~67.

유홍식(2003). 디지털 미디어시대의 방송저널리즘 윤리 재정립에 관한 연구: 보도의 선정성 · 폭력성과 디지털 영상조작을 중심으로. 《방송연구》, 여름호, 61~87.

이승선(2000). 명예훼손 손해배상 소송에 있어서 언론 종사자 책임에 관한 연구. 《언론과 사회》, 통권 제27호, 82~133.

이승선(2009). 편집권에 대한 법적논의의 특성 및 한계. 《사회과학연구》, 제20-1호, 143~166.

이은미 외(2007). 『공영방송 정체성 확립방안 연구』. (정책연구 2007-12). 서울: 방송위원회.

이준웅(2008). BBC 허튼 위원회 사례를 통 본 공영방송 저널리즘의 위기. 《한국언론학보》, 제52-5호, 83~106.

이준웅(2010). 한국 언론의 경향성과 이른바 '사실과 의견의 분리' 문제. 《한국언론학보》, 제 54-2호, 187~209.

임근수(1964). 신문의 공정의 실제: 편집권의 옹호와 독립. 《신문과 방송》, 5월호, 17~19.

임영호(2002). 『전환기의 신문 산업과 민주주의』. 서울: 한나래.

장행훈(2004). 영국왕립언론위원회의 교훈: 제언 – 언론발전위원 회에 바란다. 《신문과 방송》, 10월호, 20~25.

정수영(2009). 매스미디어의 사회적 책임과 어카운터빌리티: 허친스 보고서(1947)의 재고찰을 통해 본 현재적 의의 및 과제. 《한국언론정보학보》, 제47호, 23~49.

정수영(2010). 공영방송정책. 방정배 외 지음. 『미디어정책론』(94~120). 서울: 커뮤니케이션북스.

정수영(2012a). 공영방송과 어카운터빌리티에 대한 규범론적 고찰: 애넌 보고서 (1977)와 영국 BBC에 대한 논의를 중심으로. 《한국방송학보》, 제26-1호, 198~237.

정수영(2012b). '편집권/편성권'에 갇혀버린 '내적 편집의 자유'. 한국방송학회 엮음. 『관점이 있는 한국 방송 사회문화사』(381~440). 서울: 한울.

정수영(2013). 해외 공영방송의 재원 유형 및 일본 공영방송 NHK의 개혁 사례. 『공영방송 재원의 현실과 전망』(101~154). 서울: KBS방송문화연구소.

정수영(2015a). 『이해총서: 어카운터빌리티, 새로운 미디어규범』. 서울: 커뮤니케이션북스.

정수영(2015b). '세월호 언론보도 대참사'는 복구할 수 있는가?: 저널리즘 규범의 패러다임 전환을 위한 이론적 성찰. 《커뮤니케이션이론》, 제11-2호, 56~103.

정수영(2015c). 공감과 연민, 그리고 정동(affect): 저널리즘 분석과 비평의 외연 확장을 위한 시론. 《커뮤니케이션이론》, 제11-4호, 38~76.

정수영(2016). 멀티 플랫폼 시대 지상파방송에 대한 시청자 인식 연구: 핵심적 공론장으로서의 역할과 질적평가를 중심으로. 《방송문화연구》, 제28-2호, 85~132.

정수영·황하성(2010). 어카운터빌리티(accountability) 관점에서 본 TV옴부즈맨 프로그램 내용분석: 지상파TV 3사를 중심으로. 《언론과학연구》, 제10-1호, 242~287.

정수영·이영주(2015). 사이버 공간에서의 역사의 내전(內戰)화: '일간베스트저장소'의 5·18 언설을 중심으로. 《한국언론정보학회》, 통권 71호, 116~154.

정용준(2005). 방송통신 융합시대의 공영방송 위기와 대응방안. 한국방송학회학술세미나 방송통신융합에 대응하는 관련법제도 정비방안 발표문.

정용준(2006). 보편적 서비스와 수용자 복지. 《방송통신연구》, 겨울호, 31~58.

정용준(2011). 한국 방송정책의 가치와 이념. 《방송통신연구》, 여름호(통권 75호), 9~27.

정용준(2018). 『미디어공론장과 BBC 100년의 신화』. 서울: 패러다임북.

정은진(2017). 영국 BBC 공영방송의 칙허장 갱신: 공영방송 지배구조와 규제체계 변화를 중심으로. 《정보통신방송정책》, 제29-4호(통권 641호), 1~26.

정준희(2015). "영국에게는 얼마만큼의 BBC가 필요한가?"BBC 칙허장 협상의 시작 '녹서'의 의미와 정치담론. 《신문과 방송》, 9월호, 64~69.

정준희(2016). 《BBC 백서》의 함의와 파급효과. '독립성' 체제에서 '투명성ㆍ책무성'체제로 변화 요구. 《신문과 방송》, 8월호, 34~37.

정진석(1988). 편집권 논의의 전개과정. 《신문과 방송》, 9월호, 16~196.

정필모(2012). 『공영방송 보도의 공정성 저해요인에 관한 연구』. 성균관대학교 박사학위논문.

조항제(2008). 한국방송사의 관점들: 관점별 특징과 문제제기. 《언론과 사회》, 제16-1호, 2~48.

조항제(2010). 공영방송과 시청자 권익. 미디어 3대학회-KBS공동세미나 미디어 빅뱅 시대. 한국 방송을 말한다 발제집, 159~179.

조항제(2012). 한국 공영방송의 수신료 문제에 대한 역사적 고찰. 《방송문화연구》, 제24-2호, 37~70.

조항제(2014). 『한국 공영방송의 정체성』. 서울: 컬처룩.

조항제(2017a). 언론 통제와 자기 검열: 개념적 성찰. 《언론정보연구》, 제54-3호, 41~72.

조항제(2017b). 한국의 미디어 어카운터빌리티, 과연 유효한가? 한국방송학회 가을철 정기학술대회 논문집, 11~21.

채백 편역(1996). 『세계언론사』. 서울: 한나래.

채백(2001). 『미국의 언론개혁: 1912년의 신문 공개법을 중심으로』. 서울: 한나래.

최경진(2008). 신문윤리의 자율규제 규범과 실천에 관한 연구: 한ㆍ독 윤리강령을 중심으로. 《언론과학연구》, 제8-4호, 628~666.

최영묵(1997). 『방송 공익성에 관한 연구』. 서울: 커뮤니케이션북스.

최영묵(2010). 『한국방송정책론: 역사와 전망』. 서울: 논형.

한국방송학회 엮음(2011). 『한국방송의 사회문화사』. 파주: 한울아카데미.

한국신문방송편집인협회(2007). 『한국신문방송편집인협회 50년사: 1957-2007』. 파주: 한울아카데미.

한국언론진흥재단(2014). 『언론인이 알아야 할 취재보도 가이드』. 서울: 한국언론진흥재단.

한국언론진흥재단(2018). 『언론 신뢰도에 대한 시민 인식 조사』. 서울: 한국언론진흥재단

황용석·이동훈·김준교(2009). 미디어 책무성 관점에서의 인터넷 자율규제제도 비교연구. 《언론과 사회》, 제17-1호, 102~134.

홍남희(2018). BBC의 사례를 통해 들여다 본 우리나라 공영방송의 거버넌스 개혁 방안. 한국방송학회 주최 방송의 공적책임 제고 및 기술 발전에 따른 방송통신 거버넌스의 변화 발표문.

홍성구(2003). 인터넷신문의 성장과 언론질서의 변화. 《사회과학연구》, 제42호, 237~253.

홍성구·최영재(2005). 현대 민주주의 이론과 미디어 어카운터빌리티. 박홍원. 『변화하는 미디어의 사회적 책임: 미디어 어카운터빌리티와 수용자복지를 중심으로』. 한국언론재단, 18~42.

《PD저널》(2017. 10.19.). "아이템 검열 → 불방압력 → 방심위 제재"... 치밀했던 공영방송 장악.

《한겨레신문》(1988.7.15.). '편집권 독립' 공방 2회전 돌입.

《한겨레신문》(2018.6.14.). 한국 뉴스 신뢰도 37개국 중 꼴찌...1위는 핀란드 포르투갈.

阿部潔(1998). 『公共圈とコミュニケーション−批判的研究の新たな地平』. 東京: ミネルヴァ書房.

石川明(1989). 放送の公共性と放送の自由. 『放送学研究』, 第39号, 129~150.

石川明(2003). 公共放送と社会−日独比較の視点から. 『関西学院大学社会学部紀要』, 第94号, 5~16.

石川旺(2000). 『放送評価の枠組みにおける制度評価−評価軸としての地域多元性の検討』. 東京: 湘南ジャーナル.

石川旺(2004). 『パロティングが招く危機』. 東京: りベルタ出版.

右崎正博(1974). 占領軍による言論政策と言論の自由. 《早稲田法学会誌》, 24号, 471~502.

石村善治編(1979).『開かれたマスコミとは何か』. 東京: 時事通信社.

大谷堅志郎(1977). ピルキントン以降の15年－英放送界をめぐる状況と論点の変化. 《NHK 放送文化研究年報》, No.22, 92~128.

大谷堅志郎(1980). イギリスの放送苦情処理機構－その沿革と処理事例. 《NHK放送文化研究年報》, No.25, 7~38.

大谷堅志郎(1981). インディペンデンスとアカウンタビリティ－英アナン委員会の考え方. 《NHK放送文化研究年報26》, 91~109.

大井真二(1999). メディアの自由の歴史: 英米の理論の系譜. 田村紀雄・林利隆(編). 『ジャーナリズムを学ぶ人のために』(20~39). 京都: 世界思想社.

大井真二(2008). 解説: ハッチンス委員会報告書の現代的意義. 渡辺武達 訳『自由で責任あるメディア』(187~193). 東京: 論創社.

大石泰彦(2013). フランスにおけるジャーナリストの精神的自由:「良心条項」を中心に. 花田達朗編. 『内部的メディアの自由: 研究者・石川明の遺産とその継承』(236~253). 東京: 日本評論社.

NHK(2006).《公共放送NHKに何を望むか－再生と次代への展望》.

NHK(2011).《2009－2011経営計画: 豊かで安心、たしかな未来へ》.

NHK(2015).《NHK経営計画2015－2017年度,信頼をより確に,未来へつなぐ創造の力》.

河合準雄・鶴見俊輔編集(1997).『倫理と道徳』. 東京: 岩波書店.

稲葉三千男・新井直之編(1998).『新版・新聞学』. 東京: 日本評論社.

蒲島郁夫(1988).『政治参加』. 東京: 東京大学出版会.

片岡俊夫(1990).『増補改訂・放送概論―制度の背景を探る』. 東京: 日本放送出版協会.

片岡俊夫(2001).『新・放送概論―デジタル時代の制度をさぐる』. 東京: NHK出版.

グレイ, R., オーエン,D., & マンダース, K. 著. 山上達人監訳. 水野一郎・向山敦夫・國部克彦・富増和彦訳(1992). 『企業の社会報告－会計とアカウンタビリティー』. 東京:白桃書房.

小林宏一(1993). 特集・多メディア時代の放送の公共性を考える; 多メディア時代における放送の公共的機能. 《放送学研究》, 第43号, 7~33.

工藤達男(1994).『最新・経営学用語事典』. 東京: 学文社.

塚本三夫(1998). 新聞を規制するもの―編集権. 稲葉三千男・新井直之編.『新版・新聞学』. 東京: 日本評論社.

美ノ谷和成(1998). 『放送メディアの送り手研究』. 東京: 学文社.

斉藤純一(2000). 『公共性－思考のフロンティア』. 東京: 岩波書店.

鈴木秀美(1995). マルチメディア時代における基幹的放送. 『放送学研究』, 第45号, 135～166.

鈴木秀美(2000). 『放送の自由』. 東京: 信山社

鄭寿泳(2004). 『公共放送のアカウンタビィティに関する一考察: 規範的概念と日本, イギリス, 韓国における取組みを中心に』. 上智大学修士学位論文.

鄭寿泳(2007). 『放送メディアの社会的責任とアカウンタビリティに関する研究: 公共放送を取り巻く現状と新な規範論の展開』. 上智大学博士学位論文.

鄭寿泳(2018). 韓国探査ジャーナリズムセンター・ニュース打破～言論積弊の清算と民主的メディアシステムの構築, その長い道のりを共に歩く. 花田達朗ほか編『アジアに台頭する探査ジャーナリズム』(20～53). 東京: 彩流社.

清水英夫(1999). 『言論の自由はガラスの城か－マスメディアの自由と責任』. 東京: 三省堂。

田島泰彦(1993). コミュニケーション倫理をめぐる国際的動向―メディア倫理・責任システムの研究と展開を中心に. 《マス・コミュニケーション研究》. 第42号, 59～79.

田島泰彦・右崎正博・服部孝章(編)(1998). 『現代メディアと法』. 東京: 三省堂.

東京大学社会情報研究所(1994).『放送制度論のパラダイム』. 東京: 東京大学出版会.

碓氷悟史(2001). 『説明責任と説明能力:アカウンタビリティ入門』. 東京: 中央経済社.

立山紘毅(1998). '編集権'とジャーナリストの権利. 田島泰彦・右崎正博・服部孝章編. 『現代メディアと法』. 東京: 三省堂.

中村美子(2000). 放送が提供する公共サービスとは―イギリスのBBC財源論議からの一考察. 《NHK放送文化調査研究年報》, 第45号, 1～36.

中村美子(2007). 公共放送の説明責任. 《放送研究と調査》, 8月号, 56～67.

中村美子, 米倉律(2007). デジタル時代における視聴者の変容と公共放送: 問われるサービスとその社会的使命. 《NHK放送文化調査研究年報》, 第52号, 7～45.

日本新聞協会(1948.3.16). 日本新聞協会の編集権声明.

日本放送労働組合(1999). 『公共放送ルネサンス99:デジタル世紀: 市民とともに歩むために』. 東京: NIPPORPO文庫.

松田美佐(2014). 『うわさとは何か』. 東京: 中央公論新社. 이수형 옮김(2016). 『소문의

시대』. 서울: 추수밭.

松田浩(2005). 『NHK: 問われる公共放送』. 東京: 岩波親書

松田浩(2012). 'ひとりっ子'放送中止五〇年:いま何を学ぶべきか. 《放送レポート》. 238号, 28~32.

メルヴィン, L. デフレー & ボール-ロキーチ, サンドラ著, 柳井道夫・谷藤悦史訳 (1994). 『マス・コミュニケーションの理論〔第5版〕』. 東京: 敬文堂.

三浦文夫(1995). 『増補改訂・社会福祉政策研究−福祉政策と福祉改革』. 東京: 全国 社会福祉協議会.

水野剛也(2001). 米国のメディア・アカウンタビリティージャーナリズムの信用回復 のための自己説明責任. 《新聞研究》, 第62号, 57~60.

長尾周矢(1989). 『プロフェッショナルと組織』. 大阪: 大阪府立大学経済学部.

蓑葉信弘(1994a). BBCの当面の存続にお墨付き−英政府が放送白書発表. 《放送研究 と調査》9月号.

蓑葉信弘(1994b). 内には公共サービスの維持,外には積極的な国際戦略の推進−BBC の将来に関する放送白書発表. 《放送研究と調査》, 10月号, 2~13.

蓑葉信弘(2003). 『BBCイギリス放送協会−パブリック・サービス放送の伝統〔第2版〕』. 東京: 東信堂.

蓑葉信弘(2004). 『ケリー博士の死をめぐるBBCと英政府の確執:イラク文書疑惑の顛 末』. 東京: 東信堂.

橋場弦(1997). 『丘のうえの民主政: 古代アテネの実験』. 東京: 東京大学出版会.

花田達朗(1996). 『公共圏という名の社会空間: 公共圏, メディア, 市民社会』. 東京: 木鐸社.

花田達朗(1999). 『メディアと公共圏のポリティックス』. 東京: 東京大学出版会.

花田達朗(2003). 社会情報学からの鳥瞰図: '説明責任'という誤訳. 《CE建設業界》, 6 月号, 46~47.

花田達朗編(2013). 『内部的メディアの自由: 研究者・石川明の遺産とその継承』. 東 京: 日本評論社.

浜田純一(1993). 『情報法』. 東京: 有斐閣.

浜田純一(1997). 展開する公共性と公共放送. 《放送学研究》, 第47号, 91~111.

林 香里(2001). プレスの社会的責任理論再訪: '米国プレスの自由委員会'一般報告書

　　提出から53年を経て.《マス・コミュニケーション研究》, 第58号, 109~125.

舟田正之・長谷部恭男編(2001).『放送制度の現代的展開』. 東京: 有斐閣.

安彦一恵・谷本光男編(2004).『公共性の哲学を学ぶ人のために』. 東京: 世界思想社.

山谷清志(1997).『政策評価の理論とその展開—政府のアカウンタビリティ』. 京都: 晃洋
　　書房.

山口功二ほか編(2001).『メディア学の現在』. 京都: 世界思想社.

山口いつ子(1994). プレスのイメージとその規範的機能. 東京大学社会情報研究所編.
　　『放送制度論のパラダイム』(47~78). 東京: 東京大学出版会.

山口定(1989).『政治体制』. 東京: 東京大学出版会.

山口定・佐藤春吉・中島茂樹・小関素明編(2003).『新しい公共性』. 東京: 有斐閣.

山田健太(2004). 海外報道評議会事情(4): 新しい制度作りを目指して—良心条項と
　　反論権オンブズマン導入も. (http://www.shinbunroren.or.jp/hyoug1.htm)

山谷清志(1997).『政策評価の理論とその展開—政府のアカウンタビリティ』. 京都: 晃
　　洋書房.

山下東子(2000). テレビ放送における`基幹放送`の条件とその変化.『公共事業研究』
　　(公益事業学会), 第52巻2号(通巻第135号), 71~78.

山本文雄・時野谷浩・山田実(1998).『日本マス・コミュニケーション史:増補』. 東京:
　　東海大学出版会.

若井彌一(2000). 学校のアカウンタビリティと情報公開・開示. 日本学校教育学会
　　編『学校教 育研究15—学校のアカウンタビリティを問う』. 東京: 教育開発研究所.

河合準雄・鶴見俊輔(編集)(1997).『倫理と道徳』. 東京: 岩波書店.

別府三奈子(2006).『ジャーナリズムの起源』. 京都: 世界思想社.

濱島朗・竹内郁夫・石川晃弘(編)(1982).『社会学小事典[増補版]』. 東京: 有斐閣.

藤田博司(1991).『アメリカのジャーナリズム』. 東京: 岩波新書.

渡辺武達・山口功二編(1999).『メディア用語を学ぶ人のために』. 京都: 世界思想社.

渡辺武達(2000).『メディアと情報は誰のものなのか—民衆のコミュニケーション権
　　からの発想』. 東京: 潮ライブラリー.

渡辺武達(2003). メディアの倫理とアカウンタビリティ.《評論・社会科学》, 第70号,
　　23~65.

渡辺武達(2004). メディア倫理の社会的パラダイム: 米・英・日の原初的検討から.

《同志社メディア・コミュニケーション研究》, 創刊号, 1~69.

渡辺武達・松井茂記責任編集(2000). 『メディアの法理と社会的責任』. 東京: ミネルヴァ書房.

若井彌一(2000). 学校のアカウンタビリティと情報公開・開示. 日本学校教育学会偏. 『学校教育研究15−学校のアカウンタビリティを問う』. 東京: 教育開発研究所.

《放送法》(1950年制定・2014年改訂)

《NHK情報公開基準》, 《NHK情報公開規定》(2001制定)

《毎日新聞》. (2004.7.21.), (2004.9.21.), (2004.10.30.)

Altschull, J. H.(1995). *Agents of Power: The Media and Public Policy (2ed ed.)*. NY: Longman.

An Agreement Between Her Majesty's Secretary of State for Culture, Media and Sport and the British Broadcasting Corporation. Presented to Parliament by the Secretary of State for Culture, Media and Sport by Command of Her Majesty December 2016 https://assets.publishing.service.gov.uk/government/uploads/system/uploads/attachment_data/file/584329/57965_Cm_9366_Print__1_.pdf (Agreement 2016)

Arendt, H.(1958). *The Human Condition*. Univ. of Chicago Press. 志水速雄訳(1994). 『人間の条件』. 東京: ちくま学芸文庫.

Amark, K.(1990), Open cartels and social closures: Professional strategies in Sweden, 1860−1950. In Burrage, M. & Torstendahl, R. (eds.). *Profession in Theory and History*. London: Sage Publication.

Backman, J. (ed).(1975), *Social Responsibility and Accountability*, NY: New York University Press.

Bates, S.(1995). Realigning journalism with democracy: The hutchins commission, its times, and ours. *The Annenberg Wwashington Program in Communication Policy Studies of Northwestern University*

Bardoel, J. & D'Haeneans, L.(2004). Media meet the citizen−beyond market mechanisms and government regulations. *European Journal of Communication, Vol.19(2)*. 165~194.

Barron, J. A.(1985). The search for media accountability. *Suffolk University Law Review, Vol.19(4),* 781~814.

BBC(2003a). *BBC Governance in the Ofcom Age.*

BBC(2003b). *BBC−Public service in an online service.*

BBC(2004). *The BBC's Journalism after Hutton: The Report of the Neil Review Team,* June.

BBC(2005). *Editorial Guidelines−The BBC's Values and Standards.*

BBC(2006). *Annual Report and Account 2005/2006.*

Bertrand, C.J.(1999). *Media Ethics and Accountability System.* New Brunswick, NJ: Transaction.

Bertrand, C.J.(ed.) (2003). *An Arsenal for Democracy: Media Accountability System.* Hampton Press. 前澤猛 訳(2003).『世界のメディア・アカウンタビリティ制度 : デモクラシーを守る七つ道具』. 東京: 明石書店.

Blumler, J.G. & Hoffmann−Riem, W.(1992). Toward renewed public account− ability in broadcasting. In J. G. Blumler(ed.). *Television and the Public Interest: Vulnerable Values in West European Broadcasting* (218~228). London: Sage.

Bordenave, J.D.(1984), Participative communication as a part of building the participative society. In White, S.A. & Ascroft, K. eds., *Participatory Communication: Working for Change and Development.* Thousand Oaks, Calif. : Sage.

Bourdon, J.(2005). France: All quiet on the PSB front?. *Autonomy, Accountability and Assessment of Public Service Broadcast Journalism.* Proceedings of International Symposium hosted by The Korean Society for Journalism & Communication Studies(9 Sept. 2005, Seoul Korea), 81~102.

CBC(2004). *Journalistic Standards and Practices.*

CHAPTER8: The accountability of the broadcasting authorities. *Broadcasting,* Her Majesty's Stationery Office, London, 1979, Cmnd; 7294. (White Paper 1979)

Copy of the Agreement Date the 25th Day of January 1996 Between Her Majesty's

Secretary of State for National Heritage and the British Broadcasting Corporation (Agreement 1996)

Copy of Royal Charter for the continuance of the British Broadcasting Corporation. Presented to Parliament by the Secretary of State for Culture, Media and Sport by Command of Her Majesty October 2006 *(Royal Charter 2006)*

Copy of Royal Charter for the continuance of the British Broadcasting Corporation. Presented to Parliament by the Secretary of State for Culture, Media and Sport by Command of Her Majesty December 2016 (Royal Charter 2016) https://assets.publishing.service.gov.uk/government/uploads/system/up-loads/attachment_data/file/577829/57964_CM_9365_ Charter_Accessible.pdf

Crossley, N. & Roberts, J.M. (eds.)(2004), *After Harbermas: New Perspectives on the Public Sphere.* Oxford: Bladkwell.

Curran, J. & Gurevitch, M. (1991). M*ass Media and Society.* London: Arnold.

Curran, J.(2002). *Media and Power.* London; Routledge.

Curran, J., Fenton, N., & Freedman, D.(2016). *Misunderstanding the Internet 2th edition.* Routledge. 김예란·박성우 옮김(2017). 『인터넷, 신화를 넘어 공공성으로』. 서울: 컬처룩.

Dahlgren, P.(2004). Theory, boundaries and political communication: The uses of disparity'. *European Journal of Communication, Vol.19(1),* 7~18.

Day, P. & Klein, R.(1987). *Accountability: Five public service.* London: Tavistock.

Dennis, E. E. & Merrill, J. C.(Eds.)(1984). *Basic Issues in Mass Communication: A Debate.* Macmillan Publishing. 한동섭·김형일(역)(1999). 『미디어 디베이트: 커뮤니케이션의 이슈들』. 서울: 커뮤니케이션북스.

Dennis, E.E., Gilmor, E. and Glasser, T. (eds.)(1989). *Media Freedom and Accountability.* Greenwood Press.

Ettema, J.S. & Glasser, T.L. (1987), Public accountability or public relations? Newspaper ombudsmen define their role. *Journalism Quarterly, Vol.64(1),* 3~12.

Feintuck, M.(1994). *Accountability and Choice in Schooling.* Buckingham: Open

University Press.

Freedman, D.(2001). What use is a public inquiry? Labour and the 1977 Annan Committee on the Future of Broadcasting. *Media, Culture & Society, Vol.23*, 195~211.

Goode, L. (2005). *Jürgen Habermas: Democracy and the Public Sphere*. Pluto Press. 조항제 역(2015). 『민주주의와 공론장: 위르겐 하버마스』. 서울: 컬처룩.

Gouldner, A.W.(1971). *The Coming Crisis of Western Sociology*. Heinemann. 矢沢修次郎・矢沢澄子 訳(1995). 『社会学の再生のために2-機能主義社会理論の批判』. 東京: 新曜社.

Graham, A. (2006). Broadcasting policy in the digital age. *Aspen institure communication and society program*.

Habermas, J.(1962). *Strukturwandel der Öffentlichkeit-Untersuchungen zu einer Kategorie der bürgerlichen Gesellschaft*. Neuwied(Luchterhand). 細谷貞雄・山田正行訳(1994). 『公共性の構造転換-市民社会の一カテゴリーについての探究: 第2版』. 東京: 未来社.

Halberstam, D.(1979). *The Powers that Be*. Dell Publishing. 윤영철 역(1984). 『언론파워』. 서울: 토담.

Hocking, W.E.(1947). *Freedom of the Press-A Framework of Principle*, Chicago: The University of Chicago press.

Hodges, L.W.(1987). Defining press responsibility: A functional approach. In Elliot, D. (ed.). *Responsible Journalism*. Beverly Hills, Calif: Sage.

Huntington, S.P. & Nelson, J.M. (1976), *No Easy Choice: Political Participation in Developing Countries*. Cambridge: Harvard University Press.

Ishikawa, S. & Jung, S.Y.(2005). Independence: A principle to be achieved "over time"~ A New perspective for the idea of public service. In*Autonomy, Accountability and Assessment of Public Service Broadcast Journalism*. Proceedings of The International Symposium hosted by The Korean Society for Journalism &Communication Studies (9 Sept. 2005, Seoul Korea).

Keane, J.(1991). *The Media and Democracy*. Camblidge: Polity Press.

Labour Party(1974). *The People & The Media*. London: Labour Party. 新聞経営編

集部訳(1974). 国民とメディア(上): イギリス労働党のマスメディア政策.《新聞経営》, 第48号.

Lasswell, H. D., Lerner, D. & Pool, Ithiel de Sola (1952), *The Comparative Study of Symbols: An Introduction.* Stanford, Calif.: Stanford University Press.

Lippmann, W.(1922). *Public Opinion.* Free Press. 이충훈 옮김(2012). 『여론』. 서울: 까치글방.

Lucas, J. R.(1993). *Responsibility.* NY: Oxford University Press.

McBride, K. & Rosenstiel, T.(2014). *The New Ethics of Journalism: Principles for the 21ˢᵗ Century.* Sage. 임영호 옮김(2015). 『디지털 시대의 저널리즘 윤리: 진실, 투명성, 공동체』. 서울: 커뮤니케이션북스.

McChesney, R.W.(2003). Public broadcasting: Past, present, and future. In McCuley, M.P., Peterson, E., Artz, B.L. & DeeDee Halleck (eds.). *Public Broadcasting and the Public Interest.* Armonk, NY: M.E.Sharpe.

McKinsey & Company(1999). *Public Service Broadcasters around the world: A Mckinsey Report for the BBC.*

McQuail, D.(1983). *Mass Communication Theory: An Introduction.* Sage. 竹内郁郎・三上俊治・竹下俊郎・水野博介 訳(1985). 『マスコミュニケーション理論』. 東京: 新曜社.

McQuail, D.(1997). Accountability of media to society: Principles and means. *European Journal of Communication, Vol.12(4).* 511~529.

McQuail, D.(2003a). *Media Accountability and Freedom of Publication.* Oxford, England: Oxford University Press.

McQuail, D. et al.(2003b). Auditing Public Broadcasting. 강형철 역(2006). 『디지털 시대 공영방송의 책무수행 평가』. 서울: 한울아카데미.

McQuail, D.(2005). *Mass Communication Theory. 5th Edition.* Sage. 양승찬・이강형 공역(2007). 『매스커뮤니케이션이론 제5판』. 서울: 나남.

Merrill, J.C. & Lowenstein, R.L.(1971), *Media, Messages, and Men: New Perspectives in Communication,* : David Mckay Company.

Merrill, J.C.(1974). *The Imperative of Freedom: A Philosophy of Journalistic*

Autonomy. NY: Hastings House.

Merrill, J.C.(1989). *The Dialectic in Journalism: Toward a Responsible Use of Press Freedom.* Baton Rouge: Louisiana State University Press.

Mitchell, A., Simmons, K., Matsa, K.E. & Silver, L.(2018). *Publics Globally Want Unbiased News Coverage, but Are Divided on Whether Their News Media Delier.* Pew Research Center. http://www.pewglobal.org/2018/01/11/publics-globally-want-unbiased-news-coverage-but-are-divided-on-whether-their- news-media-deliver/

Moore, W. E. (1970). *The Professions: Roles and Rules.* Russell Sage Foundation.

Morley, D.(2000). Broadcasting and the construction of the national family. In *Home Territories-Media, Mobility and Identity.* London; New York: Routledge.

Murdock, G.(2004). Past the post: Rethinking change, retrieving critique. European Journal of Communication, Vol.19(1). 19~38.

Murdock, G.(2005a). Building the digital commons: Public broadcasting in the age of the internet. In Jauert, P. & Lowe, G.F.(eds.). *Cultural Dilemmas of Public Service Broadcasting (213~230).* Nordicom. 김수정 옮김(2011). 디지털 공유지 건설: 인터넷 시대의 공영방송. 임동욱 외 옮김. 『디지털 시대와 미디어 공공성: 미디어 문화 경제』(291~312). 서울: 나남.

Murdock, G.(2005b). Public broadcasting and democratic culture: Consumers, citizens and communards. In Wasko, J.(ed.). *A Companion to Television (174~198).* Blackwell. 정연우 옮김(2011). 공영방송과 민주주의 문화: 소비자, 시민 그리고 코뮤나르드. 임동욱 외 옮김. 『디지털 시대와 미디어 공공성: 미디어 문화 경제』(253~290). 서울: 나남.

Neron, J.(ed.).(1995). *Last Rights: Revisiting Four Theories of the Press.* University of Illinois Press. 차재영 역(1998). 『최후의 권리』. 서울: 한울 아카데미.

Newton, L.H., Hodges, L., & Keith, S.(2004). Accountability in the professions: Accountability in journalism. *Journal of Mass Media Ethics, Vol.19(3&4),* 166~190.

Plaisance, P.L.(2000). The concept of media accountability reconsidered.

Journal of Mass Media Ethics, Vol. 15(4), 257~268.

Peterson, T.B.(1956). The social responsibility theory of the press. In Siebert, F.S., Peterson, T.B. & Schramm, W. *Four Theories of the Press: The Authoritarian, Libertarian, Social Responsibility, and Soviet Communist Concepts of What the Press Should Be and Do*. Univ. of Illinois Press. 内川芳美 訳(1980). 『マスコミ自由に関する四理論』. 東京: 東京創元社.

Price, M.E., & Marc R. (eds.). (2003). *Public Service Boadcasting in Transition: A Documentary Reader*. The Hague: Kluwer Law International.

Pritchard. D. (ed.). (2000). *Holding the Media Accountability, Citizens, Ethics, and the Law*. Bloomington: Indiana University Press.

Romzek, B. S. & Dubnick, M.J.(1987). Accountability in the public sector: Lessons from the challenger tragedy. *Public administration Review 47(May/June)*, 227~238.

Royal Commission on the Press*(1949)*. *Royal Commission on the Press, 1947-1949, Report*. London: Her Majesty's Stationary Office. 朝日新聞調査研究室 訳(1949). 『新聞に関する英国王立委員会報告』. 東京: 朝日新聞社.

Sawant, P. B.(2003), Accountability in journalism. *Journal of Mass Media Ethics, Vol. 18(1)*, 16~28.

Scannell, P. (1989). Public service broadcasting and modern public life. *Media, Culture and Society, Vol. 11*, 135~166.

Schejter, A. M. (2003). Public broadcasting, the information society and the internet: A paradigm shift? In M. P. McCauley, E. E. Peterson, B. L. Artz, & DeeDee Halleck (Eds.), *Public Broadcasting and the Public Interest (158~174)*. NY: M.E. Sharpe.

Schlossberger, E.(1992). *Moral Responsibility and Persons*. Philadelphia: Temple University Press.

Schramm, W.(1957). *Responsibility in Mass Communication*. Harper&Row. 崎山 正毅訳(1968). 『マス・コミュニケーションと社会的責任』. 東京: 日本放送出版協会.

Schramm, W.(ed.).(1960), *Mass Communications*. University of Illinois Press. 学習院大学社会学研究室 訳(1968). 『マス・コミュニケーション: マスメディアの

総合的研究』. 東京: 東京創元社.

Shoemaker, P. J. & Reese. S.(1996). *Mediating the Message: Theories of Influences on Mass Media Content (2th ed.)*. Longman. 김원용 역(1997). 『매스미디어 사회학』. 서울: 나남출판.

Siebert, F.S., Peterson, T.B. & Schramm, W.(1956). *Four Theories of the Press: The Authoritarian, Libertarian, Social Responsibility, and Soviet Communist Concepts of What the Press Should Be and Do*. University of Illinois Press. 内川芳美 訳(1980). 『マスコミ自由に関する四理論』. 東京: 東京創元社.

Silverstone, R.(1999). *Why Study the Media?*. Sage. 吉見俊哉・伊藤守・土橋臣吾 訳(2003). 『なぜメディア研究か』. 東京: セリカ書房.

Singer, J.B.(1996). Virtual anonymity: Online accountability and the virtuous virtual journalist. *Journal of Mass Media Ethics, Vol.11(2)*, 95~106.

Skolnick, J. H. & McCoy, C.(1984). Police accountability and the media. *American Bar Foundation Research Journal, No.521*, 521~557.

Tetlock, P. E.(1985). Accountability: A social check on the fundamental attribution error. *Social Psychology Quarterly, Vol.48(3)*, 227~236.

Tsfati, Y., & Arieli, G.(2014). Individual and contextural correlates of trust in media across 44 countries. *Communication Research, 41(6)*, 760~782.

The Commission on Freedom of the press(1947). *A Free and Responsible Press, A General Report on Mass Communication: Newspapers, Radio, Motion Pictures, Magazines, and Books*. Chicago. Illinois: The University of Chicago Press. (Hutchins Report)

The Committee on Broadcasting(1962). *Report of the Committee on Broadcasting*. Presented to Parliament by the Postmaster General by Command of Her Majesty, London, Cmnd; 1753. (Pilkington Report)

The Committee on the Future of Broadcasting(1977). *Report of the Committee on the Future of Broadcasting*. Chairman Lord Annan, London: Her Majesty's Stationery Office, Cmnd; 6753. (Annan Report).

The Social Morality Council(1974). *The Future of Broadcasting: A Report Present to The Social Morality Council*. London, Eyre Methuen.

Tuchman, G.(1978). *Making News: A Study in the Construction of Rreality.* Free Press. 박홍수 역(1995). 『메이킹 뉴스』. 서울: 나남출판.

Tuchman, G.(1981). The symbolic annihilation of women by the mass media. In Cohen,S. & Young, J.(eds.). *The Manufacture of News: Deviance, Social Problems and the Mass Media.* (169~185). Beverly Hills, CA: Sage.

Thussu, Kaya Kishan(2000). *International Communication: Continuity and Change.* London: Arnold.

Walker, J.L.(1966). A critique of the elitist theory of democracy. *American Political Science Review, Vol.60(2),* 285~295.

Waisbord, S.R.(2000). *Watchdog Journalism in South America: News, Accountability, and Democracy.* NY: Columbia University Press.

White, S. A. & Ascroft, K. (eds.). (1994). *Participatory Communication: Working for Change and Development.* Thousand Oaks, Calif: Sage.

Wright, C. R.(1960). Functional analysis and mass communication. *Public Opinion Quarterly, Vol.24(4),* 605~620.

찾아보기